Kerstin Rosenberg

Gesund, schön und sinnlich

*Das
Ayurveda-
Praxisbuch
für Frauen*

Die im vorliegenden Buch dargestellten Rezepte und Methoden sind nach bestem Wissen und Gewissen erklärt; die diversen Informationen sollen aber ärztlichen Rat und ärztliche Hilfe nicht ersetzen. Autorin und Verlag übernehmen keinerlei Haftung für Schäden, die sich eventuell aus dem Gebrauch oder Mißbrauch der in diesem Werk erläuterten Rezepte und Methoden ergeben können.

Kerstin Rosenberg

Gesund, schön und sinnlich

*Das
Ayurveda-
Praxisbuch
für Frauen*

Verlag Hermann Bauer
Freiburg im Breisgau

Die Deutsche Bibliothek – CIP-Einheitsaufnahme

Ein Titeldatensatz für diese Publikation ist
bei Der Deutschen Bibliothek erhältlich.

Lektorat: Dr. Sonja Klug
Fotos S. 11, 57 und 215: Karsten Vogelpohl, Berlin

1. Auflage 2000
ISBN 3-7626-0748-6
© 2000 by Verlag Hermann Bauer GmbH & Co. KG,
Freiburg i. Br.
Das gesamte Werk ist im Rahmen des Urheberrechts-
gesetzes geschützt. Jegliche vom Verlag nicht geneh-
migte Verwertung ist unzulässig. Dies gilt auch für die
Verbreitung durch Film, Funk, Fernsehen, photome-
chanische Wiedergabe, Tonträger jeder Art, elektroni-
sche Medien sowie für auszugsweisen Nachdruck
und Übersetzung.
Buchdesign und Umschlaggestaltung:
Ulrike Künnecke, Berlin
Satz: Ulrike Künnecke, Berlin
Druck und Bindung: Freiburger Graphische Betriebe,
Freiburg i. Br.
Printed in Germany

Inhalt

Einführung 7

Teil I

Ayurveda – das Wissen vom langen Leben 13
Die ayurvedische Konstitutionslehre und Typenbestimmung 19
Mit Ayurveda Ihre Partnerschaft glücklich gestalten 39
Die weibliche Natur in neuem Licht betrachten 47

Teil II

Ernährung, Schlaf und Sexualität – die drei Säulen des Lebens 59
Gesunde Ernährung für Körper, Geist und Seele 61
Regeneration und Verjüngung durch einen guten Schlaf 81
Sexualität und Sinnlichkeit 85

Teil III

Svastha – ganzheitliche Gesundheit aus eigener Kraft 97
Den weiblichen Rhythmus in sich spüren 101
Menstruation und Menstruationsbeschwerden 111
In der Schwangerschaft mit der Schöpfung verschmelzen 123
Die Wechseljahre als Offenbarung zur weiblichen Vollendung 135

Teil IV

Saundarya – innere und äußere Schönheit mit Ayurveda 149
Schöne Haut als Spiegel der Persönlichkeit 155
Das ganzheitliche Ayurveda-Kosmetikkonzept für die Haut 167
Praktische Empfehlungen bei Hautbeschwerden 177
Mit der ayurvedischen Haarpflege einen klaren Kopf bewahren 185
Baden in einem Meer von warmem Öl 191
In bester Form sein – effektive Gewichtsreduktion mit
Ayurveda 201

Anhang

Glossar 219

Literaturempfehlungen 221

Adressen 222

Über die Autorin 224

Einführung

Ayurveda für Frauen ist ein vielseitiges Gebiet, das sich mit der körperlichen und seelischen Gesundheit der Frau befaßt. Es lehrt uns einerseits spezielle Behandlungsmethoden und Ernährungsempfehlungen bei frauenspezifischen Beschwerden, für Menstruation, Schwangerschaft und Menopause. Wir können mit dem Ayurveda, der alten Heilkunst der Inder, lernen, im Einklang mit den monatlichen Zyklen zu leben, und wirkungsvolle Rezepturen und Behandlungsmöglichkeiten für unsere weibliche Gesundheit, Vitalität und Lebensfreude in allen Lebensphasen erfahren. Andererseits schenkt uns die große Auswahl des Ayurveda an ganzheitlichen Schönheitsrezepturen zur Entspannung, Verjüngung und Körperpflege neue Lust und Inspiration, uns selbst zu pflegen. Baden Sie in »einem Meer von Öl«, massieren Sie sich sanft mit duftenden Essenzen, und genießen Sie den eigenen Körper mit allen Sinnen!

Die über 5000 Jahre alte indische Philosophie und Heilkunde des Ayurveda lehrt uns, in Harmonie mit der eigenen ursprünglichen Natur zu sein. In diesem Buch erfahren Sie durch die ganzheitlichen Diagnose- und Behandlungsmethoden, wie Sie Ihre konstitutionsgerechte Lebensweise, Ernährungsform und Schönheitspflege bestimmen können.

Sie erhalten darüber hinaus einen tiefen Einblick in die individuellen Ausdrucksformen der weiblichen und der männlichen Natur. Durch das Wissen um die grundlegenden Eigenschaften und Konstitutionsmerkmale der beiden Geschlechter wird es Ihnen leichter, mit Leib und Seele »Frau zu sein« und sich mit dem Strom der Schöpfung zu verbinden. Sie entdecken neue und zugleich alte Wege, Ihre Weiblichkeit bewußt zu verstehen und deren innere Kräfte zu genießen. Gewinnen Sie Vertrauen in Ihre ei-

Einführung

genen Fähigkeiten, Ihre Individualität – spüren Sie Ihre tiefsten Bedürfnisse! Hier erhalten Sie wertvolle Hinweise für die zu Ihnen passende Nahrung und insgesamt: eine wohltuende Behandlung von Körper, Geist und Seele.

Jede Frau trägt ihre eigene Geschichte in ihrem Herzen, die eng mit ihren Gefühlen und dem Kosmos verbunden ist. Aus dieser inneren Herzensverbindung können wir immer wieder neue Lebenskraft, Motivation für den Alltag und spirituelle Weisheit schöpfen. Wir Frauen erleben die Welt durch unsere Herzen und unseren Bauch – und natürlich mit dem Kopf; wir suchen innere Werte und liebevolle Beziehungen, die uns wirklich glücklich machen. Wir haben die Gabe, Schönheit zu schaffen: in Räumen, mit Farben, mit unserem eigenen Körper. Und diese äußere Schönheit können wir mit wahrer Liebe und Herzenskraft füllen. Unser Körper, unsere Wünsche, ja selbst unsere Krankheiten prägen den täglichen Umgang mit uns selbst und den eigenen Bedürfnissen.

Körper und Seele reagieren sehr stark auf den liebevollen Umgang mit uns selbst im Alltag. Enthalten wir unserer Konstitution ihre natürliche Ausdrucksform jedoch vor, so kompensieren wir unerfüllte Wünsche oft mit ehrgeiziger Arbeit, mit unkontrolliertem Essen oder gar durch psychosomatisch bedingte Krankheiten. Mit den richtigen Anregungen auf körperlicher, sinnlicher und seelischer Ebene bringen wir hingegen unsere weibliche Gesundheit und Schönheit voll zum Erblühen.

Leider gelingt es nur den wenigsten von uns, ohne besondere Schulung und Übung unser inneres weibliches Bild und die äußeren Ansprüche im Leben in Einklang zu bringen. Durch ein falsches Weltbild und einengende Erziehungsideale innerhalb der Familie, Gesellschaft und Kirche haben wir uns oft von unserem ursprünglichen Naturell, das unserer Persönlichkeit und Konstitution zugrunde liegt, entfernt.

In meiner jahrelangen Arbeit mit Ayurveda für Frauen habe ich immer wieder erfahren, wie wenig wir eigentlich über unsere wahre weibliche Natur wissen. Viele von uns haben ihre weiblichen Vorbilder verloren und suchen neue Orientierungspunkte – in den Verhaltensformen und im Selbstverständnis. Wenn ich an meine eigene Kindheit zurückdenke, so gab es nur wenige Frauen, die mich auf meinem Weg positiv inspiriert haben und mir als Vorbild dienten. Eher war ich von »negativen« Frauenbildern umgeben, die mir zeigten, daß ein so gelebter Weg für mich nicht der richtige sein würde.

Mit Ayurveda für Frauen haben wir eine besonders hilfreiche Möglichkeit, uns ein positives Selbstbild zu schaffen, indem wir die Ursachen für unsere Probleme und Beschwerden erkennen und all unsere Fähigkeiten, unser Potential, voll zum Ausdruck bringen können. Wir entwickeln uns dann gemäß unseren konstitutionsbedingten Anlagen und können damit unseren eigenen Weg zu wahrhafter Gesundheit und Erfüllung finden.

Auf sanftem Weg befreien wir uns von vergangenen Erfahrungen und körperlichen Beschwerden und öffnen unser Herz. Die vielen praktischen Gesundheitsempfehlungen des Ayurveda werden Ihr Wohlbefinden im Alltag steigern und Ihnen ebenso als wirkungsvolle »Hausapotheke« dienen.

Genießen Sie beispielsweise die reinigende Wirkung ayurvedischer Mittel während Ihrer Menstruation, die sanften Berührungen bei einer ayurvedischen Massage und die lebenspendende Kraft beim Zubereiten und Verzehren köstlicher und heilsamer Speisen!

Während meiner zwölfjährigen Tätigkeit mit Ayurveda habe ich am eigenen Leib erfahren dürfen, wie sehr die ayurvedische Betrachtungsweise das tägliche Leben und Handeln bereichern kann. Ich habe gelernt, meine vielschichtigen Bedürfnisse als Frau zu erkennen und anzunehmen: mich in meinem Körper wohl zu fühlen, Berührung und Sinnlichkeit offen und sensibel zu erleben, Kontakte zu Freundinnen und Seelengefährtinnen zu pflegen, mit meinem Mann und meinen drei Kindern ein erfülltes Familienleben zu führen – und weiterhin meinen Beruf mit Kreativität und begeisterter Kraft und Freude auszuüben. Auch Ihnen wird

dies – so Sie es wünschen – möglich werden. Mit Ayurveda erleben Sie jeden Tag erneut, wie schön es ist, eine Frau zu sein! Durch unsere natürliche Weiblichkeit und Intuition haben wir eine ständige »Verbindungstür« zum Göttlichen und können mit allem versorgt sein, was wir brauchen. In Liebe und Gelassenheit vereinigen wir dann ein erfolgreiches Berufsleben mit einer erfüllten Partnerschaft und innerem Wachstum.

Mit diesem Buch möchte ich Sie einladen, Ayurveda in seiner lebensbereichernden Kraft kennenzulernen und die Schätze des alten Indien in Ihrem modernen, von vielen Anforderungen erfüllten Leben zu genießen. Lassen auch Sie sich von den vielfältigen Möglichkeiten des Ayurveda inspirieren!

Viel Freude wünscht Ihnen

Kerstin Rosenberg

Teil I

Ayurveda – das Wissen vom langen Leben

Ayurveda ist der älteste überlieferte Wissensschatz über die Gesundheit und entspringt der altindischen Hochkultur der Veden. Er gilt als »Mutter aller Heilkünste«, weil er allen anderen Ansätzen der ganzheitlichen Medizin vorausging und sie beeinflußte. Mit seinen wunderbaren Synchronmassagen und entspannenden Ölbehandlungen, den hochwirksamen Pflanzenheilmitteln und den vielen praktischen Empfehlungen für die tägliche Lebens- und Ernährungsweise stellt Ayurveda für jeden Menschen ein ganzheitliches Heilsystem dar, durch das er seine Gesundheit, Vitalität und Lebensfreude erhalten und verstärken kann.

Die »Wissenschaft vom langen Leben«, wie Ayurveda aus dem Sanskrit übersetzt wird, befaßt sich mit allen Aspekten des Lebens. Sie untersucht, was das Leben fördert und was ihm schadet, auch die Beschaffenheit und Größe dieser Einflüsse. Durch die Beachtung der inneren und äußeren Situationen, in die ein Mensch eingebunden ist, können wir die Verbindung von Körper, Geist und Seele beeinflussen. Dies zeigt seine positiven Auswirkungen in der Lebenslänge und der -qualität sowie in der Gesundheit und im Glück des einzelnen.

Wenn wir Ayurveda mit einem Baum vergleichen, könnte man seine Wurzeln als die Kenntnisse der Schöpfungsgesetze und die aus ihnen erwachsenden Lebensweisheiten bezeichnen, den Baumstamm als die daraus sprießenden Erkenntnisse der Lebensführung und die Äste als die verschiedenen Richtungen der Heilkunst.

Im Gegensatz zur westlichen Medizin steht im Zentrum dieses vielschichtigen ayurvedischen Heilsystems die Gesundheit, welche untrennbar im Einklang mit einem spirituellen Wachstum gesehen wird. Gesundheit ist im Ayurveda eine der wichtigsten Voraussetzungen zur Erfüllung des höheren Zwecks unseres Daseins: die Erkenntnis unserer wahren Natur und dadurch die Verwirklichung der Glückseligkeit.

Die richtige Körperpflege ist im Ayurveda die Grundlage für ein langes, gesundes und glückliches Leben. Ein ayurvedisches Gesundheits- und Schönheitsprogramm besteht aus einer individuell abgestimmten Haut- und Körperpflege, einer konstitutionsgerechten Ernährungs- und Lebensweise sowie aus speziellen Körperübungen, Massagen und Ölbehandlungen zur Tiefenreinigung, Zellerneuerung und Körpermodellierung.

Teil I · Ayurveda – das Wissen vom langen Leben

Die ayurvedischen Grundbegriffe

Jeder Mensch wird im Ayurveda als ein einzigartiges Individuum angesehen, das von seinem Ursprung her göttlich ist. Ziel des Lebens ist es, diesen göttlichen Ursprung wieder zu entdecken und in dieser Erfahrung sein Leben positiv zu gestalten. Die ayurvedische Medizin dient als natürlicher Weg, um den Körper von Krankheiten und inneren Disharmonien zu befreien und den Menschen in sein körperliches und seelisches Gleichgewicht zu bringen.

Um die Körperbeschaffenheit und deren Abweichungen zu benennen, bedient sich der Ayurveda des Konzeptes der *Doshas*. Die drei Doshas *Vata*, *Pitta* und *Kapha* sind Körpersäfte oder Bioenergien auf der grob- und feinstofflichen Ebene der menschlichen Natur und bilden sich aus den fünf Elementen *(Mahabhutas)* Äther, Luft, Feuer, Wasser und Erde. In jedem Mensch wirkt nun eine bestimmte Zusammensetzung der Doshas, die seine körperlichen Eigenarten, sein Aussehen und die persönlichen Neigungen, Abneigungen sowie die Anfälligkeit für Krankheiten – insgesamt also seine Konstitution – prägt.

Vata

Vata ist das Bewegungsprinzip im menschlichen Organismus und setzt sich aus den Elementen *Akasha* (Äther) und *Vayu* (Luft) zusammen. Vata ist eng mit dem Nervensystem verbunden und entspricht auch dem Geist- und Energiekörper. Sein Prinzip ist die Luftigkeit, die Beweglichkeit, und sein Hauptsitz im Körper liegt unterhalb des Nabels im Bereich des Dickdarms. Die zugeordneten Attribute sind: leicht, beweglich, kühlend, trocken, rauh, schnell, veränderlich und fein.

Menschen, bei denen Vata vorherrscht, bewegen sich rasch und reden schnell, sind unruhig bis nervös und unstetig. Sie können ungeduldig und unzuverlässig sein, aber auch sehr wach und aktiv. Diese Menschen haben oftmals eine rauhe bis rissige Haut, Schuppen, brüchige, starre Haare und Fingernägel sowie deutlich hervortretende Venen.

Pitta

Pitta wird mit dem Umsetzungsprinzip identifiziert und setzt sich aus den Elementen *Agni* (Feuer) mit einem kleinen Anteil *Jala* (Wasser) zusammen. Pitta hat Verbindung zum Drüsen- und Enzymsystem und regelt damit den Stoffwechsel. Es befindet sich vor allem zwischen Herz und Nabel. Seine Attribute sind: heiß, scharf, flüssig, feucht, sauer, bitter, leicht, sich gut verteilend und plötzlich auftretend.

Menschen, bei denen Pitta überwiegt, sind hitzig, vertragen aber keine Wärme. Häufig haben Menschen mit ausgeprägter Pitta-Konstitution eine gelbliche bis kupferfarbene Haut, die zu früher Faltenbildung und Hautunreinheiten neigt. Ihre Haare ergrauen vorzeitig, und ihr inneres Feuer bringt sie zum Schwitzen mit Körpergeruch.

Der Pitta-Typ ist intelligent und hat ein gutes Gedächtnis, tritt aber auch oft dominant in Gesprächen und Begegnungen auf. Er ist selten ängstlich und meist unbeugsam, auch im positiven Sinn: Bei starker Belastung bleibt er stabil.

Kapha

Kapha repräsentiert das erhaltende und stabilisierende Prinzip des Körpers und setzt sich aus den Elementen Wasser (Jala) und Erde *(Prithivi)* zusammen. Es hat seinen Sitz oberhalb des Herzens im Oberkörper, trägt die Funktion des Lymph- und Immunsystems und ist über das Skelett und die Zellstruktur an der Formbildung des Körpers beteiligt. Seine Eigenschaften sind: süß, schwer, beständig, weich, kalt, ölig, fettig, träge, trüb und weiß.

Menschen mit einem hohen Kapha-Anteil sind meistens geduldig, stark, selbstkontrolliert, vergebend, pflichtbewußt und nicht selbstsüchtig. Sie sind aufrichtig und konstant in ihren Beziehungen, aber manchmal auch etwas schwerfällig und langsam. Man erkennt sie an ihrem wohlproportionierten, schönen Aussehen und ihrer kühlen, oft bläulichen Haut.

Elemente (Mahabhutas)	Bioenergie (Dosha)	Funktion	Eigenschaften (Guna)
Äther / Luft	Vata	Bewegung, Nerven	beweglich, kühlend, trocken, flink, leicht, hart, rauh, klar, fein
Feuer / Wasser	Pitta	Umsetzung, Verdauung	heiß, feucht, sich gut verteilend, leicht ölig, sauer, scharf
Wasser / Erde	Kapha	Stabilität	ölig, kalt, feucht, statisch, schwer, weich, fettig, süß, schleimig, träge

Elementare Anteile der Doshas mit ihren Funktionen und Eigenschaften

Teil I · Ayurveda – das Wissen vom langen Leben

Agni, das Verdauungsfeuer

Agni wird von Pitta produziert und hat seinen Hauptsitz im Oberbauch, aber als »Lebensfeuer« ist es auch in jeder Zelle vorhanden. Dieses Feuer ist für alle Lebensfunktionen unentbehrlich, und wir müssen es hüten wie das »Ewige Licht« an einem Altar. Agni gibt dem Körper seine Wärme und hilft mit seiner Hitze, aufgenommene Speisen aufzuschließen sowie Krankheitserreger zu vernichten. Es hat eine zentrale Bedeutung für alle Stoffwechsel- und Lebensprozesse, was uns oft erst auffällt, wenn es aus dem Gleichgewicht gebracht ist. Seine Eigenschaften sind: heiß, trocken, leicht, klar, wohlriechend und rein.

In der ayurvedischen Schönheitslehre wird dem Agni sehr viel Aufmerksamkeit gewidmet. Durch eine ausgeglichene Verdauungskraft wird die gesamte Körpersubstanz gebildet und die Hautbeschaffenheit reguliert. Durch Agni stehen den verschiedenen Körpergeweben alle Nährstoffe zur Verfügung. Toxine werden ausgeschieden, der Geist wird klar und diszipliniert, und der gesamte Körper strahlt Frische, Vitalität und innere Schönheit aus.

Damit Agni aber in einem angemessenen Maß entstehen kann, ist wiederum ein Gleichgewicht der Doshas erforderlich. Ist diese Harmonie nicht vorhanden, wird entweder zu wenig Agni gebildet, so daß selbst die edelsten Speisen den Verdauungstrakt nahezu ungenutzt passieren, oder es entsteht zuviel Agni, was ständigen Hunger und Unausgeglichenheit zur Folge hat.

Mala und *Ama*, die Ausscheidungen und Abfallprodukte

Unter Malas versteht man die Ausscheidungen des menschlichen Körpers. Dazu gehören die grobstofflichen Abfallprodukte, wie Stuhl, Urin und Schweiß, sowie die feinstofflichen Ausscheidungen, welche der Körper über Haut, Augen, Nase, Mund, Ohren und Geschlechtsorgane absondert. Die ayurvedische Medizin schenkt der Begutachtung der Malas große Aufmerksamkeit, da Gesundheit von der richtigen Beschaffenheit und der Ausleitung der Abfallprodukte abhängt.

Ama heißt wörtlich »nicht gekocht« und soll bedeuten, daß Teile unserer Nahrung nicht oder nicht ausreichend vom Agni transformiert wurden und daher keinen Eingang in den Stoffwechsel- und Energiekreislauf der Körperkanäle und -gewebe (*Shrotas* und *Dhatus*) gefunden haben. Da sie sich aber dennoch im Körper befinden, stellen sie eine Belastung dar und können deshalb als »Schlacken« bezeichnet werden. Schlacken können verdauungsbedingt oder als nicht vernichtete und abtransportierte Zellgifte und -reste anfallen. Sie können sich mit jedem Dosha verbinden und so den Grad der Belastung erhöhen oder Krankheiten verursachen.

Da Ama kalt, feucht, schwer, trübe, übelriechend und unrein ist, hat es dem Agni diametral entgegengesetzte Eigenschaften und vermag es somit in seiner Tätigkeit stark einzuschränken – gleichgültig, mit welchem Dosha es verbunden ist. Das führt wiederum dazu, daß sich noch mehr Ama bilden kann, wenn diesem Kreislauf kein Ende gesetzt wird.

Wenn Agni völlig unterdrückt wird oder alle drei Doshas gleichzeitig gestört sind, liegt meist ein so schweres Krankheitsbild vor, daß es zwar noch gelindert, aber nur sehr selten völlig ausgeheilt werden kann. Die intensiven Reinigungskuren und medikamentösen Behandlungen der ayurvedischen Medizin zeigen hier große Erfolge und bewirken eine effektive Regeneration für Körper, Geist und Seele.

Bei der Therapie einer Erkrankung, an der Ama beteiligt ist, steht die Reinigung und Ausleitung von Ama an oberster Stelle. Danach erst sind die Heilung und der Wiederaufbau der Kräfte möglich. Das geschieht einerseits über die Anregung von Agni und andererseits über die Ausscheidung von Ama, wobei die Entschlackungsmaßnahmen immer von dem mitgestörten Dosha abhängig sind. Fasten, eine nicht belastende Diät und Arzneigaben können diesen Prozeß unterstützen. Am besten ist es jedoch, durch eine dem eigenen Konstitutionstyp entsprechende moderate Lebensweise derartige Belastungen so gering wie möglich zu halten.

Dhatus, die sieben Körpergewebe

Der menschliche Körper besteht aus verschiedenen Körpergeweben, welche im Ayurveda »Dhatus« genannt werden. Dhatu bedeutet »aufbauendes Element« und stellt die Manifestation der Elemente und Doshas im menschlichen Körper dar. Ayurveda beschreibt sieben verschiedene Gewebearten, die durch bestimmte Agni-Funktionen nacheinander gebildet werden und je nach Stoffwechselbeschaffenheit mehr oder weniger ausgeprägt sind.

Ein gut funktionierender Zell- und Gewebeaufbau entscheidet primär über die Gesundheit, Jugendlichkeit und Vitalität unseres Körpers. So benötigen wir in der ayurvedischen Gesundheits- und Schönheitslehre das Grundwissen um die sieben Körpergewebe, damit wir dem Körper gezielt die Nährstoffe zuführen können, die er für seinen individuellen Erneuerungsprozeß benötigt. Auch viele psychosomatische Beschwerden hängen mit dem Aufbau der Dhatus und ihrer Speicherung zusammen. So sagt man im Ayurveda »Gefühle sind körperlich« und meint damit, daß sich bestimmte Emotionen und Erfahrungsmuster in den einzelnen Körpergeweben abspeichern. Durch eine Erneuerung der Gewebe werden diese aufgelöst, so daß der betreffende Mensch einen umfangreichen Lösungs- und Transformationsprozeß erfährt. Wir gehen auf diese Zusammenhänge im dritten Teil des Buches noch genauer ein, wo ich präzise Anleitungen für die individuelle Ernährung und Erneuerung jedes einzelnen Körpergewebes gebe.

Die sieben Körpergewebe (Dhatus) lauten im einzelnen:

* *Rasa* (Plasma),
* *Rakta* (zellulärer Blutanteil, rot),
* *Mamsa* (Muskel),
* *Meda* (Fettgewebe),
* *Asthi* (Knochen),
* *Majja* (Knochenmark),
* *Shukra* (Samen, Fortpflanzungsgewebe).

Aus Shukra wird die feinstoffliche, ganz subtile Essenz *Ojas* abgesondert, welche auf subtilster Ebene den grobstofflichen Körper energetisch unterhält und ihm Kraft und Ge-

Teil I · Ayurveda – das Wissen vom langen Leben

sundheit verleiht. Wird dieser Kreis an irgendeiner Stelle gestört, können zunächst einmal die nachfolgenden Dhatus nicht gebildet werden, was sich als ein Fehlen von Ojas auf die Arbeit der vorangehenden Dhatus negativ auswirkt. Die Essenzen in diesen Körpergeweben sammeln sich demzufolge an, weil sie nicht zu den nachfolgenden Dhatus weiterverarbeitet werden können. Deshalb ist es notwendig, durch eine ausgewogene Ernährung und ausreichende Körperbetätigung diesen Zyklus störungsfrei zu halten und optimal mit Nachschub zu versorgen.

Marmas, die Vitalpunkte im menschlichen Körper

Marmas sind wichtige Druckpunkte am ganzen Körper, an denen Fleisch, Venen, Arterien, Sehnen, Knochen und Gelenke zusammenlaufen. Es sind Vitalpunkte, deren Aktivierung zur Heilung und deren Verletzung zur Tötung oder schweren Verletzung von Menschen eingesetzt werden kann. Besonders viele Marmas befinden sich an Kopf, Gesicht, Ohren, Schultern und Füßen.

In der ayurvedischen Massage werden die Marmas mit speziellen Techniken behandelt, um innere Spannungen zu lösen und dem Organismus neue Energie zuzuführen. Viele unterdrückte Gefühle und Erinnerungen manifestieren sich ebenfalls in den Marmas und werden durch deren Behandlung transformiert.

Die ayurvedische Konstitutionslehre und Typenbestimmung

Der Ayurveda betrachtet jeden Menschen als göttliches Individuum. Um aber seine vielfältigen Eigenarten wahrnehmen und bestimmen zu können, bedient er sich des Konzeptes der Doshas. Das sind, wie bereits ausgeführt, die »Körpersäfte« oder Bioenergien, welche sich aus den fünf Elementen zusammensetzen und die Konstitution, die Körperbeschaffenheit, eines jeden Menschen bilden. Wir alle bestehen aus einer einzigartigen Mischung von Vata, Pitta und Kapha. Je nach Ausprägung der einzelnen Doshas wird die persönliche Konstitution des Menschen individuell gebildet.

Als Grundkonstitution *(Prakriti)* wird der Zustand bezeichnet, der uns als Kind zu eigen war. Mit der Erbinformation beider Elternteile und dem Verhalten der Mutter während der Schwangerschaft wird die persönliche Grundkonstitution festgelegt. Als Mensch werden wir als einzigartiges Individuum geboren, ausgestattet mit allen Werkzeugen, die wir für unseren weiteren Lebensverlauf benötigen. Je nach Persönlichkeit und Lebensaufgabe ist uns eine optimale Mischung an körperlichen und geistigen Fähigkeiten von Gott mit auf den Weg gegeben worden. Die Grundkonstitution prägt sich während der ersten Lebensjahre aus und zeigt die wahren Aspekte unserer Persönlichkeit. Wir fühlen uns wohl, ausgeglichen und sind gesund, sofern sich die Doshas im Einklang mit unserer Grundkonstitution befinden.

Schon bei einem Baby erkennen wir die konstitutionsbezogenen Eigenschaften und Merkmale auf körperlicher, seelischer und geistiger Ebene. Je nach Ausprägung der Doshas ist ein Kind kräftig oder drahtig gebaut, lebhaft oder ruhig, willensstark oder nachgiebig. Das gesamte Spektrum der körperlichen Erscheinung wird von seiner Konstitution bestimmt. Im indischen Ayurveda sind diese körperlichen Aspekte Hauptmerkmale der Konstitution. In unserer westlichen Welt hingegen, in der Lebenserfüllung, Persönlichkeitsentwicklung, aber auch psychosomatische Beschwerden viel verbreiteter sind, spielen die Eigenschaften und Ausdrucksformen des Charakters und des Persönlichkeitsprofils eine größere Rolle.

In unserer Grundkonstitution liegt unser gesamtes Persönlichkeitspotential. Doch wer von uns lebt seine ursprüngliche Natur und die ihm innewohnenden Fähigkeiten in vollem Umfang? Meistens haben wir uns aufgrund einengender Erziehungsideale, unpassender Ernährungs- und Verhaltensweisen, persönlicher Ängste und schmerzhafter Erfahrungen von unserer ursprünglichen Natur entfernt. Vergleichen wir unsere heutige Persönlichkeit mit den Anlagen, die in unserer Kindheit sichtbar wurden, so finden wir häufig keine Übereinstimmung mehr. Das heißt, wir haben uns von unserer Grundkonstitution entfernt und ein neues Dosha-Verhältnis aufgebaut. Diese Dosha-Konstellation prägt jetzt unsere körperliche Beschaffenheit, un-

Teil I · Die ayurvedische Konstitutionslehre und Typenbestimmung

sere Beschwerden, unsere Verhaltensformen und Lebensgewohnheiten. Wenn wir unser Leben nach ayurvedischen Richtlinien ausrichten, so ist das Ziel, wieder in Einklang mit unserer ursprünglichen Natur Prakriti zu kommen. Doch wollen wir sie jetzt nicht mehr wie die Kinder unbewußt leben, sondern durch bewußte Lebenserfahrungen transformiert zurückgewinnen.

Aber wie richten wir unsere täglichen Verhaltensformen nach unseren ursprünglichen Bedürfnissen aus, die wir jetzt nicht mehr kennen? Für eine ganzheitliche Gesundung im ayurvedischen Sinne sollten Sie sich zuerst zurückerinnern: »Wie war ich als Kind? Wie habe ich die Welt und mich selbst erlebt?« Der wichtigste Schritt auf dem Weg zurück zur eigenen Grundkonstitution ist ein positives und detailliertes Selbstbild. Schauen Sie sich alte Fotos und Filme an. Fragen Sie Familienmitglieder, und vergleichen Sie deren Wahrnehmung mit ihren eigenen Erinnerungen. Dann fragen Sie sich: »Wer bin ich heute? Fühle ich mich wohl in meiner Haut? In welcher Form lebe ich meine Dosha-Anteile? Unter welchen Beschwerden leide ich?«

Meiner Erfahrung nach liegt die Ursache für körperliche Störungen und Krankheiten neben der Überhöhung und Ansammlung eines Doshas im Körper in dem psychosomatischen Ausdruck eines unterdrückten Doshas in der Persönlichkeit. Angenommen z.B., Sie wurden in Ihrer Grundkonstitution mit einem hohen Pitta-Anteil ausgestattet, der sich in Ihrer Kindheit auf psychischer Ebene mit einer überragenden Intelligenz und Willensstärke bemerkbar gemacht hat. Wurden diese Anlagen gebremst, statt in ihrer freien Entfaltung unterstützt zu werden,

so ist damit der Nährboden für typische Pitta-Beschwerden wie Hautausschläge, Entzündungen oder Fieberanfälle gelegt worden.

Meistens entsprechen wir in unserer Konstitution einem Elternteil, der seine Anlagen an uns weitergegeben hat. So wird der besagte Pitta-Typ mit großer Wahrscheinlichkeit auch einen Pitta-Vater oder eine Pitta-Mutter haben. Daraus kann ein Machtkampf entstehen, denn ein Grundbedürfnis von Pitta ist es, zu dominieren und die eigenen Vorstellungen durchzusetzen. Das Kind will mit dem Kopf durch die Wand, während der Elternteil weiterhin seine Stärke zu behaupten sucht. Einer gewinnt diesen Machtkampf. Meist erfährt das Kind: »Du bist schwächer, Du hast hier nichts zu sagen.« Wir lernen häufig, daß wir mit angepaßtem Verhalten mehr Liebe bekommen. So kann es kommen, daß unsere pittageprägten Anlagen unterdrückt werden zu Gunsten von Gehorsam, Fügsamkeit und Anpassung.

Ich nenne dieses Phänomen »gedeckeltes Pitta« und erlebe sehr oft, wie Menschen nach außen hin zwar eher ruhig, zurückhaltend und schüchtern wirken, während in ihnen ein feuriger Vulkan brodelt. Dieses innere und unterdrückte Feuer wird früher oder später seine Entsprechung im Befinden aufzeigen. Pitta-Störungen wie Übersäuerung, Entzündungen und Verdauungsbeschwerden können nur ein körperlicher Ausdruck der emotionalen Unterdrückung sein.

Genauso ist es, wenn eine kaphabetonte Persönlichkeit gehetzt wird. Kapha ist das beständige und erhaltende Prinzip im Körper. Menschen mit hohem Kapha-Anteil sind ruhig, gefühlvoll und ausgeglichen. Sie lieben es, die Dinge ordentlich und gründlich zu tun. Müssen Sie sich aber immer beeilen, so kommen sie automatisch aus ihrem Rhythmus und geraten in inneren und äußeren Streß. Gewichtszunahme und ein träger Stoffwechsel sind die Folge davon, daß der Körper versucht, den inneren Verlust an Ruhe auszugleichen.

Wenn eine kreative und das Neue liebende Vata-Persönlichkeit in einer von Konventionen und Traditionen bestimmten Welt lebt, so wird dies ebenfalls über kurz oder lang seine Auswirkungen zeigen. Ich kenne z.B. einige Menschen mit Vata-Konstitution, die Buchhalter oder Beamter geworden sind und damit sehr viele Probleme haben. Die Leichtigkeit und Visionskraft ihres Luft- und Ätheranteils kann auf diese Weise nicht ausgedrückt und gelebt werden, so daß Trägheit, Schweregefühl und Antriebslosigkeit die Oberhand auf allen Ebenen des Seins übernehmen. Chronische Verdauungsstörungen, Blähungen und ein labiler Kreislauf zeigen ebenfalls die blockierte Vata-Energie in ihrem Störfeld.

Um die eigene Grundkonstitution zu erkennen, bedarf es einer subtilen, aufmerksamen Wahrnehmung der Dosha-Eigenschaften auf körperlicher, geistiger und seelischer Ebene. Mit den folgenden Konstitutionsbeschreibungen möchte ich die wesentlichsten Persönlichkeitsmerkmale der einzelnen Doshas aufzeigen. Sicherlich werden Sie viele Verhaltensmuster von Vata, Pitta und Kapha bei sich wiedererkennen. Je vielfältiger Ihre individuelle Mischung ist, um so gleichmäßiger verteilen sich die drei Doshas bei Ihnen. Das ist auch gut so, denn das Ziel im Ayurveda ist es, allen Bioenergien Ausdruck zu verleihen und die Energie des gesamten Dosha-Potentials zu entfalten.

Ihre körperlichen und geistigen Anlagen müssen nicht immer übereinstimmen. So können Sie ohne weiteres einen kaphageprägten Körperbau und vata-pitta-geprägte Charaktereigenschaften besitzen.

Die Vata-Energie

Vata repräsentiert das Bewegungsprinzip in jedem menschlichen Organismus. Alles, was sich in uns bewegt, ist von Vata bestimmt, so auch die Bewegung des Atems, der Verdauung, des Stoffwechsels und der Gedanken. Das Nervensystem ist unser wichtigstes Vata-Organ, denn durch die Nerven werden nicht nur die gesamten Bewegungsimpulse im Körper verteilt, sondern durch sie wirkt auch die subtile Kraft der Gedanken und Gefühle.

Das Vata-Dosha können wir in unserem Körper durch die Eigenschaften kalt, trocken, rauh, fein, schnell, hart und rissig erkennen und lokalisieren. Herrscht Vata in Ihrem Körper vor, so ist Ihre Haut trocken, rissig und rauh, die Hände und Füße sind häufig kalt, der Stoffwechsel und die Sprechweise schnell und die Haare fein. Auf der psychischen Ebene können wir Vata durch eine feine Wahrnehmung sowie schnelle und sprunghafte Gedankenabfolgen bestimmen.

Teil I · Die ayurvedische Konstitutionslehre und Typenbestimmung

Im Ayurveda wird Vata als das labilste Dosha angesehen. Da es sich aus den Elementen Luft und Äther zusammensetzt, empfinden Menschen mit viel Vata oft das Gefühl der Leere. Innere Ängste, Zweifel und Unsicherheit lassen sie innerlich und äußerlich ins Schwanken geraten. Der Körper reagiert äußerst sensibel auf alle belastenden Veränderungen, wie Wetterwechsel, Ortswechsel oder Streß. Verstopfung, Schlafstörungen und vegetative Beschwerden sind die unausweichliche Folge davon.

Für eine Vata-Konstitution ist es eine große und schwierige Aufgabe, angefangene Dinge fertigzustellen. Dies erlebt man besonders oft bei künstlerisch veranlagten Menschen, die mindestens zehn unfertige Bilder oder Projekte in ihrem Atelier liegen haben. Oft warten sie, bis ein unabwendbarer Termindruck entsteht, bevor sie mit einem Auftrag beginnen oder ihn fertigstellen.

Vata ist die Energie, die Visionen vom Leben und von neuen Projekten bewirkt. Die Lust, etwas zu verändern, unerforschte Wege zu gehen und dem Leben einen neuen Sinn zu verleihen, entsteht durch die aktive und positive Vata-Kraft. Ist diese Vata-Energie jedoch negativ gepolt, so stehen Unzufriedenheit, Hoffnungslosigkeit und mangelnder Mut einem Neubeginn im Weg. Der Mensch ist mit seiner alten Lebenssituation unzufrieden und findet keinen gangbaren Weg, das Neue einzuleiten.

Ist der Vata-Anteil hoch, so ist man immer auf der Suche, verliert leicht das Ziel aus den Augen und kann sich oft nicht entscheiden, welcher Weg der optimale ist. Man fängt alles mit großer Euphorie an, doch nach einer Woche schwindet das Interesse, und man beginnt sich zu langweilen.

Um das Vata in Harmonie zu bringen oder auch zu erhalten, sind ein regelmäßiger Tagesrhythmus mit abwechslungsreichen Tätigkeiten und Inhalten, eine intellektuelle Auseinandersetzung mit den Geisteswissenschaften, kreative Tätigkeiten und entspannte, meditative Bewegungsformen (wie Yoga, Tai-Chi, Spazierengehen usw.) sehr zu empfehlen. Warme saftige Speisen, beruhigende Kräutertees mit Melisse, Fenchel, Baldrian und Johanniskraut sind ebenso unterstützend wie die Gewürze Safran, Muskat, Zimt und Bockshornklee.

Brigitte, eine langjährige Klientin und typische Vata-Frau, ist sehr schlank, drahtig und immer in Bewegung. Ihr Leben ist eine einzige Achterbahnfahrt. Ständig schlittert sie in neue Beziehungen, macht Weiterbildungsseminare und reist rund um die Welt. Sie ist lebenslustig, neugierig und flexibel, hat dauernd neue Ideen und wirft dann doch alles über den Haufen. Das macht den Umgang mit Brigitte manchmal ein bißchen schwierig, denn sie vergißt leicht alte Versprechungen, Vorhaben und Termine. So muß ich mich immer darum kümmern, daß sie unsere Verabredungen nicht vergißt, pünktlich kommt und alle versprochenen Unterlagen mitbringt.

Natürlich ist ihr unregelmäßiger Lebensablauf sehr anstrengend und zehrt an Brigittes körperlicher und geistiger Kraft. Oft fühlt sie sich innerlich ausgepowert, überarbeitet und gehetzt. Sie kann dann keinen klaren Gedanken mehr fassen und dreht sich innerlich im Kreis. So hat sie viel Streß und Arbeit, kann aber nichts beenden, was sie letztlich noch nervöser macht. Auf körperlicher Ebene leidet sie dann an Schlafstörungen, Nervosität und Tinnitus. Ihre Haut juckt und spannt, und sie bekommt eine trockene Kopfhaut mit Schuppen. Dies verbessert sich erst, wenn es ihr gelingt, etwas mehr Ruhe und Stabilität in ihr Leben zu bringen.

Vor zwei Jahren wurde Brigitte schwanger, was ihr Leben natürlich grundlegend veränderte. Die neue mütterliche Aufgabe erfüllt sie mit innerer Ruhe und Kraft. Natürlich hatte sie zu Beginn etwas Angst vor der großen Verantwortung und machte sich Sorgen über ihren weiteren Lebensverlauf, doch insgesamt hat sie durch diese neue Erfahrung viel gewonnen, da nun auch die anderen Aspekte ihrer Persönlichkeit neu zum Ausdruck kommen.

Ihren ungebremsten Vata-Energiestrom der Kreativität und Lebendigkeit lebt sie mit ihrer kleinen Tochter beim Sandburgenbauen, Malen und Spielen aus. Sie ist eine sehr feinfühlige Mutter, die alle Veränderungen und Bedürfnisse ihres Kindes direkt wahrnimmt.

Eine gute und gesunde Ernährung für sich und ihr Kind ist ihr sehr wichtig, und sie hat sich bereits während der Schwangerschaft zu einer hervorragenden Köchin entwickelt. Zum ersten Mal in ihrem Leben hat sie einen gefüllten Kühlschrank und eine geschmackvoll gestaltete Wohnung. Dies zeigt das neu entfaltete Kapha-Dosha. Durch ihre Arbeit in einer Elterninitiative lernt sie, sich besser durchzusetzten und strukturiert zu arbeiten; das fördert Pitta in ihrem Wesen.

Körperlich gesehen hat sie immer noch einen hohen Vata-Anteil. Sie war während der gesamten Schwangerschaft sehr schlank und hatte wenig Milch zum Stillen. Die Geburt ihres Kindes war schwer und langwierig, da sie sich schlecht entspannen konnte.

Insgesamt sind ihre Formen weicher und harmonischer geworden. Die neu gelebte Weiblichkeit zeigt sich in dem leuchtenden Ausdruck ihrer Augen, der neuen ruhevollen Ausstrahlung und ihrem liebevollen Umgang mit ihrer Tochter. Diese Kapha-Elemente stehen ihr sehr gut und ergänzen ihre Persönlichkeit mit Charme und neuer Ausdruckskraft.

Teil I · Die ayurvedische Konstitutionslehre und Typenbestimmung

Die Pitta-Energie

Pitta repräsentiert das Umsetzungsprinzip im menschlichen Organismus. Durch seine heißen, feurigen Elemente bestimmt es unser gesamtes Verdauungs- und Enzymsystem, die Hormone und die Intelligenz. Hat ein Mensch viel Pitta, so ist dies vor allem an seiner ausgeprägten Führungspersönlichkeit zu spüren. Pitta schafft Lust am Arbeiten, Bestimmen und Bewegen. Eine innere Kraft, Wissen und Motivation erfüllt den Menschen, läßt Hindernisse klein werden und Unangenehmes bewältigen.

Pitta-Menschen sind sehr ehrgeizig und wollen immer perfekt sein. Der innere Leistungsdruck ist so stark, daß sie selten zufrieden sind. Doch das ist für sie kein Grund zur Verzweiflung, im Gegenteil! Es dient dem Antrieb, Unmögliches wahr zu machen und keine Mühe zu scheuen.

Die Pitta-Energie verleiht eine starke Ausstrahlung, brillante Intelligenz und große Willenskraft. Wenn eine pittaerfüllte Person einen Raum betritt, so ist der Raum »voll«! Jeder spürt die Dynamik und das Charisma. Leider ist die Pitta-Kraft nicht immer leicht zu zügeln. Oft schießt sie über ihr Ziel hinaus und äußert sich in Aggressionen, cholerischen Anfällen und Fanatismus. Menschen mit viel Pitta sind mit einer Art »Kritik-Finger« geboren: Ihr brillanter Verstand spürt sofort Fehler auf und sieht Unzulänglichkeiten. Dadurch entsteht der Eindruck, niemals gut genug zu sein. Tatsächlich bringt Pitta einen sehr hohen Erfolgsanspruch mit sich, aber auch die Fähigkeiten, das gewünschte Ziel zu erreichen. Pitta-Menschen verlieren ihr Ziel niemals aus den Augen und werden durch Streß und Anforderungen nur noch schneller, effizienter und genauer. Die Angst vor Fehlern läßt sie auch bei Zeitdruck immer perfekter und pingeliger werden. Für andere Menschen ist der Umgang mit einer ausgeprägten Pitta-Persönlichkeit oft nicht ganz einfach. Durch ihr einnehmendes Wesen und den Hang zur Intoleranz fühlt man sich leicht bedrängt, kritisiert und wenig geschätzt.

Pitta ist eine feurige Kraft, und sie braucht das richtige Maß an »Brennmaterial«, um sich nicht selbst zu verzehren. Dieses Brennmaterial besteht aus geistigen Anforderungen, körperlicher Aktivität und typgerechter Ernährung. Ist das Pitta stark, so besteht eine Neigung zu Leistungssport und körperlichen Anstrengungen. Wenn der Körper schwitzt, breitet sich ein wohliges Gefühl von Stärke, Zufriedenheit und Vitalität aus. Auch negative Emotionen können durch körperliche Aktivität sehr gut abgebaut werden. Sport ist für Pitta-Typen jedoch nur interessant, wenn es auch etwas zu gewinnen gibt. Der Wunsch, der Beste zu sein, die eigenen Leistungen immer wieder zu übertreffen und andere auszustechen, ist ein immerwährender Kitzel auf allen Lebensebenen.

Rein körperlich betrachtet äußert sich Pitta in den Eigenschaften sauer, scharf und flüssig. Dies macht sich vor allem in übermäßigem Schwitzen, Übersäuerung und starkem Appetit bemerkbar. Ist das Pitta zu hoch, so brennt die Verdauungsenergie sehr stark. Man hat ständig Hunger und ist sehr ungeduldig, ärgerlich und gereizt, wenn nicht sofort etwas Eßbares zur Verfügung steht. Alle natürlich süßen Speisen, Rohkost und grünes Gemüse bieten dann den idealen Ausgleich.

Unreine Haut, Magenschmerzen, Sodbrennen, Durchfall und Entzündungen sind oft auftretende Pitta-Probleme: Durch übermäßige Säurebildung und psychische Anspannung erhöht sich das Pitta in uns, insbesondere bei Verzehr von säuernden Speisen wie Fleisch, Weißmehlprodukten, Alkohol, Kaffee und Zucker. Scharfe Speisen regen ebenfalls die Säurebildung an und haben eine verbrennende und anheizende Wirkung auf unsere Pitta-Kraft. Zum Ausgleich eignen sich alle kühlenden Speisen und Gewürze wie Melone, Kartoffeln, Fenchel, Kardamom, Minze und Koriander am besten.

Schon rein äußerlich zeichnete sich Karola, eine ehemalige Ausbildungsteilnehmerin, durch ihre roten Haare und ihre sommersprossige, gut durchblutete Haut als Pitta-Typ aus. Auch in ihrem Wesen hatte sie die typischen Pitta-Eigenschaften der strukturierten Arbeitsweise, des organisatorischen Geschicks und der guten Rhetorik. Schon nach wenigen Ausbildungstagen wurde sie zum Sprachrohr der Gruppe und setzte sich mit viel Engagement für ihre Mitschülerinnen ein. Karola war eine eindrucksvolle Persönlichkeit, die uns alle durch ihren scharfen Verstand, ihren ausgeprägten Humor und ihre kraftvolle Mitarbeit bereicherte.

Sie war sehr ehrgeizig und lernte trotz ihres zeitaufwendigen Berufs als Architektin sehr viel über die einzelnen Aspekte der Ernährungslehre. Für viele Mitschülerinnen war sie ein großes Vorbild für innere Disziplin, strukturierte Arbeitsweise und die konsequente Umsetzung des erlernten Wissens.

Auffällig in Karolas Persönlichkeitsstruktur war ihr Führungsanspruch, der ganz typisch für eine pittageprägte Persönlichkeit ist. Solange Karola die anerkannte Gruppenführerin sein konnte, war ihr Verhalten äußerst zuvorkommend, hilfsbereit und herzerfrischend. Als jedoch eine andere Teilnehmerin gegen sie aufbegehrte, entwickelte Karola einen Konkurrenzkampf und stiftete viel Unruhe innerhalb der Gruppe. Ihre spitzfindigen Bemerkungen zielten darauf ab, andere bloßzustellen, und ihr Arbeitseifer war von leistungsorientiertem Profilierungsdruck geprägt.

Nachdem ich Karola die Leitung einer Gruppenarbeit übertragen hatte, wo sie ihre gesamten Fähigkeiten unter Beweis stellen konnte, war sie wieder besänftigt und entspannt. Unser Kurs konnte friedlich fortgeführt werden, und Karola lernte im Laufe der Zeit ihre Pitta-Dominanz von vielen Seiten bewußt kennen und verändern.

Teil I · Die ayurvedische Konstitutionslehre und Typenbestimmung

Die Kapha-Energie

Kapha ist die erhaltende, bewahrende und aufbauende Struktur in uns. Körperlich drückt sie sich durch die feste Körperstruktur, das Lymph- und das Immunsystem aus. Auf der psychischen Ebene ist Kapha der Teil in uns, mit dem wir innere Ruhe, Frieden und Harmonie erfahren und genießen möchten. Mit Kapha haben wir Zeit, die kleinen Schönheiten des Lebens zu genießen, sind zufrieden und lieben das Altbewährte. Menschen, die von der Kapha-Energie geprägt sind, wirken auf andere manchmal etwas schwerfällig und behäbig. Es stimmt, daß die Kapha-Energie keine Sprinter-Qualitäten hervorbringt, dafür ist sie sehr ausdauernd und stark. Hat eine Kapha-Persönlichkeit erst einmal ein neues Ziel gefaßt, so wird sie nicht müde, dies bis zum erfolgreichen Abschluß in Geduld und Zähigkeit zu verfolgen. Aus diesem Grunde hält man in der indischen Kultur Kapha für die erfolgversprechendste Kraft im Menschen.

Kapha-Typen agieren eher wohlüberlegt, gründlich und bevorzugen einen ruhigen, gleichmäßigen Lebens- und Arbeitsstil. Überstürzte Entscheidungen, hektische Aktivitäten und spontane Erneuerungen werden mit Mißtrauen und Abneigung begutachtet und das Praktische und Traditionelle wird immer den Vorrang haben. Der Einfluß von Kapha macht häuslich, und die Priorität des Lebens ist primär auf die Familie ausgerichtet. Privates Glück in einer beständigen Partnerschaft, gesunde, glückliche Kinder und treue Freundschaften sind dann das Wichtigste und schenken innere Zufriedenheit, Sicherheit und Lebensglück.

Ist Kapha zu stark, so wird man leicht unflexibel und schränkt seinen Lebensradius immer mehr ein. Das aktive Leben wird dann durch seine intensive Bewegung und Veränderung zu anstrengend. Dadurch nimmt der Kapha-Typ immer weniger am Leben teil, kapselt sich ab und isoliert sich emotional und geistig von seiner Umgebung. Heißhunger und unkontrollierte Gelüste nach Essen, insbesondere nach süßen, fetten Speisen, Käse, Wurst usw., aus Lust und Langeweile bewirken eine Gewichtszunahme und Überfettung des Gewebes. Jede Kapha-Konstitution kennt Phasen des inneren Rückzugs, den Wunsch nach Alleinsein, Faulenzen und das Bedürfnis, Konfliktsituationen erst einmal in sich selbst auszusitzen.

Steigert sich diese natürliche Regenerationsphase in eine typische Kapha-Depression, so fühlt man sich vom Leben überfordert und taucht vollständig in eine Traumwelt ab. Bewegung und Aktivität würden dann nur Unbeständigkeit in das auf Sicherheit ausgerichtete Weltbild bringen. Der Kapha-Typ lehnt in solchen Situationen jeglichen Gefühlsaustausch mit anderen ab, igelt sich ein und stumpft geistig ab.

Um das Kapha wieder in seine gesunde Form zurückzubringen, ist ein regelmäßiges Bewegungsprogramm auf körperlicher und geistiger Ebene sehr zu empfehlen. Spüren Sie die eigene dynamische Kraft der Veränderung, und genießen Sie das Leben von der aktiven Seite. Einmal in der Woche zu wandern, zu schwimmen oder in die Sauna zu gehen ist ein Minimalprogramm für körperliche Vitalität. Besonders leicht fällt es den

Kapha-Menschen, wenn die Bewegung noch einen praktischen Nutzen mit sich bringt. Hier bieten sich Gartenarbeit, das Sammeln von Pilzen oder Wildkräutern und Spaziergänge mit dem Hund an.

Auf geistiger Ebene ist es für Kapha-Typen sehr anregend, zusammen mit anderen Menschen etwas zu unternehmen. Soziales Engagement sowie Interesse für Sprachen, Kultur und Psychologie sind für kaphageprägte Menschen eine natürliche Motivation zum vitalen und erfüllten Lebenswandel.

Der Genuß von warmen und mit leichter Schärfe gewürzten Speisen ist eine hervorragende Anregung für den Stoffwechsel und die Vedauungskraft. Besonders empfehlenswert sind bittere Gemüse (wie z.B. Chicorée, Spinat, Mangold, Artischocken) mit den verdauungsfördernden Gewürzen Kreuzkümmel (Cumin), Pfeffer, Chili, Meerrettich, Kurkuma, Ingwer und Senfkörnern.

Sabine ist Masseurin und Körpertherapeutin und stellt durch ihre ausgeprägte Kapha-Dominanz eine sichere Anlaufstelle für viele Freunde, Patienten und Menschen in Krisensituationen dar. Ihr Körper ist füllig und mütterlich, aber trotz Kleidergröße 46 strahlt sie eine weibliche Schönheit aus, die sehr anziehend wirkt. Ihre Formen sind weich, ihre Stimme tief und ihr Griff fest. In Sabines Gegenwart fühlt man sich automatisch gehalten, geborgen und geliebt.

Nach außen wirkt Sabine sehr ruhig und ausgeglichen. Sie ist eine hervorragende Zuhörerin und kann sich in jeden verständnisvoll hineinversetzen. Zu jeder Tages- und Nachtzeit ist sie für ihre notleidenden Patienten da, aber oft überfordert sie sich damit selbst.

Ich lernte Sabine während einer Ayurveda-Kur kennen, in der sie sich von ihrem Alltagsstreß erholen wollte. Doch auch während dieser Zeit hatte Sabine eine magische Anziehungskraft auf die anderen Kur-Teilnehmer. Ständig sah ich sie in Gesprächen, bei denen sie sich fürsorglich um das Wohl anderer kümmerte. In einem persönlichen Gespräch gestand sie mir, daß es ihr eigentlich zuviel sei, immer andere zu versorgen. Sie wußte allerdings nicht, wie sie sich abgrenzen konnte, ohne jemanden zu verletzen.

Dies ist typisch für die Kapha-Persönlichkeit und stellt vielfach ein großes Problem dar. Denn so kommt sie leicht aus ihrem eigenen Rhythmus, verliert den Kontakt zu sich selbst und gerät in innere Spannungen. Ich riet Sabine, sich bewußt eine Stunde am Tag zurückzuziehen und in jedem Gespräch immer wieder ihre eigenen Wünsche zu äußern. Durch diese für sie sehr schwierige Übung erwarb Sabine die Kraft und den Mut, auch in ihrem Alltag ihre persönlichen Bedürfnisse auszudrücken und damit in einen inneren Frieden und entspannten Tagesrhythmus zu kommen. Natürlich waren viele ihrer Patienten erstaunt, daß die immer

Teil I · Die ayurvedische Konstitutionslehre und Typenbestimmung

so liebevolle Sabine auf einmal auch kleine Ecken und Kanten hatte. Doch sehr schnell zeigte sich, wer wirklich an einem engen Kontakt interessiert war und wer Sabine nur als »seelischen Mülleimer« benutzen wollte.

Sabine nahm sich fest vor, die so gewonnene Zeit für sich selbst zu nutzen. Sie ging regelmäßig schwimmen, radfahren und kochte mit großer Leidenschaft für gute Freunde

	Vata	**Pitta**	**Kapha**
Körperbau	dünn, schwach entwickelt, feingliedrig, klein oder groß	mittlere Körpergröße, mäßig entwickelt	stämmig, klein oder groß, großgliedrig, gut entwickelt
Gewicht	gering, nimmt schwer zu	Idealgewicht mit guter Muskulatur	schwer, Tendenz zur Fettleibigkeit
Gesicht	klein, zerfurcht, hager, ausdruckslos	mittlere Größe, rötlich, eckig, scharfkantige Züge	große, runde, weiche Züge, blaß
Haut	trocken, glanzlos, roh, hervortretende Venen	leicht errötend, rotwangig, weich, ölig, Sommersprossen	feucht, dick, kühl, blaß, Wasseransammlungen
Haare	spärlich, dünn, trocken, häufig Schuppen oder Haarausfall	mäßig, fein, weich, rötlich, frühzeitig ergraut	kräftig, reichlich, ölig
Hände	klein, kalt, rissig, schmale, hervorstehende Gelenke	mittlere Größe, rosig, warm	kräftig, groß, fest, ölig, wenig Linien

1: Körperliche Merkmale der Konstitutionstypen

	Vata	**Pitta**	**Kapha**
Körperkraft	schwach, geringe Ausdauer	gute Körperkraft, leistungsstark	stark, ausdauernd, wenig Tatendrang, beginnt langsam
Aktivität	schnell, leichtsinnig, spontan, überaktiv, chaotisch	zielgerichtet, ehrgeizig, effizient, machtvoll	stetig, würdevoll, zuverlässig, unflexibel, phlegmatisch
Sprechweise	schnell, unstet, sprunghaft, unzusammenhängend	überzeugend, argumentativ, monologhaft	langsam, entschieden, wohlüberlegt
Verstand	geschwind, unentschlossen	intelligent, durchdringend, kritisch, zielgerichtet	gründlich, bedächtig, sich an grobe Prinzipien haltend
Gedächtnis	schlechtes Langzeitgedächtnis	scharf, klar, gute Erinnerung an Verletzungen	gutes Langzeitgedächtnis, gute Erinnerung an Gefühle
Gefühle	spontan, ängstlich, furchtsam, nervös, launisch, empfindlich	leidenschaftlich, heftig, ärgerlich, streitsüchtig	ruhig, zufrieden, anhänglich, sentimental, schwermütig
Lebensweise	bewegt sich viel, reist und spielt gern, exzentrisch, überlastet	wettbewerbsorientiert, mag Sport/Politik, verträgt keine Hitze	bequem, eintönig, liebt schöne Dinge, Luxus, Komfort

2: Charakteristik der Konstitutionstypen

Teil I · Die ayurvedische Konstitutionslehre und Typenbestimmung

	Vata	**Pitta**	**Kapha**
Immunsystem	schwach, schmerzempfindlich, chronische Leiden	mittelmäßig, anfällig für Infektionen, Entzündungen	verläßlich, stark
Krankheiten	Nervensystem, Knochen, Arthritis, geistige Störungen	Haut, Blut, fiebrige Krankheiten, Entzündungen	Atemwege, Lungen, Schleimbildung, Ödeme
Stoffwechsel	schnell, resorbiert schlecht, unterzuckert leicht	schnell, stark, übersäuert leicht	schwache, langsame Resorption
Verdauung	unregelmäßig, Blähungen, neigt zu Verstopfung	gut, oft, neigt zu Durchfall	regelmäßig, Neigung zu Verstopfung, Stuhl weich
Ausscheidung	spärlich, trocken, schmerzhaft, dunkel	reichlich, brennend, gelb-grünlich, riechend	oft hell oder schleimig
Appetit	unterschiedlich, nicht vorhersehbar	stark, heftig, wenn hungrig leicht ärgerlich, gereizt	gleichbleibend, regelmäßig, stetig
Geschmack	mag süßes, warmes, saftiges Essen, einfache Speisen	mag süßes, kräftiges, gewürztes Essen, bittere, rohe Speisen	mag süßes, gewürztes Essen, bittere, kräftige Speisen

3: Stoffwechsel, Immunkraft und Ausscheidungen der Konstitutionstypen

Die eigene Konstitution bestimmen

Mit dem Sprichwort »Vor lauter Bäumen den Wald nicht mehr sehen« könnte man auch die Problematik beschreiben, die wir haben, wenn wir unsere eigene Konstitution erkennen wollen. In der eigenen Betrachtungsweise sind wir oft geblendet und bewerten körperliche Eigenschaften und Charakterzüge auf subjektive Weise.

Aus diesem Grunde ist eine umfassende Konstitutionsbestimmung auf der Basis eines Fragebogens auch sehr schwierig und unvollständig. Unser Körper und unser Persönlichkeitsprofil sind zu vielschichtig und subtil, um sich auf den typischen Ankreuztest begrenzen zu lassen. Die persönliche Konstitutionsbestimmung ist ein tiefer Erfahrungsprozeß, in dessen Verlauf wir unsere wahre Natur immer gründlicher erkennen und von immer neuen Seiten beleuchten. Nur durch ständige Beobachtung und Selbstwahrnehmung können wir unsere innere Natur entdecken und den Unterschied zwischen geistigen und körperlichen Anlagen sowie die Dosha-Störungen herausarbeiten.

In der ayurvedischen Medizin wird der individuellen Konstitutionsbestimmung viel Zeit eingeräumt. Insgesamt werden dafür acht Diagnoseverfahren verwendet, und mehrere Gespräche zwischen Arzt und Patient sind notwendig, um die Grundkonstitution Prakriti eines Menschen zu bestimmen. Erfahrene Ayurveda-Ärzte und -therapeuten setzen neben Fragebögen u.a. die Puls- und die Zungendiagnose ein, um die Konstitution festzustellen. All diese Informationen fließen in die individuelle Behandlung ein.

Im Gegensatz zur Konstitution läßt sich jedoch der gegenwärtige Ist-Zustand *Vikriti* unserer Doshas gut durch Selbstanalyse bestimmen. Das heißt, wir können anhand unserer derzeitigen Verhaltensformen und Beschwerden auch das momentane Verhältnis unserer Doshas im Körper feststellen. Dies ist für jede Therapie immer der erste und wichtigste Schritt, da viele Gesundheitsempfehlungen direkt auf das Dosha-Verhältnis abgestimmt und immer wieder neu angeglichen werden.

Wenn wir uns jedoch mit den eigenen Störungen und Krankheiten identifizieren, verwechseln wir unsere Vikriti mit der wahren Grundkonstitution Prakriti. Um dieser auf den Grund zu kommen, ist es notwendig, erst einmal die Störung zu beseitigen, um damit Vikriti und Prakriti einander anzugleichen.

So sollten wir auf dem Weg unserer Konstitutionsbestimmung zunächst den Ist-Zustand feststellen, dann Bilder und Erinnerungen unserer Kindheit wachrufen, diese mit dem derzeigen Dosha-Gefüge vergleichen und schließlich zu einem Gesamtbild zusammensetzen.

Teil I · Die ayurvedische Konstitutionslehre und Typenbestimmung

Fragebogen zum Erkennen Ihres jetzigen Dosha-Zustandes (Vikriti)

Vata

	ja	nein
Ich handle sehr schnell und werde leicht nervös und hektisch.	☐	☒
Ich kann schlecht auswendig lernen und auch schlecht auf lange Zeit behalten.	☒	☐
Ich bin lebhaft, begeisterungsfähig, kann Neues schnell aufnehmen und mich nur schwer entscheiden.	☐	☒
Ich habe einen leichten Körperbau, und meine Knochen schauen etwas hervor.	☐	☒
Ich bin schmal, zartgliedrig und kann nur sehr schwer an Gewicht zunehmen.	☐	☒
Ich neige zu Blähungen oder Verstopfung.	☒	☐
Ich habe sehr trockene Haut und bekomme leicht kalte Hände und Füße.	☒	☐
Meine Stimmungen wechseln schnell, ich reagiere gefühlsbetont und bin häufig besorgt und ängstlich.	☒	☐
Ich schlafe oft schlecht ein und wache nachts häufig auf.	☐	☒
Auf mich selbst gestellt, habe ich unregelmäßige Eß-und Schlafgewohnheiten.	☒	☐

5

Pitta

	ja	nein
Ich bin bei allem, was ich tue, extrem genau, effizient und ordentlich.	☐	☒
Ich habe einen starken Willen und kann mich gut durchsetzen.	☒	☐
Ich schwitze leicht und fühle mich bei heißem Wetter oft unwohl.	☒	☐
Ich habe einen guten Appetit, kann große Mengen essen. Wenn sich die Essenszeit verzögert, fühle ich mich unwohl und gereizt.	☐	☒
Meine Augen und meine Haut sind sehr empfindlich, und mein Haar neigt zum frühzeitigen Ergrauen und/oder Haarausfall.	☒	☐
Ich verliere leicht die Geduld, neige zum Perfektionismus und ärgere mich über andere.	☐	☒
Ich liebe kalte Speisen wie Eis, mag eiskalte Getränke und esse sehr gerne Salat und Rohkost.	☐	☒
Ich genieße Herausforderungen und bin beim Erreichen meiner Ziele sehr beharrlich.	☐	☒
Ich brauche täglich Bewegung und Sport, um mich ausgeglichen und entspannt zu fühlen.	☐	☒
Bei Streß reagiere ich leicht mit Durchfall, Kopfschmerzen, Sodbrennen oder Entzündungen im Körper.	☒	☐

4

Kapha

	ja	nein
Ich bin von Natur aus ruhig und gesetzt und handle gewöhnlich langsam, ohne Hektik und wohlüberlegt.	☐	☒
Mein Körperbau ist schwer und kräftig, und ich kann nur schwer abnehmen.	☐	☒
In der Regel bin ich sehr gesund und widerstandsfähig, mein Immunsystem ist verläßlich und stark.	☒	☐
Wenn ich krank werde, so neige ich zu starker Schleimbildung, Trägheit, depressiver Verstimmung, Asthma oder Nebenhöhlenentzündung.	☐	☒
Ich schlafe gut und gerne und brauche mindestens acht Stunden Schlaf, um mich am folgenden Tag wohl zu fühlen.	☐	☒
Ich lerne langsamer als andere, behalte aber das Gelernte ausgezeichnet im Gedächtnis.	☐	☒
Meine Haare sind dicht und kräftig, und ich habe eine weiche, glatte und blasse Haut.	☐	☒
Ich bin von Natur aus heiter, sanftmütig, liebevoll; ich vergebe gern.	☒	☐
Ich esse gerne, fühle mich nach dem Essen oft schläfrig und habe auch eine etwas träge Verdauung.	☐	☒
Ich bin ziemlich bequem und bewege mich wenig, habe jedoch eine gute Ausdauer und einen beständigen Energiepegel.	☐	☒

2

Auswertung

Zählen Sie die einzelnen Ja-Antworten bei Vata, Pitta und Kapha jeweils zusammen. Dasjenige Dosha, bei dem Sie die meisten Ja-Antworten haben, überwiegt in Ihrer allgemeinen Lebensweise und in Ihrer Verhaltensstruktur.

Nun schauen Sie sich noch einmal die drei Tabellen zur Bestimmung der Grundkonstitution an, und betrachten Sie danach Ihren Körper, Ihren Körperbau, Ihre Haut usw. Kreuzen Sie alle zutreffenden Eigenschaften an und zählen Sie zum Schluß wieder die einzelnen Vata-, Pitta- und Kapha-Punkte zusammen.

Vergleichen Sie das Ergebnis der Tabellen mit dem Fragebogen, und ordnen Sie Ihren Körper, Ihre Lebensweise und Ihre Beschwerden den einzelnen Doshas zu. Damit erhalten Sie einen guten Eindruck von Ihren persönlichen Dosha-Anteilen.

Teil I · Die ayurvedische Konstitutionslehre und Typenbestimmung

Über den Umgang mit der eigenen Konstitution und deren Störungen

Bei Ihrer ayurvedischen Lebensausrichtung, bei der Auswahl von Behandlungsformen und bei den Ernährungsregeln sollten Sie generell immer zuerst Ihre körperlichen Störungen und psychischen Belastungen berücksichtigen. Leiden Sie z.B. unter einem Überschuß an Vata, so wird dieser – ungeachtet der Grundkonstitution – erst einmal mit der richtigen Ernährung, mit Massagen, Behandlungen und Heilkräutern ausgeglichen. Durch die Harmonisierung der Vata-Energie kommen dann die wahren Konstitutionsanteile zum Vorschein, die nun ihre Beachtung in allen Lebens- und Ernährungsgewohneiten finden sollten.

Im Ayurveda werden alle störenden Faktoren mit gegensätzlichen Eigenschaften ausgeglichen. Entsprechend dem Grundsatz »Gleiches verstärkt Gleiches« und »gegenteilige Eigenschaften wirken vermindernd« werden alle Krankheiten nach einem einfachen und logischen Prinzip ausgeglichen. Leiden Sie z.B., wie so viele, in den Wechseljahren unter Hitzewallungen und Schweißausbrüchen, so werden diese mit kühlenden, zusammenziehenden und trocknenden Behandlungsmethoden sowie Substanzen therapiert.

Wie die Bewegung eines Pendels, das von einer Seite auf die andere schwingt, wird ein Dosha nach dem anderen behandelt, um die Grundkonstitution immer weiter im Mittelpunkt zu zentrieren. Etwas komplizierter wird es, wenn man gleichzeitig unter verschiedenen Beschwerden leidet, wie dies sehr häufig geschieht. Dann muß entschieden werden, mit welcher Dosha-Therapie zu beginnen ist. Stimmt man die Ernährung auf den Heuschnupfen (Kapha-Störung) oder das Sodbrennen (Pitta-Störung) ab? Sollte zuerst Vata reduziert werden, um Blähungen und Schlafstörungen zu lindern, oder ist aufgrund der Hautunreinheiten und Kopfschmerzen eher eine pittareduzierende Therapie angebracht?

Die Antwort auf diese Fragen kann im Grunde genommen nur ein erfahrener Ayurveda-Arzt oder -Therapeut geben. Alle Krankheiten und Beschwerden, die sich bereits in den Körpergeweben (Dhatus) manifestiert haben, sollten grundsätzlich medizinisch behandelt und nicht einer alleinigen Selbsttherapie unterworfen werden.

Allgemein wird in der ayurvedischen Heilkunde zuerst das Vata-Dosha therapiert und im Anschluß alle weiteren Doshas. Das Ausmaß und die Bedrohlichkeit der unterschiedlichen Krankheiten gilt als weiterer Orientierungspunkt. Leidet ein Patient z.B. gleichzeitig an Neurodermitis, Asthma und Blähungen, so wird als primäre Therapie erst einmal das Asthma behandelt, da dies das Leben am meisten bedroht, dann die Neurodermitis und zum Schluß die Blähungen. Eine ausgewogene Ayurveda-Behandlung berücksichtigt alle Doshas und Beschwerden gleichermaßen und bedient sich nur der Heilmittel und Behandlungweisen, die dem ganzheitlichen Heilungsweg und Ausgleich aller Doshas dienen.

Yasmin hat von ihrem Körperbau und ihren Verhaltensformen eine typische Vata-Konstitution. Sie ist klein, zierlich und innerlich sehr unruhig, ängstlich und nervös. Ihre Haare sind dünn, die Augen klein und unruhig, die Nägel brüchig.

Yasmin konsultierte mich wegen ihrer schweren Akne, die alle Symptome einer Kapha-Störung aufwies. Die Haut war fettig und großporig, dicke rote Pusteln und Schwellungen breiteten sich auf dem gesamten Kinn und Unterkiefer aus. Bereits seit zehn Jahren litt Yasmin unter dieser für sie sehr belastenden Hautkrankheit, und sie hatte bereits alle herkömmlichen Therapien (Hormonbehandlung, Kosmetikpräparate usw.) erfolglos durchlaufen.

Trotz ihrer offensichtlichen Vata-Prakriti zeigte der Körper alle Symptome einer starken Kapha-Erhöhung in Form von übermäßiger Schleim- und Fettbildung (besonders im Hautgewebe), Lymphschwellungen, Zysten an der Gebärmutter und einer ständigen Müdigkeit. So empfahl ich Yasmin eine kaphareduzierende Ernährung mit vielen leichten, bitteren und zusammenziehenden Nahrungsmittteln. Auch Hautpflege und Gesichtsbehandlungen stimmten wir voll auf ihre Kapha-Symptome ab. Beim allgemeinen Lebensstil berücksichtigten wir allerdings sehr stark ihre Vata-Grundkonstitution. So sollte Yasmin sich bemühen, einen regelmäßigen Tagesablauf einzuhalten, sich körperlich nicht zu überanstrengen, früh schlafen zu gehen und regelmäßig zu meditieren.

Viele unserer Behandlungsweisen dienten Vata und Kapha zugleich: So nahm Yasmin eine Zeitlang ausschließlich warme Speisen und Getränke zu sich, welche die Kühle von Vata und Kapha ausgleichen. Stoffwechselanregende Gewürze und wärmende Ganzkörperbehandlungen dienten ebenfalls dem Dosha-Ausgleich. Durch regelmäßige Dampfbäder und Kräuterauflagen regten wir den Reinigungsprozeß und die Agni-Funktionen auf sanfte Weise an.

Nach drei Monaten war Yasmins Haut glatt und schön. Sie hatte noch ein vergrößertes Porenbild, aber die Schwellungen und Pusteln waren weg! Doch auch insgesamt fühlte Yasmin sich sehr viel besser und ausgeglichener. Die ständige Müdigkeit, aber auch die innere Nervosität, Ängstlichkeit und Anspannung waren einer positiven Lebensdynamik gewichen. Ihre Hände und Füße fühlten sich jetzt immer warm an, und sie spürte die Lebenskraft in sich.

Yasmin achtete auch weiterhin darauf, ihr Vata und ihr Kapha immer gut zu pflegen und durch eine ausgewogene Lebensweise diese gegensätzlichen Kräfte im Gleichgewicht zu erhalten.

Teil I · Die ayurvedische Konstitutionslehre und Typenbestimmung

Für Sie, liebe Leserin, gilt bei allen Selbstanwendungen und Ernährungsempfehlungen die Regel, daß Sie grundsätzlich die Lebens- und Ernährungsempfehlungen für Ihre Grundkonstitution einhalten sollten. Benötigen Sie noch zusätzliche Therapien bei speziellen Krankheiten und Beschwerden, so befolgen Sie diese, bis die Beschwerden verschwinden – auch wenn sie in Kleinigkeiten Ihren konstitutionsbezogenen Empfehlungen widersprechen. So kann die Dosha-Störung schnell ausgeglichen werden.

Fühlen Sie sich jedoch mit irgendeiner Verhaltensmaßnahme unwohl, so sollten Sie diese abbrechen, da Ihr Körper sie nicht gut verträgt. Die allgemeinen Regeln der ayurvedischen Lebenskunde und Körperpflege, wie sie im Kapitel »Ernährung, Schlaf und Sexualität – die drei Säulen des Lebens« beschrieben werden, können ohne Bedenken und ungeachtet der Grundkonstitution angewendet werden, da diese die Doshas von Grund auf harmonisieren und nähren.

Symptome von Dosha-Störungen

Vata

Gerät Vata aus dem Gleichgewicht, so spürt man dies unmittelbar an Symptomen wie Verstopfung, Blähungen, einem trockenen Mund, dem Verlangen nach Wärme, inneren Ängsten oder Streß. Es ist, als ob alles im Kopf durcheinander ist und die Gedanken rasen; dennoch verkrampft sich der Körper, und man verspürt wenig Kraft und Sicherheit in den Handlungen.

Hält dieser Zustand an, so leidet man in wachsendem Maße unter Blähungen und Verstopfung, kalten Händen und Füßen sowie Trockenheit im ganzen Körper und auf der Haut. Der Geist wird immer unruhiger, und man entwickelt »echte« Beschwerden wie Schlafstörungen, Ohrgeräusche und Schwindelanfälle. Eine langanhaltende Dosha-Erhöhung führt zu typischen Vata-Krankheitsbildern wie Blutarmut, Muskel- und Knochenschwund, Lähmungserscheinungen,

Gedächtnisverlust, Gelenkbeschwerden, degenerativer Arthritis und Nervenleiden aller Art.

Pitta

Ist Pitta gestört, so spürt man dies unmittelbar durch Magenübersäuerung und -brennen. Auch innerer Ärger und Kritiksucht machen sich im Gemüt breit. Speichern sich diese Symptome im Menschen auf, so verfestigt sich die Pitta-Störung und zeigt sich mit Sodbrennen, Magenverstimmung, brennenden Schmerzen in der Nabelgegend und einer äußerst gereizten und überkritischen Geisteshaltung. Auch die Haut beginnt nun zu reagieren; man leidet unter Hautrötungen, Ausschlägen und Schweißausbrüchen. Im weiteren Verlauf entstehen Krankheiten wie Fieber, Entzündungen, Eiteransammlungen, entzündliche Arthritis, Knochenabzesse sowie alle entzündlichen und brennenden Beschwerden der Leber und des Magen-Darm-Trakts.

Kapha

Wer unter zuviel Kapha leidet, spürt dies zuerst als Antriebsarmut, Appetitmangel und Schweregefühl. Man ist dumpf und träge, und alle Aktivitäten fallen schwer. Auch Brechreiz, aufgeblähte Gedärme, Ödeme und ständige Müdigkeit, die sich bis zur Schlafsucht steigert, treten auf. Nun beginnt der Körper, sehr viel Schleim zu bilden. Man leidet unter verschleimten Atemwegen, träger Verdauung und entwickelt Krankheiten wie Fettsucht, hohen Cholesterinspiegel, nässende Ekzeme, Zysten und Tumore. Auch alle Erkrankungen der Lymphe, der Atemwege, der Lungen und Bronchien stehen im unmittelbaren Zusammenhang mit einem gestörten Kapha-Dosha und werden entsprechend behandelt.

Körperreise zur Bewußtwerdung der Doshas

Die folgende Übung ist eine gute Möglichkeit, Vata, Pitta und Kapha im eigenen Körper zu erspüren und sich die verschiedenen Ebenen der Doshas bewußtzumachen. Wiederholen Sie diese Übung ruhig in größeren Zeitabständen immer wieder, denn Sie werden dadurch immer neue Aspekte Ihrer Persönlichkeit erfahren und Ihrer wahren Grundkonstitution Schritt für Schritt näherkommen.

* Legen oder setzen Sie sich ganz entspannt hin, und atmen Sie ruhig ein und aus. Hören Sie dabei eine entspannende Musik, oder genießen Sie einfach die Stille Ihrer Umgebung. Spüren Sie, wie der Atem durch den ganzen Körper fließt und Sie seine rhythmische Bewegung in jeder Zelle erfüllt. Ihr Körper ist entspannt, angenehm warm und schwer.
* Legen Sie die Hände auf den unteren Bauch, und atmen Sie tief in Ihren Bauch hinein. Konzentrieren Sie sich auf Ihren Unterbauch und den Dickdarm. Dies ist der Hauptsitz von Vata, hier sammelt sich Ihre gesamte Bewegungsenergie. Spüren Sie die Leichtigkeit Ihrer Bewegung und die Quelle Ihrer Kreativität, Flexibilität und Feinfühligkeit.

Vergegenwärtigen Sie sich die verschiedenen Aspekte und Persönlichkeitsmerkmale von Vata, und spüren Sie Ihre eigenen Anteile daran:

Ist Ihr Körper leicht, zart und schmal? Ist Ihre Haut trocken, dünn und kühl? Sind Sie in Ihren Aktivitäten schnell und sprunghaft, und ist Ihr Kopf immer in Aktion?

Erleben Sie bewußt alle Vata-Anteile in sich, und atmen Sie wieder entspannt ein und aus. Genießen Sie die innere Leichtigkeit, die Sie durch und durch erfüllt.

* Gehen Sie nun mit Ihrer ganzen Aufmerksamkeit in die Bauchmitte auf die Höhe des Dünndarms und der Leber.

Teil I · Die ayurvedische Konstitutionslehre und Typenbestimmung

Hier ist der Hauptsitz Ihres Pittas und der Verdauungsenergie. Spüren Sie die Kraft und die Hitze Ihrer Feuerkraft und die unermeßliche Stärke, die Ihnen daraus erwächst. Ihre Pitta-Energie brennt und brodelt in Ihrem Inneren und schenkt Ihnen viel Vitalität und Dynamik in jedem Körperteil, geistige Klarheit und eine durchdringende Umsetzung in allen körperlichen und geistigen Prozessen.

Vergegenwärtigen Sie sich die verschiedenen Aspekte und Persönlichkeitsmerkmale von Pitta, und spüren Sie Ihre eigenen Anteile daran:

Ist Ihr Körper warm und kraftvoll? Haben Sie eine gute Verdauung und einen aktiven Stoffwechsel? Sind Sie eine starke, erfolgsorientierte Persönlichkeit mit Ehrgeiz und Durchsetzungsvermögen?

Erleben Sie bewußt alle Pitta-Anteile in sich, und atmen Sie wieder entspannt ein und aus. Genießen Sie die innere Wärme und Kraft, die Sie durch und durch erfüllt.

✳ Nun wenden Sie Ihre Aufmerksamkeit Ihrem Brustkorb und oberen Magenbereich zu. Hier ist der Hauptsitz Ihres Kaphas. Öffnen Sie mit jedem Atemzug Ihre Brust und Ihre ganze Herzensregion. Spüren Sie die liebevolle Kraft und Sehnsucht Ihrer Herzensenergie, und genießen Sie die innere Fülle und angenehme Schwere der ruhigen Kapha-Energie. Kapha entfaltet sich im ganzen Brustraum und erfüllt Sie mit tiefer Ruhe, Gelassenheit und Liebe.

Vergegenwärtigen Sie sich die verschiedenen Aspekte und Persönlichkeitsmerkmale von Kapha, und spüren Sie Ihre eigenen Anteile daran:

Ist Ihr Körper robust und kräftig gebaut?

Verfügen Sie über ein stabiles Immunsystem, fülliges Haar und eine unempfindliche Haut? Sind Sie eine ausgeglichene, in sich ruhende Persönlichkeit, und kommen viele Menschen zu Ihnen, um sich Hilfe und Trost zu holen?

Erleben Sie bewußt alle Kapha-Anteile in sich, und atmen Sie wieder entspannt ein und aus. Genießen Sie den inneren Frieden und die kraftvolle Ausdauer, die Sie durch und durch erfüllt.

✳ Bleiben Sie entspannt, und genießen Sie die vielfältige Fülle Ihrer Persönlichkeit. Konzentrieren Sie sich nun auf Bilder Ihrer Kindheit: Wie haben Sie als Kind ausgesehen? An welches Lebensgefühl können Sie sich erinnern? Wie würden Sie Ihre Doshas in der Kindheit beschreiben? Wenden Sie Ihre gesamte innere Aufmerksamkeit auf Ihre Kindheit und die damit verbundenen Erinnerungen und Bilder. Lassen Sie diese einfach vor Ihrem inneren Auge entstehen, und beobachten Sie sie. Waren Sie als Kind vom Grundwesen genau wie jetzt? Oder haben Sie sich sehr stark vom Körperbau oder dem persönlichen Ausdruck verändert? Wann hat diese Veränderung stattgefunden? Können Sie sich an Situationen in Ihrer Kindheit erinnern, die sozusagen diese Persönlichkeitsveränderung herbeigeführt haben?

Kommen Sie dann langsam wieder zurück in die Gegenwart und spüren Sie dem Kind in sich noch ein wenig nach.

Atmen Sie wieder tief und bewußt ein und aus; räkeln, recken und strecken Sie Ihren Körper. Öffnen Sie die Augen, und betrachten Sie Ihre Konstitution und Ihre Dosha-Anteile in einem neuen, tiefer begründeten Licht.

Mit Ayurveda Ihre Partnerschaft glücklich gestalten

Kennen wir die typischen Persönlichkeitsstrukturen und Charaktereigenschaften der einzelnen Konstitutionstypen, so können wir die Menschen in unserer Umgebung besser verstehen, liebevoll behandeln und uns mit Toleranz und mit psychologischem Feingefühl in sie hineinversetzen. Dadurch gewinnen wir größere Gelassenheit und Weitsicht in der Kommunikation, in der Partnerschaft und in der Arbeitswelt.

Wie jeder weiß, der in einer engen Partnerschaft lebt, gibt es kein intensiveres Persönlichkeitstraining als eine offene, ehrliche und kommunikationsfähige Beziehung. Unser Partner zeigt uns alle Tabus, Ärgernisse und Unbewußtheiten in uns auf – auch diejenigen, von denen wir vorher noch gar nicht wußten, daß sie existieren. Ayurveda hilft uns, liebevoll und bewußt mit uns selbst und unserem Partner umzugehen, keine unerfüllbaren Erwartungen zu hegen und jeden in seiner wahren Göttlichkeit anzuerkennen.

Oft erscheint es uns besonders schwierig, mit dem anderen Geschlecht umzugehen, da es so andersartig ist. Männer reagieren, denken und fühlen in vielen Lebenssituationen völlig anders als wir Frauen. So fühlt sich in Partnerschaften jeder leicht vom anderen mißverstanden, allein gelassen oder ungerecht behandelt.

Aus ayurvedischer Sicht unterscheiden sich Männer und Frauen grundsätzlich durch die Gewichtung ihrer Dosha-Ausprägung. So wie die Frau einen natürlich größeren Kapha-Anteil in ihrer Körperstruktur und ihrer psychischen Reaktionsweise hat, so ist der Mann von einem pittadominierenden Wesen geprägt. Dies zeigt sich an seinem muskulär ausgeprägteren Körperbau, seiner Haar- und Hormonstruktur sowie vielen typischen Verhaltensformen der männlichen Natur.

Ein Mann wird seine Pitta-Anteile immer etwas stärker zum Ausdruck bringen als eine ebenso konstitutionierte Frau. Dies ist u.a. darauf zurückzuführen, daß Männer in der prähistorischen Zeit die Aufgabe des Jägers und Kriegers innehatten und viel kämpferisches und siegesstolzes Persönlichkeitspotential zum Überleben benötigten.

Ein weiser Ayurveda-Lehrer sagte mir einmal: »Männer wollen bewundert und Frauen wollen begehrt werden. Wenn Du dieses Geheimnis verstehst, so wirst Du ein glückliches Leben in einer glücklichen Beziehung haben.« Der Wunsch nach Anerkennung, Bewunderung und Erfolg gehört zu den männlichen Grundstrukturen, die dem Pitta-Anteil entspringen. Die männliche Natur sucht immer praktische Lösungen und den effizienten Einsatz aller vorhandenen Kräfte.

Dies unterscheidet sich grundsätzlich von den weiblichen Kapha-Strukturen, die Frauen viel mehr Wert auf seelische Harmonie, spirituelle Weiterentwicklung und materielle Sicherheit legen lassen. Dadurch passen aus vedischer Sicht Mann und Frau optimal zusammen und schenken sich gegenseitig

Teil I · Mit Ayurveda Ihre Partnerschaft glücklich gestalten

eine neue Welt mit sich ergänzenden Aspekten der kosmischen Energien.

Natürlich sind die Ausprägungen der weiblichen und männlichen Dosha-Strukturen in jedem Menschen unterschiedlich stark. So gibt es sehr maskuline Männer mit sichtlichem Pitta-Überschuß und eher feminine Männer, die einen hohen Kapha-Anteil zeigen. Man sagt im Ayurveda, daß die männliche Natur normalerweise mindestens ein Drittel Pitta-Anteile auf der körperlichen oder psychischen Ebene in sich trägt. Diese können sich auf vielfältigste Weise manifestieren und prägen die äußere Erscheinung, das charakteristische Persönlichkeitsprofil und die beruflichen Ambitionen des Mannes.

Die Persönlichkeiten des Vata-, des Pitta- und des Kapha-Mannes

Die typischen Persönlichkeitsbilder von Vata-, Pitta- und Kapha-Männern werden im folgenden beschrieben, wenn auch nur grob schematisierend. Die Beschreibung kann jedoch richtungweisend sein, wobei viel Spielraum für alle Konstitutionstypen und Ausdrucksformen offen bleibt.

Wissen wir als Frauen um die Stärken und Schwächen der einzelnen Konstitutionstypen, so können wir uns in der Auswahl unseres Partners danach richten. Wir wissen, wer zu uns paßt, was wir suchen und wo wir es am besten finden. Andererseits können wir auch den Schwächen und Reibungspunkten innerhalb unserer Beziehungen toleranter und weitsichtiger begegnen. Wir sehen die eigenen Dosha-Strukturen in Verbindung mit denen des anderen und können praktische Lösungen für innere und äußere Probleme finden und umsetzen.

Der Vata-Mann

Der Vata-Mann ist ein sehr kreativer, unternehmungslustiger und interessanter Partner. Er hat ständig neue Ideen, ist sehr feinfühlig und legt viel Wert auf innere Harmonie und eine liebevolle Beziehung. Seelische Tiefe und ein großes Interesse für Philosophie, Religionen, Kunst und Musik machen ihn zu einem inspirierenden Gesprächspartner, so daß die Frau ihre spirituellen Lebenswünsche mit ihrem Vata-Mann voll zum Ausdruck bringen kann.

Leider ist der Vata-Mann im praktischen Leben oft etwas unbeholfen, unstetig im Gemüt, verbummelt Verabredungen und kommt häufig zu spät. Dies gleicht er durch seine großzügigen Geschenke, seine unterhaltsame Kommunikation und spontane Überraschungseinfälle aus.

Der Vata-Mann braucht persönliche Freiheit und leidet unter zuviel Verantwortung und Druck. Heftige Auseinandersetzungen,

Instabilitäten und emotionale Enttäuschungen setzen ihm sehr zu – er hat Angst davor und versucht mit allen Mitteln, solchen Dingen aus dem Weg zu gehen.

Unter beruflichem Streß und Erfolgsdruck wird seine luftige Konstitution eingeengt; er fühlt sich unglücklich und unterdrückt. Geld, Macht und Einfluß reizen ihn weit weniger als Aufgaben, die persönliche Freiheit, visionäre Schaffenskraft und interessante sowie abwechslungsreiche Aufgabenfelder mit sich bringen. So ist die vatabetonte Persönlichkeit der ideale Kreativ-Arbeiter, der eine flexible und motivierte Arbeitswelt, kommunikationsreiche und offene Teamarbeit sowie wechselnde Aufgabengebiete mit Freude und Leichtigkeit bewältigt. Natürlich wird er auch unter diesen Bedingungen über zuviel Streß klagen, diesen aber insgeheim lieben und pflegen, da er ihm das Gefühl von Wichtigkeit und Lebendigkeit vermittelt.

Vata-Männer suchen sich oft sehr liebevolle und mütterliche Frauen. Sie wünschen sich einen Hafen, in den sie immer wieder einlaufen, Ruhe und Sicherheit finden, sich rundum verwöhnen lassen können. Da der Vata-Mann eine sensible Gesundheit hat und normalerweise unter den üblichen Streßsymptomen wie Nervosität, innerer Unruhe, Schlafstörungen oder Störungen des vegetativen Nervensystems leidet, wünscht er sich von seiner Partnerin eine liebevolle Betreuung und Versorgung. Er braucht ein entspanntes Zuhause, gutes Essen und eine positive Zuhörerin, die sich in seine Sorgen und Ängste hineinversetzen kann und ihm Mut, Kraft und Sicherheit gibt.

Fühlt sich der Vata-Mann wohl, so ist er voller neuer Ideen und Unternehmungslust. Er wünscht sich eine flexible und reiselustige Partnerin, die sich offen und neugierig auf Unbekanntes einläßt. Er ist ein großer Ästhet und wird seine Frau mit schönen Kleidern, Düften und Schmuck beschenken, die er an ihr genießen möchte. Dabei geht er sehr einfühlsam auf die Persönlichkeit und Vorzüge seiner Frau ein und stärkt auf liebevollste Weise ihr Selbstwertgefühl.

Mit einem Vata-Mann an der Seite erfährt eine Frau immer wieder Überraschungen, so daß das Leben viele unerwartete Erfahrungen mit sich bringt. Alltagsroutine und langweilige Gewohnheiten werden keinen Platz in ihrem normalen Lebensablauf finden. Doch wird sie des öfteren das Gefühl haben, mit einem Jungen verheiratet oder befreundet zu sein, der voller verrückter Ideen ist und ein ewiger Idealist bleiben wird.

Um die materielle Sicherheit und das tägliche Tagesgeschäft wird sie sich jedoch selbst kümmern müssen, falls ihr dessen reibungslose Abwicklung wichtig ist. Was nicht heißt, daß der Vata-Mann nicht erfolgreich oder fürsorglich sein kann, sondern nur, daß seine Lebensprioritäten auf einer anderen Ebene liegen.

Der Pitta-Mann

Die Welt von James Bond, Indiana Jones und Rockefeller ist vom Bild des Pitta-Mannes geprägt. Er sieht gut aus, ist erfolgreich, ein leidenschaftlicher Liebhaber, weiß, was er will, und ist immer Sieger.

Mit diesem Ideal setzen sich Pitta-Männer gerne selbst unter Druck. Sie sind ehrgeizig und diszipliniert; ihr Leben verläuft nach einem festen Erfolgsplan. Gefühle spielen hier nur eine untergeordnete Rolle; wichtiger

Teil I · Mit Ayurveda Ihre Partnerschaft glücklich gestalten

sind Ergebnisse, Zahlen und Strategien. Doch hinter dieser disziplinierten Fassade im Nadelstreifenanzug oder Sporttrikot brodelt ein impulsiver Vulkan mit unausgekochten Emotionen, verletzlichem Selbstwertgefühl und unerfüllten Sehnsüchten.

Pitta-Männer stehen durch ihren scharfen Verstand, ihre brillante Intelligenz, ihr persönliches Durchsetzungsvermögen und die hohe Arbeitsbereitschaft oft an der Spitze des Erfolges. Die Welt schaut auf sie als Manager, selbständige Geschäftsleute, erfolgreiche Sportler, Politiker oder geniale Lebenskünstler, was ihnen ein Gefühl der Anerkennung und Wichtigkeit vermittelt. Aber auch ein starker Erfolgsdruck wird ausgelöst, da der Pitta-Mann sich immer weiter steigern will und keinen Fehler machen darf.

Was der Pitta-Mann von sich erwartet, erwartet er auch von seinem Umfeld. So ist er ein strenger Chef und anspruchsvoller Partner. Seine Frau ist ein wertvolles Statusobjekt in seiner Erfolgssammlung, und er will von anderen Männern um sie beneidet werden. So muß die Frau eines Pitta-Mannes immer etwas ganz Besonderes sein: überdurchschnittlich schön, ausgesprochen begabt, reich oder berühmt.

Auch der Pitta-Mann braucht Entspannung. In der Tiefe seiner Seele sehnt er sich nach Liebe, Wärme und Verwöhntwerden. Er möchte in den Augen seiner Frau der starke Mann sein und leidet deshalb oft unter einer zu starken Partnerin, die ihn im privaten Umfeld noch zusätzlich unter Druck setzt. Zu starke Gefühle schrecken ihn ab, und er findet nur schwer Zugang zu seiner eigenen Emotionswelt. So kann der gewandte Rhetoriker oft nur schwer seinen innersten Sehnsüchten Ausdruck verleihen. Er weicht

echten Gesprächen bei Beziehungskonflikten aus und versucht, mit großen Sprüchen, spendablen Geschenken oder gefühlskalten Reaktionen von seiner Hilflosigkeit und Angst abzulenken.

Viele typische Probleme des Pitta-Mannes, wie zu starker Alkoholgenuß, chronische Magenbeschwerden, Aggressionsausbrüche und immer wiederkehrende Seitensprünge mit jüngeren, ihm unterlegenen Frauen, dienen als Kompensationsmittel für innere Versagensängste und Minderwertigkeitskomplexe.

Pitta-Männer arbeiten in der Regel sehr viel und verdienen auch gutes Geld. So sieht die Frau zwar ihren Mann nicht allzu oft, hat aber jede Menge damit zu tun, den gemeinsamen Besitz zu verwalten und zu genießen. Mit großzügigen Geschenken, luxuriösen Urlauben und beeindruckenden Statussymbolen will der Pitta-Mann seiner Frau seine Liebe zeigen und mit ihr gemeinsam die Früchte seines Erfolges genießen. Steht die Frau jedoch auf dem Standpunkt, ihr Mann solle, statt ihr einen neuen Diamantring zu schenken, lieber früher nach Hause kommen und mit den Kindern Hausaufgaben machen, so wird sie auf vollkommenes Unverständnis stoßen.

Im Umgang mit einem Pitta-Mann braucht die Frau innere Reife, Weitsicht und Toleranz. Ihr Mann erwartet von ihr bedingungslose Liebe und Loyalität, er will auch zu Hause der Chef sein. Akzeptiert die Frau diesen Anspruch des Pitta-Mannes, so hat sie alle persönlichen Freiheiten und Vorteile, die sie sich nur wünschen kann. Kämpft sie jedoch gegen ihren Mann und will sie ihm beweisen, daß sie im Recht ist und noch mehr Stärke und Durchsetzungsvermögen besitzt als er, so kommt es zu einem gnadenlosen Machtkampf, bei dem der Mann bereit ist, alles zu opfern, um zu siegen.

So sollte die Frau eines Pitta-Mannes der ruhige und ausgleichende Pol in der Beziehung sein und wissen, daß keine Suppe so heiß gegessen wie gekocht wird. Bei emotionalen Ausbrüchen sollte sie erst einmal schweigen, bis sich das in Rage gebrachte Pitta-Gemüt beruhigt hat. Anschließend kann sie rational das Problem analysieren und gemeinsam mit dem Partner praktische Lösungen suchen. Oft ist auch eine herzliche Umarmung die beste Lösung für den Ärger oder die Enttäuschung des Pitta-Mannes, da die Frau oft nur als sicherer Dampfablasser vom beruflichen Streß benutzt wird. Sehr gut sind sportliche Aktivitäten und körperliche Bewegung, um die angestauten Gefühle im Pitta-Mann zu befreien. Er sollte sich angewöhnen, regelmäßig direkt nach der Arbeit Sport zu treiben, denn dies schenkt ihm viel Energie auf körperlicher und geistiger Ebene.

Die Frau eines Pitta-Mannes sollte gerne Frau sein, ein aktives und gesellschaftlich angesehenes Leben lieben, sich gerne mit teuren Dingen umgeben und auf ihren Mann stolz sein. Damit hat der Pitta-Mann alles, was er für sein Glück auf Erden braucht.

Der Kapha-Mann

Der Kapha-Mann ist ein liebevoller, treuer und beständiger Partner, Ehemann und Vater. Er ist ausgeglichen, geduldig und häuslich, unterstützt seine Frau bei der täglichen Hausarbeit und Kindererziehung und liebt ein beschauliches Privatleben. Meist ist er ein hervorragender Hobbykoch, praktisch veranlagter Heimwerker und passionierter Gärtner. So läßt es sich mit einem Kapha-Mann wirklich sehr gemütlich leben. Er ist beliebt, pflegt einen großen Freundeskreis und unterstützt die Frau partnerschaftlich auf ihrem persönlichen Lebensweg.

Mit allzu großem Ehrgeiz, übertriebenem Arbeitseifer oder mit Ambitionen für eine steile Karriere ist der typische Kapha-Mann jedoch nicht ausgestattet. Viel wichtiger sind ihm eine sichere Arbeitsstelle mit einem festen Einkommen, ein geregelter Tagesablauf und genügend Zeit für sein Privatleben. Sinnliche Genüsse wie gutes Essen, bequeme Möbelstücke und ein wohlgefüllter Weinkeller machen ihn glücklich und sind ein großer Teil seiner Freizeitbeschäftigung. Er braucht keine Abenteuer und ungewisse Sensationen, sondern liebt das Bekannte und Altbewährte.

Da der Kapha-Mann keinerlei Eitelkeit besitzt, vernachlässigt er leicht sein Äußeres und achtet auch nicht auf das Äußere seiner Partnerin. Egal, ob dick oder dünn, groß oder klein, wichtig sind die inneren Werte für den Kapha-Mann. Für neue Kleider und wertvollen Schmuck hat er überhaupt keinen Sinn, vielmehr liebt er Sonderangebote und Praktisches zum Anziehen. Er ist sparsam bis geizig, genießt auch die kleinen (und billigen) Dinge im Leben und hat keinerlei Motivation, mit anderen zu konkurrieren.

Im Berufsleben ist er in bestimmten Bereichen außerordentlich erfolgreich, da er sehr geordnet, verläßlich und ausdauernd arbeitet. Langfristige Projekte erfüllt er vom ersten bis zum letzten Tag mit gleichbleibender Sorgfalt. Er handelt stets verantwortungs-

Teil I · Mit Ayurveda Ihre Partnerschaft glücklich gestalten

voll und sichert sich gegen unvorhergesehene Risiken ab. So kann man sich auf den Kapha-Mann in allen Situationen hundertprozentig verlassen und ihm als führendem Mitarbeiter blind vertrauen. Mit Menschen geht er auf sehr diplomatische und geschickte Weise um; er versteht es, keinem weh zu tun und doch die eigenen Interessen oder die des Unternehmens wahrzunehmen.

Kommt der Kapha-Mann von einem erfüllten Arbeitstag nach Hause, so möchte er sich erst einmal entspannen. Ein Sessel, eine Zeitung und ein Bier sind normalerweise seine typischen Kompensationsreaktionen auf die täglichen Anstrengungen. Nach 15 Minuten ist er dann wieder voll da, ist ein fröhlicher und hilfsbereiter Ehemann und engagierter Vater. Bestürmt man ihn jedoch sofort und läßt ihm keine Zeit zum kurzen Rückzug, so wird er gereizt und ungeduldig.

Ein Kapha-Mann läßt sich nicht gerne hetzen und liebt auch keine voreiligen Entscheidungen. So wird sein Leben in beruflicher und privater Hinsicht in gemäßigten Bahnen verlaufen und langfristig eine große Ernte einbringen. Wenn seine Partnerin jedoch von einer inneren Unruhe und Suche getrieben ist, anstrengende Kulturreisen unternehmen möchte oder seinen Erfolg vorantreiben will, so wird sie auf liebevolle, aber taube Ohren stoßen. Der Kapha-Mann wird seine Partnerin motivieren, dies alles allein, mit einer guten Freundin oder einer Selbsterfahrungsgruppe auszuleben und ihn zu Hause zu lassen, damit er sich während dieser Zeit im eigenen Rahmen vergnügen kann.

Kapha-Männer können sehr gut mit starken und erfolgreichen Frauen zusammenleben, da sie keinen Neid kennen und in großer Toleranz jedem seinen Platz geben. Sie sind bereit, einen großen Teil der Hausarbeit und Kindererziehung zu übernehmen, damit ihre Frau auch ihre Erfüllung finden kann. Sehr empfindlich sind sie jedoch bei ständigen Veränderungswünschen, wenn die Partnerin dauernd an ihnen herumnörgelt oder sie erziehen will, sich z.B. das Rauchen abzugewöhnen, weniger zu essen oder mehr Sport zu treiben.

Das Potential einer Partnerschaft entdecken

Jede Beziehung birgt ein großes Wachstumspotential in sich. Unser Partner hält uns einen Spiegel der eigenen Verhaltensweisen, Stärken und Schwächen vor. Normalerweise bilden sich Paare, die aus unterschiedlichen Konstitutionen und Persönlichkeitsanteilen bestehen. Der andere ist sozusagen das Pendant zur eigenen Dosha-Gewichtung, und zusammen ergibt sich die optimale Ausgewogenheit von Vata, Pitta und Kapha. Dies kann eine Bereicherung für eine Beziehung sein, da wir die eigenen weniger stark ausgeprägten Persönlichkeitsanteile durch den anderen besser kennenlernen können. Die unterschiedliche Konstitution von zwei Partnern führt aber auch zu Mißverständnissen in der Kommunikation und zu scheinbar unvereinbaren Interessenkonflikten.

Entscheidend für eine glückliche Beziehung sind die gleichen Wertvorstellungen und Zukunftsvisionen. Streben beide Partner nach dem gleichen Lebensziel, so können sie diesen Weg noch so unterschiedlich beschreiten – sie werden immer eine seelische Übereinstimmung und Vertrautheit spüren. Dies überbrückt alle konstitutionellen Unterschiede und verleiht der Partnerschaft eine fruchtbare Basis.

Vergegenwärtigen wir uns immer wieder, daß wir alle Persönlichkeitsanlagen in uns besitzen, so können wir sehr viel leichter Verständnis und Toleranz für die Gewohnheiten, Wünsche und auch Marotten unseres Partners aufbringen. Eine vatabetonte Persönlichkeit wünscht sich oft einen Kapha-Partner, der ihm Ruhe, Sicherheit und Wärme schenkt. Der Kapha-Partner schafft ein gemütliches Heim und versorgt die »windige« Vata-Persönlichkeit mit allem, was sie braucht. Andererseits benötigen beide viel gegenseitige Toleranz, um unterschiedliche Lebensrhythmen und Interessen zu vereinbaren. So möchte der Kapha-Typ am Abend einfach seine Ruhe haben und sich entspannen, während Vata viel redet, voller Ideen steckt und noch tausend Pläne verwirklichen will. Am Morgen, wenn Kapha so richtig fit ist, kommt Vata nicht aus dem Bett – und dauernd muß Kapha für Vata aufräumen. Andererseits regt Vata aber die innere Sturheit, der unentwegte Appetit und die Unbeweglichkeit in bezug auf Termine, Verabredungen und Gewohnheiten von Kapha ständig auf.

Pitta-Menschen fühlen sich oft zu Vata- oder Kapha-Menschen hingezogen. Der sanfte Charme von Kapha und die spritzige, doch feinfühlige Art von Vata üben eine unwiderstehliche Anziehungskraft aus und eröffnen dem Pitta-Typ ein großes Kraftpotential. Andererseits wird Pitta auf Dauer von der Bequemlichkeit, Undiszipliniertheit und mangelnden Entscheidungsfähigkeit von Vata und Kapha genervt sein.

Für Frauen, die ihre eigenen Kräfte messen wollen, ist es sehr gut, sich einen pitta-kapha-betonten Partner zu suchen. Dieser ist stark genug, sich ihren Kämpfen auszusetzen, hat aber auch die ruhige versöhnliche Kompromißbereitschaft, die Kraft der Frau anzunehmen und zu schätzen. Mit Vata-Persönlichkeiten kann man nicht so gut streiten. Sie scheuen Auseinandersetzungen und vergessen sehr schnell vergangene Konfliktsituationen. So wissen sie oft nicht, worüber der andere sich eigentlich so aufregt.

Kommen zwei Menschen zusammen, die nahezu die gleiche Konstitution besitzen, so verstärken sich natürlich die eigenen Lebensgewohnheiten und Eigenarten in hohem Maße. Ich kenne ein Kapha-Ehepaar, das seit 15 Jahren an den gleichen Urlaubsort fährt, die gleichen Freunde besucht und auch sonst nur sehr wenig Veränderung im Leben zuläßt. Die beiden leben mit ihren Kindern im ehemaligen Elternhaus, sind begeisterte Hobbygärtner und lieben eine gute, reichhaltige Küche. Für diese beiden ist ihre Lebensweise stimmig und harmonisch, andere wiederum würden an ihr zugrunde gehen.

Pitta-Paare sind naturgemäß sehr erfolgreich und führen oftmals eine effiziente Geschäftsehe. Gemeinsame Ziele und Aktivitäten schweißen sie zusammen, und das Privatleben ist häufig auf ein Minimum von gemeinsamen Mahlzeiten und gesellschaftlichen Verpflichtungen in der Öffentlichkeit

Teil I · Mit Ayurveda Ihre Partnerschaft glücklich gestalten

beschränkt. Dies kann für einen ehrgeizigen Menschen, der von seinen Zielen beseelt ist, sehr befriedigend sein. Es macht Spaß, einen intelligenten und anspruchsvollen Partner zu haben, mit dem man das Leben nach eigenen Maßstäben formen kann. Natürlich können auf Dauer auch starke Krisen, seelische Entfremdung und Machtkämpfe entstehen, besonders wenn ein Partner neue Interessen entwickelt oder das Leben sich durch Kinder verändert.

Eine gute Freundin, die eine typische Pitta-Frau ist, sagte mir einmal, nachdem sie sich von ihrem Pitta-Mann getrennt hatte: »Weißt Du, Kerstin, ich hatte einfach keine Lust mehr, immer nur mit meinem Geschäftsführer zu schlafen.« Es ist also wichtig, in dieser Beziehung auch gemeinsame Privatinteressen zu fördern und bewußt über andere Themen zu sprechen als immer nur das Geschäft, Termine oder ähnliches.

Wenn Sie ein Vata-Ehepaar besuchen, so sollten Sie bereits vorher etwas gegessen haben, denn normalerweise ist der Kühl-schrank in einem Vata-Haushalt immer leer. Um so voller hingegen ist das Bücherregal, und die Zeit verrinnt in angeregten Gesprächen und philosophischen Diskussionen.

Vata-Beziehungen sind in der Regel sehr bewegt und von vielen äußeren Problemen belastet. Die alltäglichen Sorgen um Existenz, Geld und Termindruck im Alltag durchschütteln das Vata-Gemüt und erscheinen extrem kompliziert. Für Vata-Menschen ist es oft schwer, sich an einen Partner zu binden und eine beständige Beziehung zu führen. Ihre Sprunghaftigkeit und inneren Zweifel lassen sie immer neue Partner ausprobieren, und das Glück liegt grundsätzlich in der Erfüllung von außen. Gelingt es den Vata-Menschen jedoch, ihren eigenen inneren Ruhepol zu finden, so ist die Vata-Beziehung sehr fruchtbar. Kreative Inspiration, geistiges Verständnis und gemeinsame Interessen prägen nun eine lebendige, offene und kommunikative Partnerschaft.

Die weibliche Natur in neuem Licht betrachten

Wie das vorangegangene Kapitel zeigte, ist nach der ayurvedischen Lehre die Ausprägung der drei Doshas Vata, Pitta und Kapha bei Männern und Frauen unterschiedlich. Durch die spezifischen Lebensaufgaben, welche die Natur den Geschlechtern zugeordnet hat, zeigen sich die Doshas in unterschiedlicher Verteilung und Ausdrucksform. So können Mann und Frau zwar die gleiche Grundkonstitution haben, werden diese aber in individuell betonter Form erleben und ausdrücken.

Auf vielen Ebenen ergänzen sich die männliche und die weibliche Konstitution mit ihren Eigenschaften gegenseitig. Zusammen ergeben die weiblichen und die männlichen Persönlichkeitsanteile dann wieder eine ausgeglichene und vollkommene Einheit aller göttlichen Aspekte des Menschen. Das Fundament des weiblichen Wesens basiert, wie ausgeführt, auf Kapha, das des männlichen auf Pitta. Diesen grundlegenden Unterschied können wir nicht nur an den Verhaltensweisen, sondern auch an den individuellen Funktionsweisen des Stoffwechsels, des Hormonsystems und des Hautaufbaus erkennen.

Als Frau tragen wir durch die Fähigkeit, Leben zu empfangen, auszutragen und zu gebären, einen universellen Anteil der Schöpfung in uns. Diese niemals abbrechende Verbindung der nährenden, liebenden und empfangenden Aspekte Gottes kann uns in jeder Lebenssituation mit neuer Kraft und Inspiration versorgen. Dadurch erfährt die weibliche Persönlichkeit eine unvergleichliche Tiefe und gefühlsbetonte Intuition. Sind Sie im Kontakt mit sich und Ihrem Körper, so erfahren Sie eine unbeschreibliche Kraft und innere Inspiration. Sie strahlen umfangende Wärme, Harmonie und Liebe aus, mit der Sie jeden Menschen in Ihrem Umfeld erreichen können. Diese weibliche Kraft entspringt Ihren feinstofflichen Kapha- und Vata-Anteilen in Körper und Seele.

Das moderne Zeitgeschehen und die heutige Arbeitswelt sind von Vata- und Pitta-Energien geprägt. Unser Leben ist sehr schnell geworden, es fehlt die Zeit, alles in Ruhe und mit Genuß zu tun. Technische Veränderungen, berufliche Weiterbildung und eine ständige Informationsschwemme – all dies läßt uns im »Dauerlauf« durch unser Leben hetzen. Der Kampf um Kompetenz, Einfluß und Erfolg stärkt das Rückgrat und die Ellenbogen. Dennoch werden dabei menschliche Wärme, Herzensqualitäten und Verständnis auf vielen Ebenen eher als Hindernis betrachtet, statt als hervorragende Qualität einer persönlichen Reife.

So kommen die Werte, die wir als Frauen ins Leben einbringen können, oft zu kurz. Nicht selten werden wir in der männlich dominierten Welt als weich, inkonsequent und nicht vollwertig betrachtet. Dies hat unsere Erziehung und Lebensbedingungen geprägt, so daß wir danach streben, unsere männlichen Persönlichkeitsanteile zu stärken. Auch

Teil I · Die weibliche Natur in neuem Licht betrachten

als Frauen wollen wir durchsetzungsfähig, erfolgreich und unabhängig sein. Dieses Ideal wird von den Medien, der Mode und den Fitness-Centern auf anschauliche Weise propagiert und führt dazu, daß sich viele Frauen stählen. Sie werden hart und drahtig, um im Lebenskampf zu bestehen, und zeigen den anderen ihrerseits, wo es langgeht. Innerhalb meiner vielen Seminare und Einzelsitzungen erfahre ich jedoch immer wieder, daß die meisten Frauen nicht glücklich werden mit der Verneinung ihrer weiblichen, weichen und hingebungsvollen Natur. Die extrovertierte Lebensweise in Beruf und Freizeit hinterläßt Spuren in unserem Körper und im Seelenleben. Leistungsdruck, Streß und Anspannung rauben dem Körper wertvolle Reserveenergien und deaktivieren den Zellaufbau.

Natürlich ist jede Frau anders und die introvertierten, in sich selbst ruhenden Kapha-Anteile der weiblichen Natur sind unterschiedlich stark ausgeprägt. Doch sicher ist, daß jede von uns durch ihre natürlichen Zy-klusphasen diese Persönlichkeitsanteile besitzt und das innere Bedürfnis verspürt, sie auszudrücken. Durch ihre Unterdrückung stellen sich körperliche oder seelische Probleme ein, die uns zeigen, daß das weibliche Gleichgewicht gestört ist und neue Impulse zur Harmonisierung benötigt. Oft auftretende Migräne, Depressionen, Schlafstörungen, Hautbeschwerden und auffällige Probleme mit der Menstruation oder den Wechseljahren sind die typischen Warnsignale unseres Organismus.

Durch Ayurveda können wir lernen, die wahren Bedürfnisse unserer weiblichen Natur vorurteilsfrei zu betrachten. Mit dem Wissen um die drei Doshas und ihre Gewichtung in der eigenen Konstitution, aber auch in bestimmten Tages-, Jahres- und Zyklusphasen, können wir den Zustand unseres körperlichen und geistigen Wohlbefindens selbst bestimmen und einen harmonischen Ausgleich der inneren Wünsche und der äußeren Lebensbedingungen schaffen.

Svenja, eine meiner Patientinnen, die mich vor einigen Jahren in meiner Ayurveda-Praxis wegen ihrer Gewichtsprobleme aufsuchte, kam aus Skandinavien und war eine sehr erfolgreiche Marketing-Managerin in einem weltweit operierenden Unternehmen. Ich lernte Svenja als eine ausgesprochen nette, in sich gekehrte und disziplinierte Person kennen. Sie war 43 Jahre alt, nahm ihre Arbeit sehr ernst und genoß den großen Erfolg. Daß sie täglich mehr als zwölf Stunden arbeitete, fast kein Privatleben hatte und alle zwei bis drei Jahre in einem anderen Land lebte, störte sie wenig. Sehr stark litt sie jedoch unter ihren Gewichtsproblemen. Bei 1,65 m Größe brachte sie ca. 76 Kilogramm Gewicht auf die Waage. Und als Frau in einem Männerberuf war es ihr sehr unangenehm, »immer ein bißchen geringschätzig angeschaut zu werden«.

Als ich Svenja fragte, seit wann sie unter Übergewicht litt, erzählte sie mir, daß sie seit ca. zehn Jahren immer dann drei bis fünf Kilogramm zunahm, wenn sie von ihrer Firma in ein neues Land versetzt wurde, um dort den Markt neu aufzubauen. Nach nun vier Umzügen hatte sie, trotz Diäten und Abmagerungskuren, über 14 Kilogramm zugenommen. In einem halben Jahr würde sie von Deutschland nach Kanada gehen, und sie habe schon jetzt Horrorvisionen vor dem Umzug und der weiteren Gewichtszunahme. Am Essen könne es nicht liegen, denn sie esse oft nur ein- bis zweimal am Tag und auch nur geringe Mengen.

Nach eingehender Anamnese und Diagnose stellte ich fest, daß Svenja eine Kapha-Pitta-Konstitution besaß. Ihr etwas gedrungener Körperbau, die disziplinierte und ausdauernde Arbeitsweise, der intelligente und gut strukturierte Geist und ihr ausgesprochen ausgeglichenes und fürsorgliches Temperament sprachen eindeutig für ihre Kapha- und Pitta-Anteile. Als Svenja mir jedoch ihren Tagesablauf eingehend schilderte, wurde mir schnell klar, daß ihr Kapha auf emotionaler Ebene völlig unterversorgt war. Für alle Dinge, die das Kapha nähren – wie z.B. in Ruhe essen, private Kontakte pflegen, gemeinsam mit Freunden ausgehen, kochen, entspannen – hatte sie keine Zeit. Statt dessen war ihr Tag von einem strengen Terminkalender bestimmt, und selbst in ihrer 30minütigen Mittagspause arbeitete sie noch Unterlagen durch oder gab anwesenden Mitarbeitern Instruktionen. Die Abende verbrachte sie bei hohen Aktenbergen oder Geschäftsessen.

Ich erklärte Svenja, daß sie einem großen Anteil ihrer Persönlichkeit keinen Lebensraum lasse. Dadurch versuche ihr Körper, diesen Mangel aus eigener Kraft auszugleichen und reichere ihr Kapha in Form von Körperfülle und Fettsubstanz an. Gelänge es ihr jedoch, eine positive Ausdrucksform von Kapha in ihr tägliches Leben zu integrieren, so würde sich ihr Stoffwechsel automatisch wieder umstellen.

Svenja begann nun mit Begeisterung, ihr Leben in kleinen Schritten zu verändern: Anstatt in ihrer Mittagspause Unterlagen zu studieren, trank sie einen frisch gepreßten Gemüsesaft und nahm ein warmes Mittagessen ein. In den ersten zehn Minuten ihrer Mittagspause gönnte sie sich, an die frische Luft zu gehen oder mit einer sympathischen Kollegin einen kleinen privaten Plausch zu halten.

Als zweiten Schritt gelang es ihr, bei den abendlichen Geschäftsessen erst nach dem Dessert mit den Verhandlungen zu beginnen. Die wohltuende und befreiende Wirkung dieser kleinen Veränderung konnte sie direkt spüren. Nach einer Weile entwickelte Svenja in ihrer Freizeit ihre Leidenschaft als Hobby-Köchin. Einmal in der Woche kochte sie viele gesunde und leckere Gerichte, lud Freunde und Bekannte ein, und gemeinsam verbrachten sie einen schönen, entspannenden Abend.

Allein durch diese kleinen Verhaltensumstellungen und Svenjas »Ja« zum ihr innewohnenden Kapha-Anteil gelang es ihr, innerhalb von sechs Monaten zehn Kilogramm abzunehmen. Sie wurde insgesamt lockerer,

Teil I · Die weibliche Natur in neuem Licht betrachten

> entspannter und vitaler. Als besonderes Bonbon gönnte sie sich in den ersten drei Monaten ayurvedische Massagen und Schwitzbehandlungen, welche ihr innerlich und äußerlich sichtbar gut taten. Nach einem weiteren Jahr erhielt ich aus Kanada einen sehr netten Brief von Svenja, die mir mitteilte, daß sie ihr Gewicht um weitere drei Kilogramm reduziert hatte, sich äußerst wohl fühlte und viele kleine Alltagsbeschwerden wie Müdigkeit, Blähungen, leichte Einschlafprobleme und latent auftretende Verstopfung nahezu vollkommen verschwunden waren.

Der von der individuellen Konstitution unabhängige Kapha-Vata-Anteil im weiblichen Organismus bildet sich aus den Elementen Wasser, Erde und Äther. Dadurch ist die Frau eng mit ihren Gefühlen verbunden, sucht die Verbindung zum Kosmos und eine stabile Verbindung von Handeln, Denken und Fühlen. Es entstehen frauenspezifische Bedürfnisse auf körperlicher, emotionaler und sozialer Ebene, welche unser tägliches Leben maßgeblich bestimmen. Unterdrücken wir diese elementaren Bedürfnisse, so werden sie sich durch psychosomatische Beschwerden und Störungen in unserem Hormonhaushalt und Stoffwechsel bemerkbar machen.

Durch die jahrhundertelange Fremdbestimmung der Frauen in der Gesellschaft betrachten wir heute unsere weiblichen Fähigkeiten oft als minderwertig oder unwichtig. Viel lieber möchten wir den leistungsorientierten, intellektuell ausgerichteten und wirtschaftlich interessanten Erfolgskurs auskosten, der uns so lange verwehrt blieb. Die Möglichkeit, das Leben nach den eigenen Wünschen zu gestalten, eine gute Bildung zu genießen und allen Persönlichkeitspotentialen Ausdruck zu verleihen, ist eine wunder-

bare Gelegenheit, die verschiedenen Aspekte des Lebens auszukosten. Zu einem erfüllten Dasein gehört immer die Harmonie zwischen weltlicher, seelischer und spiritueller Ebene. In einem kreativen Arbeitsfeld erfahren wir Anerkennung, Selbstwert und Wachstum in allen Aspekten unserer Persönlichkeit.

Als Frau sollten wir jedoch immer darauf achten, daß wir unser Lebens- und Arbeitsfeld in einer weiblichen, uns angemessenen Form gestalten. So sollten Sie nicht einfach in den männlich geprägten Arbeitsplatz einsteigen und sich allen vorgegebenen Bedingungen anpassen, sondern immer eine Möglichkeit nach Ihrem eigenen Ausdruck und dessen Umsetzung suchen. Gelingt es Ihnen, die äußeren Aktivitäten auf die inneren Bedürfnisse abzustimmen, so sammeln Sie mit jedem Tag neue positive Erfahrungen und wachsen innerlich.

Als Frau besitzen Sie die Fähigkeit, die Dinge mit Ruhe, Leichtigkeit und Gelassenheit zu meistern. Mit ihrem weiblichen Potential können Sie ein Höchstmaß an Effektivität, Kraft und Schöpfungsenergie in einer Form der Fülle, Liebe und gemeinschaftlichen Teamarbeit entfalten.

Verleugnen Sie hingegen Ihre sensitive, gefühlsbetonte Natur, so blockieren Sie den unendlichen Strom der göttlichen Kraft, Liebe und Inspiration, der Sie eigentlich immer durchfließen könnte. Durch die Verneinung unseres göttlichen Ursprungs und dessen individueller Prägung entfremden wir uns von uns selbst und erleiden langfristig viel Einsamkeit, Depression und Krankheit.

Wie schon beschrieben, ist Kapha die Kraft der Ruhe, Stabilität und Ausdauer. Für einen gesunden Kapha-Ausdruck benötigt eine Frau ein stabiles und liebevolles Umfeld. Auch genügend Freiraum und der Wunsch nach privaten Freundschaften, tiefen Begegnungen und kreativer Entfaltung sind ein Grundelement für die Gesundheit der Frau.

Ein beständiges Privatleben, das von festen Beziehungen und zuverlässigen Freundschaften zu anderen Frauen geprägt ist, bedeutet für uns Sicherheit. Bei unseren Freundinnen und Seelengefährtinnen können wir nach den Stürmen des Lebens immer wieder vor Anker gehen und neue Ruhe, Kraft und Liebe tanken.

Jenny war Fotografin und lebte ein sehr unbeständiges und freies Leben. Als vatabetonte Persönlichkeit liebte sie das Neue, Unverhoffte, und ihr Leben war ein ständiges »Unterwegs-Sein«. Durch ihren Beruf lernte sie viele interessante Menschen kennen und verliebte sich immer wieder neu.

Ich lernte Jenny als Teilnehmerin auf einem Wochenendseminar »Ayurveda für Frauen« kennen. Jenny litt sehr unter Menstruationsbeschwerden und suchte Hilfe in meinem Seminar. Besonders leidvoll waren für sie »die Tage vor den Tagen«. Hier nahm sie regelmäßig drei bis vier Kilogramm zu, litt an Schlafstörungen, Müdigkeit, innerer Reizbarkeit

Teil I · Die weibliche Natur in neuem Licht betrachten

und Depression. Manchmal kam es vor, daß sie aufgrund ihrer starken Beschwerden wichtige Fotoaufträge absagen mußte oder nicht zu ihrer Zufriedenheit ausführte.

Im Seminar wurde Jenny sehr schnell klar, daß sie ein sehr vatabetontes Leben lebte, das im Grunde genommen auch sehr gut zu ihrer Konstitutionsstruktur paßte. Ihre Menstruationsbeschwerden zeigten jedoch eine klare Kapha-Störung an, deren Ursache Jenny sich zuerst nicht erklären konnte.

Im Laufe des Seminars wurde ihr dann bewußt, daß sie ihre persönlichen Wünsche nach finanzieller Sicherheit und einer beständigen Partnerschaft mit einem Kind vollkommen unterdrückte. Es paßte einfach nicht in ihr Bild einer unabhängigen und modernen Frau im Künstler-Milieu. Ihre unstetige Ernährung, die aus viel Brot, Käse, kalten Häppchen und Süßigkeiten bestand, erhöhte das Kapha auf ungünstige Weise und verstärkte ihre Menstruationsbeschwerden.

Für Jenny wurde es ein langer und intensiver Selbsterfahrungsprozeß, ihre eigenen, typisch weiblichen Persönlichkeitsanteile zu erkennen, zu akzeptieren und in ihr soziales Umfeld einzubringen. Zu ihrem Erstaunen stellte sie fest, daß viele ihrer Bekannten und Kolleginnen ähnliche ungelebte Wünsche hatten wie sie selbst. Dies gab ihr den Mut, ihre Lebensweise umzustellen und sich mit Aufrichtigkeit und innerer Stärke selbst zu begegnen.

Sie begann, ihre Fotoaufträge nach ihrem persönlichen Menstruationszyklus zu planen, und nahm sich regelmäßig die Tage vor dem Einsetzen ihrer Blutung frei für ihre Buchhaltung und den Schriftverkehr. Diese für sie eher langweiligen Tätigkeiten erfüllten sie nun mit Ruhe, Frieden und Sicherheit. Durch ihre häusliche Tätigkeit hatte sie auch Zeit zum Faulenzen und Kochen. Auf meine Empfehlung vermied sie in der Zeit zwischen ihrem Eisprung und der Menstruation alles Süße, Salzige und Gebratene. Sie begann, mindestens eine warme Mahlzeit mit viel gekochtem Gemüse, Gewürzen wie Ingwer, Kreuzkümmel und Kardamom zu sich zu nehmen und trank regelmäßig heißes Ingwerwasser. Durch diese Veränderung harmonisierte sich ihr Hormonsystem recht schnell und die regelmäßig auftretenden Beschwerden verschwanden.

Jenny nahm nun deutlich wahr, mit welchen Menschen in ihrem Umfeld sie wirklich gerne in Kontakt treten wollte, und lernte zu unterscheiden und sich abzugrenzen. Dadurch wurde ihr Privatleben stabiler und beständiger; kaphabetonte Eigenschaften wie Loyalität, Treue und Hilfsbereitschaft konnte sie nun mehr schätzen. Sie bevorzugte den Kontakt zu Menschen, die in Ruhe und Gelassenheit die Dinge angingen. Dadurch konnte sie ihre emotionalen Kapha-Wünsche stärker leben und nach dem geeigneten Partner fürs Leben Ausschau halten.

Erfahrungsgemäß ist es für viele Frauen sehr schwer, die eigenen Persönlichkeitsanteile vorurteilsfrei zu betrachten. Wir haben eindeutig bewertete Meinungen und Bilder, wie eine moderne Frau von heute sein sollte. Normalerweise überfordern wir uns damit, weil wir versuchen, die perfekte Karrierefrau mit der erotischen und sportlich durchtrainierten Liebhaberin, der kulturell interessierten Intellektuellen und der fürsorglichen Hausfrau in einer Person zu verbinden. Dabei bleiben natürlich viele innere Wünsche und Sehnsüchte auf der Strecke ...! Doch wie können wir die in uns verborgenen Wünsche erkennen und positiv zum Ausdruck bringen? Auf dem Weg zu unserer eigenen natürlichen Weiblichkeit ist es wichtig, sich das eigene Frauenbild bewußt zu machen und wenn nötig zu verändern.

Das Wissen um die Qualität der einzelnen Doshas Vata, Pitta und Kapha ist uns hierbei eine große Hilfe, da wir jetzt wertfrei und bewußt verschiedene Persönlichkeitsanteile wahrnehmen können. Anstatt zu denken: »Ich bin zu dick, zu unattraktiv oder zu pickelig« erkennen wir: »Mein Kapha/Vata/Pitta-Anteil ist gestört und braucht eine ganzheitliche Ausgleichstherapie.« Diese setzt sich im Ayurveda aus individuell zusammengestellten Ernährungs- und Gesundheitsempfehlungen, einem Behandlungsprogramm mit Ölmassagen und Reinigungsübungen sowie einem kleinen Bewegungsprogramm mit Yoga- und Entspannungsübungen zusammen. All dies kann man allein zu Hause oder mit Hilfe eines guten Ayurveda-Therapeuten und/oder Ernährungsberaters durchführen.

Der erste und wichtigste Schritt auf diesem Weg ist der bewußte Kontaktaufbau zum eigenen Körper. Mit welchen Gefühlen betrachten Sie täglich Ihren Körper? Mögen Sie ihn, oder sind Sie ständig unzufrieden mit ihm? Es gibt nur wenige Frauen, die ihren Körper so akzeptieren, wie er ist. Die einen finden sich zu dick, die anderen finden sich zu dünn, die einen zu lang, die anderen zu kurz. Manche hätten gerne eine andere Nase, andere wiederum einen neuen Mund.

Doch unser Körper ist eine wunderbare Schöpfung Gottes, die uns zur freien Verfügung steht. Es gibt keine häßlichen Kinder und Säuglinge. Jedes ist auf seine eigene Weise schön. Erst unsere selbst erlebten Erfahrungen, Gedankenstrukturen und Leidensgeschichten prägen sich in unseren Gesichtern und Körpern ein und spiegeln somit unsere innere Lebenseinstellung.

Durch Ayurveda lernen wir, die eigene Natur zu erkennen, zu genießen und zu lieben. Jede Konstitution birgt ihren eigenen Reiz in sich. Wichtig ist nur, die eigenen Akzente zu unterstreichen und nicht das Unmögliche zu probieren, um schön und begehrenswert zu sein. Mit der ayurvedischen Ölmassage *(Abhyanga)* pflegen und reinigen wir nicht nur unseren Körper, sondern bringen uns auch in engen Kontakt mit ihm. Mindestens zweimal pro Woche (je nach Hauttyp) sollten wir uns am Morgen mit warmem Öl einreiben. Besonders wichtig sind hierbei die Kopfhaut, die Wirbelsäule, die Hände und die Füße (siehe auch Praxisanleitung in Teil IV).

Unsere Einstellung zu unserem eigenen Körper entscheidet über unsere gesamte Erscheinung. Oft ist es nur die Körperhaltung, die uns unförmig erscheinen läßt, oder die eigene Selbstkritik macht uns unattraktiv. Viele Frauen sind es gewohnt, zuerst auf die Schwächen von anderen Frauen zu schauen.

Teil I · Die weibliche Natur in neuem Licht betrachten

Sprechen Sie mit Ihrem »positiven Ich«

Betritt eine fremde Frau den Raum, so wird sie erst einmal gemustert und bewertet. Man denkt: »Ist sie dicker oder dünner als ich, attraktiver oder unattraktiver ...?«

Interessanterweise beschäftigen sich selbst intelligente, gebildete und erfolgreiche Frauen aller Altersstufen mit dem eigenen Körper. In meinen Seminaren und Beratungen erlebe ich, wie sehr erfolgreiche Frauen mit eigenen Firmen oder auf der obersten Managementebene sich genauso minderwertig mit ihrer angeblich unpassenden Figur oder Zellulite an den Beinen fühlen wie 17jährige Teenager. In Harmonie mit den inneren Werten und der äußeren Erscheinung zu kommen, ist offenbar für jede Frau ein großes Lebensthema. Manche möchten nur für ihre inneren Werte geliebt werden, andere wiederum lenken die gesamte Aufmerksamkeit auf das makellose Äußere.

Der Ayurveda sieht Körper und Seele immer als Einheit, die ihren ganzheitlichen Ausdruck auch in unserer Erscheinung findet. Entscheidend für die Schönheit des einzelnen ist Ojas, die reine Lebensessenz, die sich nach einer vollständigen Gewebebildung und Zellerneuerung bildet. Ojas läßt unseren Körper von innen heraus leuchten, die Augen sanft strahlen und übt eine unwiderstehliche Anziehungskraft auf andere aus. Sicher kennen Sie den unbeschreiblichen Drang, ein kleines wonniges Kind zu knuddeln und zu streicheln. Ähnlich geht es uns mit ojasgetränkten Menschen. Ihre Anziehungskraft läßt sich nicht mit normalen Modeidealen erklären, sondern nur als Sprache des Herzens deuten.

Sind wir eins mit unserem Körper, so haben wir auch Zugang zu unseren Emotionen und zu unserer Liebe. Eine liebevolle Ausstrahlung ist das beste Schönheitsmittel und öffnet uns alle Türen. Viele Frauen haben Angst vor ihrer eigenen Weichheit und Liebe. Sie befürchten, dann nicht mehr stark genug für die Welt zu sein, verletzt zu werden und dem täglichen Lebenskampf nicht trotzen zu können. Im ersten Moment scheint uns die Erfahrung zu bestätigen, daß wir empfindlich und empfänglich für Freude wie auch für Leid sind, wenn wir unser Herz öffnen. Doch das Leid vergeht in der Regel schnell, und die Freude bleibt. Der Preis der Gefühllosigkeit und Angst ist sicherlich um vieles höher, als aus ein paar Enttäuschungen und schmerzvollen Erfahrungen gereift hervorzugehen.

Im Ayurveda sollte jede Körperbehandlung und Lebensänderung ein bewußter Akt der Liebe sein. Wir öffnen unser Herz, laden Liebe, Freude und Wahrheit zu uns ein und verschmelzen mit Öl und Wärme. Ayurveda beschreibt fünf Herzen in unserem Leib: eines in der Brust, zwei in den Handflächen und zwei in den Füßen. Mit jeder Massage werden diese Herzen neu geöffnet und kommen mit der innersten Liebe in Kontakt. Der innere Kontakt mit der eigenen Herzensenergie übt magnetische Wirkung und Zuneigung auf die gesamte Umgebung aus. Im Grunde genommen sehnen sich alle Menschen nach Liebe. Gelingt es Ihnen, diese Liebe in sich zu bejahen, so wirkt dies weitaus verschönernder als jede Diät und Kosmetik.

Ayurveda nutzt die tägliche Ernährung und Körperpflege zur regelmäßigen Übung der eigenen Liebesfähigkeit. Das Ritual der Morgenroutine und Selbsteinölung erinnert uns an unsere unendliche Kraft und Liebe. Die Mahlzeiten schenken uns Wohlgefühl,

Teil I · Die weibliche Natur in neuem Licht betrachten

Stärkung und Aufmerksamkeit im Hinblick auf die eigenen Bedürfnisse.

Mit der regelmäßigen Praxis einiger ayurvedischer Lebensregeln lernen wir neue Alltagsgewohnheiten, welche unser Selbstwertgefühl und unseren innigen Kontakt zu uns selbst und unsere Selbstliebe aktivieren und stabilisieren. Automatisch werden unsere alten Strukturen der Selbstkritik und Mißgunst verringert, und wir lernen, ein neues Bild in uns zu gewinnen und zu festigen. Dies können wir durch mentale Bilder und Affirmationen noch weiter unterstützen. Sehen Sie sich schön und erfüllt, frei und glücklich vor sich. Schaffen Sie sich ein positives Selbstbild, und ersetzen Sie damit das alte.

Viele Frauen lassen sich unglücklicherweise von negativen Bildern motivieren, das Leben zu verändern. Sie sagen sich z.B.: »Ich möchte niemals so werden wie meine Mutter« oder »Ich muß etwas tun, um nicht so zu enden wie ...«. Diese Negativbilder scheinen im ersten Moment eine aktivierende Wirkung zu haben. Angst, Wut oder Abwehr geben uns Kraft und Disziplin. Doch beherrscht weiterhin das angstbesetzte Negativbild unsere Antriebskraft und wird immer wieder zur Erfüllung finden. Denn unser Unterbewußtsein erfüllt uns kritiklos alle Bilder, die wir ihm eingeben, da es keine Verneinungen kennt. Den Satz »Ich will niemals so werden wie meine Mutter« hört Ihr Unterbewußtsein als: »Ich möchte genauso werden wie meine Mutter«.

Positives Denken und die innere Arbeit mit Affirmationen sind altbewährte Techniken, die jedoch nicht immer eine effektive Wirkung zeigen, wenn wir nicht wirklich an die positiven Sätze glauben. Wenn man aus tiefster Seele überzeugt ist, zu dick zu sein, kann man sich noch so oft sagen: »Ich bin schlank und begehrenswert«; solange man nicht wirklich daran glaubt, wird diese Affirmation erfolglos bleiben.

Ich persönlich habe sehr gute Erfahrungen damit gemacht, die Affirmationen direkt an meinen tiefsten göttlichen Kern zu richten. Ich bin überzeugt davon, eine göttliche Seele zu besitzen, die mir alle Wünsche erfüllt und mit allen Attributen der Schöpfung gesegnet ist. Wenn ich jetzt an meinen göttlichen Kern die Affirmation richte: »Du bist schlank, schön und begehrenswert. Ich lebe Deine Schönheit. Deine Schönheit strahlt aus mir, formt meinen Körper und macht mich schlank und begehrenswert«, so kann ich dies glauben, und die positiven Bilder beginnen mit ihrer Wirkung.

Sprechen Sie jeden Tag mit sich im Spiegel, und sagen Sie sich alle Dinge, die Ihnen an sich gefallen. Wandeln Sie Ihre Schwächen und Probleme in positive Stärken und positive Sätze um. Manchmal ist es gar nicht so einfach, allein im Geist und mit der eigenen Formulierung die Dinge positiv auszusprechen und umzuwandeln. Wenn es ihnen leichterfällt, so sprechen Sie in der Du-Form mit sich, dann versteht Sie Ihr Unterbewußtsein am besten: »Du hast schöne Augen, dein Lächeln ist sehr anziehend, heute siehst du besonders sexy aus.« Vergegenwärtigen Sie sich immer, wie alle positiven Eigenschaften ein Teil Ihrer göttlichen (und bereits vorhandenen) Natur sind. Sie werden sehen, daß diese Affirmationen Ihnen helfen, die praktischen Empfehlungen des Ayurveda mit Leichtigkeit in das eigene Leben zu integrieren und die Resultate zu genießen.

Teil II

Ernährung, Schlaf und Sexualität – die drei Säulen des Lebens

Im Ayurveda, dem Wissen vom langen Leben, werden drei Säulen des Lebens beschrieben, auf denen Gesundheit und Ausgeglichenheit des Menschen ruhen: Essen, Schlaf und Sexualität. Diese Säulen, die in den folgenden drei Kapiteln beschrieben werden, stellen die wichtigste Lebensbasis für unsere Gesundheit und Lebensenergie im Alltag dar. Alle ayurvedischen Behandlungsformen und Therapien beginnen erst dann, wenn die Umstellung der Ernährungs- und Lebensgewohnheiten allein nicht mehr ausreicht. So haben wir mit unseren täglichen Mahlzeiten, Schlafgewohnheiten und sexuellen Ausdrucksformen den Schlüssel für das persönliche Wohlbefinden in unserer eigenen Hand. Ein sehr bekannter Ayurveda-Arzt tat einmal den Ausspruch: »Was sollen all die Therapien und Medikamente nützen, wenn die Ernährungs- und Lebensweise des einzelnen nicht stimmt?« In diesem Sinne sind die drei Säulen des Lebens mehr als nur das »ayurvedische Hausfrauen-Wissen«. Sie sind das Fundament für jede ayurvedische Behandlung und der Schwerpunkt der vorbeugenden Medizin.

Unsere täglichen Verhaltensweisen und Gewohnheiten am Tag und in der Nacht nähren und repräsentieren die direkte Ausdrucksweise unserer Doshas und des innersten Lebensgefühls. Kennen wir unsere persönliche Konstitution, so können wir durch eine individuelle Abstimmung der Ernährungs- und Verhaltensformen unsere körperlichen und psychischen Bedürfnisse befriedigen und potentielle Störfaktoren sowie unzuträgliche Fremdeinflüsse vermeiden.

Mit Ernährung, Schlaf und Sexualität erfüllen wir die Grundbedürfnisse unserer menschlichen Natur und lassen Körper, Geist und Seele miteinander verschmelzen. Wir tanken neue Lebensenergie und reagieren auf die unterschiedlichsten Bedürfnisse. Der ganzheitliche Aspekt und die konstitutionelle Ausrichtung der grundlegenden Verhaltensformen macht die ayurvedischen Empfehlungen zu einer interessanten Bereicherung in den alltäglichsten Handlungsweisen.

Maja ist in einem Büro tätig und lebt allein in Frankfurt. Ihr Frühstück und Abendessen bestand aus einem Brot mit Wurst- oder Käse-Auflage, und zum Mittagessen holte sie sich etwas vom Bäcker oder Metzger nebenan.

Als Maja mich zu einer Ayurveda-Gesundheitsberatung konsultierte, besaß sie noch nicht einmal einen Herd – nur eine Kaffeemaschine. Sie machte so ungefähr alles falsch, was man aus ayurvedischer Sicht falsch

Teil II · Ernährung, Schlaf und Sexualität – die drei Säulen des Lebens

machen kann: Sie ernährte sich schlecht und unregelmäßig, trank Unmengen von Kaffee, ging spät ins Bett und schlief, wenn möglich, bis in den Vormittag hinein. Sie hatte ständig wechselnde Partnerschaften und pflegte mit vielen verschiedenen Männern sexuellen Kontakt. Ihr Körper reagierte darauf mit Übergewicht, unreiner Haut und sich wiederholenden Migräneanfällen. Zudem litt Maja an depressiven Verstimmungen und chronischer Müdigkeit.

Für Maja war es sehr schwer, meine ayurvedischen Gesundheitstips in die Tat umzusetzen, fehlte ihr doch jeder Sinn für die häusliche Selbstversorgung.

Nach einem einwöchigen Migräneschub kaufte sie sich dann kurzentschlossen einen Herd und begann, sich jeden Abend eine Gemüsesuppe nach meinem Rezept zu kochen. Sie entdeckte ihren Spaß an der ayurvedischen Lebensweise und entwickelte sich zu einer hervorragenden Hausfrau aus ayurvedischer Sicht.

Die »drei Säulen des Lebens« wurden zu einem Gerüst, das ihr ganzes Leben beeinflußte. Sie lebte nicht mehr ziellos in den Tag hinein, sondern gestaltete sich ihre Lebensweise gesund und bewußt. Ihr neues Selbstbewußtsein tat ihr sichtbar gut: Maja nahm von ganz allein zwölf Kilogramm Gewicht ab, bekam eine schöne Haut, und ihre Kopfschmerzen ließen mehr und mehr nach.

Mit ihrer ayurvedischen Kochkunst begeisterte sie all ihre Freunde, und schließlich lernte sie bei einem gemeinsamen Picknick den Mann ihres Lebens kennen. Heute hat Maja viele der ayurvedischen Lebensregeln fest in ihren Alltag integriert, und sie genießt ihre vitale Kraft und positive Ausstrahlung mit Ayurveda.

Als Frau übernehmen wir viele versorgende Tätigkeiten im sozialen Miteinander. Es gehört oft zu den weiblichen Aufgaben, sich um die Ernährung und angenehme Lebensweise der Familie oder der Freunde zu kümmern. Mit den »drei Säulen des Lebens« wird diese Aufgabe zu einer erfüllenden Berufung, in der wir unsere intuitiven und praktischen Fähigkeiten voll zum Ausdruck bringen können.

Gesunde Ernährung für Körper, Geist und Seele

Unsere Ernährung hat einen elementaren Einfluß auf unsere körperliche Gesundheit, unsere innere Zufriedenheit und unsere ganzheitliche Schönheit. Mit dem, was wir essen, entscheiden wir über die energetische und organische Versorgung des gesamten Stoffwechsels.

Im Ayurveda wird die Ernährung individuell auf die Konstitution und das Agni des einzelnen abgestimmt. Je nachdem, wie unser Verdauungssystem arbeitet und welche Doshas dominant sind, sollten bestimmte Nahrungsmittel in bestimmten Mengen gegessen werden, spezielle Kräuter eingenommen und ayurvedische Rezepte in unterschiedlicher Weise zubereitet werden.

Es würde zu weit führen, in diesem Buch eine detaillierte Anleitung für die ayurvedische Ernährungslehre zu geben. Ich möchte aber auf die wichtigsten ayurvedischen Ernährungsprinzipien eingehen und Ihnen u.a. anhand von Rezepten einen praktischen Leitfaden für eine gesunde, wohlschmeckende und individuell abgestimmte Ernährungsweise geben. Denn ein Großteil aller ayurvedischen Gesundheitsempfehlungen zur Selbstbehandlung beruhen auf der »Apotheke aus dem Kochtopf«, durch die unsere drei Doshas jeden Tag immer wieder neu gebildet und ausgeglichen werden können.

Wie alles im Ayurveda, beruht auch die Ernährung auf dem Ausgleich der im Körper vorherrschenden Eigenschaften. Mit den richtig zubereiteten Mahlzeiten geben wir uns alles, was uns fehlt, und kommen so wieder in unser inneres Gleichgewicht. Je nach Konstitutionstyp neigen wir zu bestimmten Beschwerden und haben spezifische Eigenschaften und Vorlieben, welche sich in unserem Lebensstil und unseren Ernährungsgewohnheiten widerspiegeln. Diese richtig zu interpretieren und liebevoll in Harmonie zu bringen, ist die Kunst der ganzheitlichen Ernährungslehre.

Ziel der ayurvedischen Ernährung ist es, die drei Doshas ins individuelle Gleichgewicht zu bringen und das Verdauungsfeuer (Agni) zu stärken. Mit der Auswahl, Zusammenstellung und Zubereitungsart seiner Speisen beeinflußt jeder selbst die Vermehrung oder Verminderung der Dosha-Anteile im Körper. Dabei ist es unerheblich, ob ein Dosha konstitutionsbedingt ständig erhöht oder nur kurzzeitig durch eine Störung aus dem Gleichgewicht geraten ist. Die spezielle doshaausgleichende Kost sollte so lange praktiziert werden, bis die jeweiligen Symptome verschwunden sind. Sind bei einer Störung mehrere Doshas gleichzeitig in Mitleidenschaft gezogen, so sollte immer die ursächliche Störung zuerst behandelt werden.

Nahrung sollte aus ayurvedischer Sicht gut bekömmlich, warm, frisch gekocht, nährstoffreich und schmackhaft sein. Warme und gekochte Speisen sind besonders in den Morgen- und Abendstunden leichter verdaulich als rohe und kalte Nahrungsmittel, ab-

Teil II · Gesunde Ernährung für Körper, Geist und Seele

gesehen von Obst, Nüssen und Salat. So sollte mindestens die Hälfte, besser noch drei Viertel, der Nahrung in frisch gekochter Form verspeist werden. Mindestens eine Mahlzeit am Tag enthält in der Ayurveda-Küche die Vielfalt der sechs Geschmacks-

richtungen süß, sauer, salzig, scharf, bitter und herb und kann damit alle drei Doshas ausgleichend nähren. Die Ausgewogenheit der sechs Geschmacksrichtungen sorgt für Zufriedenheit beim Essen. Wir alle kennen Heißhunger und Gelüste, die uns überfallen,

Rasa	enthalten in	Wirkungsweise
süß	fast allen Grundnahrungsmitteln wie Getreide (Brot, Teigwaren), Kartoffeln, Reis, Milch, Butter, Sahne, Zucker, Fleisch, Nüssen und Ölen	kaphavermehrend, vata- und pitta-reduzierend. Süßes nährt den Körper, baut ihn auf
sauer	Zitrusfrüchten, Käse, Joghurt, Essig und milchsauer Vergorenem	pitta- und kaphaerhöhend, vataverringernd
bitter	allen Blattgemüsen wie Spinat, Rosenkohl sowie bitteren Gewürzen und Kräutern	kapha- und pittareduzierend, vataanregend
salzig	im Ayurveda wird Steinsalz bevorzugt	kapha- und pittaanregend, vataverminderd; fördert die Verdauung und begünstigt die Speicherung von Flüssigkeit
scharf	Gewürzen wie Ingwer, Pfeffer und Kreuzkümmel, aber auch verschiedenen Gemüsesorten (Rettich, Radieschen)	vata- und pittavermehrend, kaphadämpfend
herb	Hülsenfrüchten wie Mungdal und Bohnen, Gemüsearten wie Blumenkohl, Kartoffeln, Brokkoli, Obstsorten wie Äpfel und Birnen	vataerhöhend, pitta- und kaphavermehrend

Die sechs Geschmacksrichtungen (Rasa) süß, sauer, bitter, salzig, scharf und herb

wenn wir sehr einseitig essen. Nach einer Tafel Schokolade brauchen wir z.B. etwas Saures und essen Zitrusfrüchte, anschließend haben wir Appetit auf Salziges und verzehren Wurst, Käse oder Kartoffelchips. Diesen ständigen Hungergefühlen entgehen wir, wenn wir darauf achten, alle Geschmacksrichtungen zu berücksichtigen.

Oft geschieht dies automatisch: Ein grüner Salat z.B. ist von Natur aus leicht bitter. Wenn Sie dazu eine Soße mit Öl (süß), Zitronensaft (sauer), Salz (salzig), Pfeffer (scharf) und frischen Kräutern (herb) bereiten, sind automatisch die Geschmacksrichtungen (Rasas) ausgeglichen, und Sie nehmen mit dem Salat eine harmonische und leichte Mahlzeit ein. Essen Sie auch noch ein bißchen Brot dazu, so verstärken Sie den süßen Geschmack, was noch nährender wirkt.

Im Ayurveda richtet sich die Nahrung individuell nach Konstitution, Jahreszeit und persönlichem Befinden. Die Auswahl und Zubereitung der Speisen wird auf die überwiegenden Doshas abgestimmt. Die Nahrung soll die erhöhten Doshas senken und alle drei ausgleichen. Damit erhält der Körper von außen, was ihm fehlt.

Ernährung zum Ausgleich von Vata

Herrscht im Körper das Vata vor, sollte in der Ernährung besonderer Wert auf warme, gekochte, saftige und leicht ölige Speisen gelegt werden. Die Mahlzeiten dienen jetzt der inneren Entspannung und Kräftigung. Alle Nahrungsmittel, die süß, salzig oder sauer schmecken, sollten bevorzugt werden.

Die wichtigste Mahlzeit zum Ausgleich von Vata ist das Abendessen. Hier eignen sich sättigende und zugleich leicht verdauliche Gerichte wie Suppen und Eintöpfe mit Reis, Nudeln, Wurzelgemüsen und genügend Fett. Ebenso sind heiße Milch, gedünstete Früchte mit Getreidebrei und wärmende Gewürze wie Nelke, Zimt, Muskat und Ingwer bei Vata-Dominanz zu empfehlen. Vataerhöhend und damit ungünstig auf den Vata-Typus wirken kalte, rohe, trockene, bittere und scharfe Speisen.

Vata wird durch äußere Faktoren wie zunehmendes Alter, Herbst und Winter, die Nachmittagszeit, Reisen, laute Geräusche, Lärm und Wind vermehrt. In diesen Situationen sollte besonders auf eine vataausgleichende Ernährung geachtet werden.

Die häufigsten Ursachen für Vata-Störungen sind eine chaotische, unrhythmische und anstrengende Lebensweise, innere Ängste, Streß und Leistungsdruck, die kalte Jahreszeit und fortgeschrittenes Alter, unreine (künstliche), bittere und schwer verdauliche Nahrung, Nahrungsmittelzusätze wie Emulgatoren und Konservierungsmittel sowie zuviel kalte Speisen und Rohkost. All dies können wir mit den entsprechenden Ernährungsempfehlungen und mit ayurvedischen Behandlungsformen ausgleichen.

Ist das Vata durch eine Störung oder konstitutionsbedingt erhöht, sollte der Körper neue Kraft gewinnen, sich stabilisieren und

Teil II · Gesunde Ernährung für Körper, Geist und Seele

der Stoffwechel mit vitalstoffreicher Kost unterstützt werden. Um Vata in sein Gleichgewicht zu bringen, ist eine ruhige und beständige Lebensweise erforderlich. Streß, innere Anspannung und Ängste müssen abgebaut werden, um eine langfristige Verbesserung des Gesamtzustandes zu gewährleisten.

Der Vata-Typ hat oft ein sehr schwaches Verdauungsfeuer, und so entscheidet die Lebensenergie der Speisen *(Prana)* über ihre Verdaulichkeit. Aus diesem Grunde sollten die Speisen immer frisch zubereitet werden, einfach sein und nicht aufgewärmt werden. Eine ausgewogene Mahlzeit sollte überwiegend aus saftig gekochten Gemüsen und Getreiden bestehen, welche mit milden Gewürzen und ausreichend Ghee oder Öl zubereitet werden.

Alle schwer verdaulichen Nahrungsmittel wie Hülsenfrüchte, Kohl, Pilze, Paprika, Nüsse, Fleisch und alle anregenden Speisen wie rohe Zwiebeln, bittere Salate, Knoblauch und scharfe Gewürze sollten nur sehr wenig und wenn, dann zur Mittagszeit, gegessen werden. Sehr trockene Speisen wie Hirse, Bohnen und Knäckebrot sowie alle bitteren Speisen und Gewürze wirken vataerhöhend und sollten nach Möglichkeit gemieden werden.

Speziell am frühen Morgen, am Abend und in der kalten Jahreszeit dürfen keine kalten Speisen wie Rohkost, kalte Früchte oder Salate gegessen werden. Statt dessen wirken warme Speisen oder Getränke mit süßen und erwärmenden Gewürzen wie Anis, Fenchel, Zimt oder Ingwer aufbauend und harmonisierend.

Um den Organismus und das Nervensystem zu stabilisieren, sollten Lebensführung und Mahlzeiten immer einen regelmäßigen-Rhythmus haben. Als ideale Zeit für die Bettruhe wird die Zeit ab 21.00 Uhr empfohlen. Eine kleine Mittagsruhe oder entspannende Verdauungspause nach dem Essen wirken ebenfalls beruhigend und stärkend und helfen, die Bildung von Vata-Schlacken (Ama) zu verhindern. Eine ruhige und bewußte Atmosphäre während der Mahlzeiten ist speziell bei einer Vata-Erhöhung notwendig, um die Lebenskraft der Speisen umzusetzen und Blähungen zu vermeiden. Ebenso ist eine entspannte und gleichmäßige Atmung sowie ein tägliches Yoga- und Entspannungsprogramm bei einem vatadominierten Typ äußerst hilfreich zum Ausgleich seiner Konstitution. Dies hilft, Streß, innere Unruhe und Nervosität besser zu verarbeiten.

Ein plötzlicher Heißhunger oder Energieabfall zwischen den Mahlzeiten sollte nicht übergangen werden. Bei Bedarf können süße Früchte, nährende Getränke wie Tee mit Milch oder warme Milch mit Honig sowie Kohlenhydrate (Brot, Reiswaffeln) mit Butter oder Ghee gegessen werden. Heißes Wasser, Ingwerwasser und beruhigende Kräutertees (wie Melisse, Hopfen, Süßholz, Johanniskraut) sollten regelmäßig über den Tag verteilt getrunken werden. Alle chemischen Nahrungsmittelzusätze, Geschmacksverstärker und Emulgatoren stören Vata stark und sollten aus diesem Grund unbedingt vermieden werden.

Sesamöl, Ghee, Honig, frisch gepreßte Säfte und natürlich süße und gekochte Speisen können neben einer geregelten Lebensführung ein erhöhtes Vata vermindern. Regelmäßige Darmspülungen und Einläufe mit Öl oder warmem medizinischen Sud, Einölungen und Ausgleichsübungen für den Energiekörper sollten jede vatadämpfende Kur ergänzen.

Es folgen Rezeptvorschläge für Mahlzeiten, die äußerst wohlschmeckend und entspannend für die nervöse Vata-Energie sind und vor allem mit wärmenden, süßlichen, saftigen und beruhigenden Nahrungsmitteln zubereitet werden sollten. Alle Rezepte sind, sofern nicht anders angegeben, für ca. vier Personen konzipiert.

Die in diesem und in einigen folgenden Kapiteln angegebenen Gewürze sind in jedem Asia-Shop, Gewürzladen oder indischen Lebensmittelgeschäft erhältlich. Weiterhin kommen die am Buchende genannten Adressen als Bezugsquellen in Frage. Falls Sie so exotische Gewürze wie Ajwain, Hing oder Methi nicht finden, so können Sie sie einfach weglassen.

Ghee (Butterfett)

Ghee ist ein Grundbestandteil der ayurvedischen Küche und Therapie, der sich auch in vielen der nachfolgenden Rezepte findet. Es wird als Koch- und Backfett sowie als Snehana, als fettige Substanz zur Massage, verwendet. Ghee ist ein ideales Speisefett, da es sehr bekömmlich ist und unbedenklich erhitzt werden darf. Sie können es ruhig im Vorrat herstellen und für 2–3 Monate im Kühlschrank aufbewahren.

Wenn Sie 500 g Ghee herstellen möchten, so benötigen Sie 2 Pakete Butter. Schmelzen Sie diese bei niedriger Hitze (beim Elektroherd Stufe ½, beim Gasherd ebenfalls niedrigste Stufe) in einem Topf mit dickem Boden, und lassen Sie die Butter für mindestens 45 Minuten sanft köcheln. Die Eiweiß-

und Wasseranteile der Butter werden sich während des Köchelns binden und absondern (bei Bedarf können Sie auch den weißen Schaum an der Oberfläche abschöpfen). Ist das Butterfett nun klar und golden, so nehmen Sie ein Gaze- oder Leinentuch (z.B. grobes Küchenhandtuch oder Stoffwindel), befeuchten Sie es und gießen das Ghee hindurch in ein Glas. Das goldgelbe Butterfett wird nun von den Abfallprodukten getrennt und fließt in das darunter stehende Gefäß.

Bunter Reis mit Gemüse und Nüssen

200 g Basmati-Reis
400 ml Wasser
Salz und etwas Safran
1 EL Ghee
5 Nelken
5 Kardamomkapseln
½ TL Cuminsamen
2 Karotten
100 g Erbsen
½ Auberginen
20 g Cashewnüsse
20 g Rosinen

Das Ghee in einem Topf erhitzen und die ganzen Gewürze kurz darin anrösten. Das Gemüse fein würfeln und anschwitzen. Dann den ungekochten Reis hinzugeben, kurz anrösten und mit dem Wasser aufgießen. Etwas Salz und einige Fädchen Safran hinzufügen und den Gemüsereis 20 Minuten sanft köcheln lassen. Zum Schluß Cashewnüsse und Rosinen untermischen, nochmals 5 Minuten quellen lassen und als Beilage zu Gemüse und Salat servieren.

Dieses Reisgericht schmeckt nicht nur vorzüglich, sondern wirkt auch sehr ausglei-

Teil II · Gesunde Ernährung für Körper, Geist und Seele

chend auf das gesamte Vata-System. Die süßlichen Gemüse, Gewürze und Nüsse wärmen, nähren und stärken den Körper von innen heraus. Sehr gut schmeckt dieser bunte Gemüsereis auch zu einem Chutney oder Raita-Joghurt.

Quinoa, ein leichtes Getreidegericht

1 TL Ghee
1 Paprika, grün
250 g Quinoa
375 ml Wasser
Salz und Pfeffer
etwas frischer Koriander

Das Ghee in einem Topf erhitzen, die Paprika kleinwürfeln und anrösten. Quinoa einstreuen und mitbraten, mit dem Wasser ablöschen. Ca. 30 Minuten quellen lassen, mit Salz und Pfeffer abschmecken und zum Servieren mit frischem Koriander garnieren.

Als glutenfreies Getreide ist Quinoa sehr verträglich und leicht verdaulich. Es hat einen hohen Eiweißgehalt und schmeckt besonders gut zu Roter Bete, Spinat und allen kräftig gewürzten Gemüsen.

Rote-Bete-Gemüse

1 EL Ghee
4 Pimentkörner
3 Nelken
1 TL Koriandersamen
½ TL Ingwerpulver
600 g Rote Bete
½ Tasse Wasser
4 EL Sahne
Salz, Pfeffer und etwas Zitronensaft nach Geschmack

frisches Basilikum zur Abrundung und Dekoration

Das Ghee in einem Topf erhitzen und die Gewürze kurz darin anrösten. Die geschälte und gewürfelte Rote Bete hinzufügen, mit etwas Wasser ablöschen und knackig schmoren. Mit Salz, Pfeffer und etwas Zitronensaft verfeinern. Zum Servieren mit frisch gehacktem Basilikum garnieren.

Rote Bete ist ein hervorragendes Vata-Gemüse, da es aufbauend und beruhigend wirkt. Der große Gehalt an Vitaminen und Mineralien wirkt entsäuernd und stabilisierend für den gesamten Stoffwechsel.

Auberginengemüse

1 EL Ghee
1 TL Senfkörner
1 Zwiebel
1 Knoblauchzehe
½ TL wilder Thymian
1 Msp. Chili, rot, gemahlen
¼ TL Kurkuma
¼ TL Ingwerpulver
2 Tomaten
500 g Auberginen
250 ml Wasser
Salz und Pfeffer

Die Auberginen waschen, würfeln und auf einem gefetteten Backblech ca. 30 Minuten im Backofen schmoren lassen. So werden die Auberginen weich und süßlich, ohne viel Fett zu benötigen. Das Ghee in einer Pfanne erhitzen, die Senfkörner darin anrösten. Anschließend die gehackte Zwiebel hinzufügen und anschmoren lassen. Die Tomaten würfeln und zu den Zwiebeln geben. Nun auch die restlichen Gewürze hinzufügen. Mit etwas Wasser ablöschen, die gebackenen Auberginen hinzufügen und alles ca. 30 Minuten köcheln lassen.

Die Aubergine ist eine der wenigen Gemüsesorten, die von Natur aus warm und ölig sind. Deshalb sind Auberginen neben Wurzelgemüsen das ideale Nahrungsmittel, um Vata auszugleichen. Zusammen mit etwas Tomate und Gewürzen ergeben sie eine harmonische Komposition, durch die der Körper Frische, Leichtigkeit und wohltuende Wärme erfährt.

Halva mit Karamelgeschmack (10 Pers.)
750 ml heiße Milch
oder ½ Sahne / ½ Wasser
250 g Rohrzucker
125 g Butter
250 g Grieß
50 g Rosinen
1 TL Kardamom
½ TL Zimt
1 Msp. Nelkenpulver
1 Orange

Den Rohrzucker in einen schweren Topf geben und unter ständigem Rühren karamelisieren. Die Milch langsam hinzufügen und umrühren, bis sich der Karamel aufgelöst hat. In einem Extra-Topf die Butter schmelzen und den Grieß darin hellbraun rösten. Rosinen, Orangensaft und Gewürze zusammen mit dem gerösteten Grieß der Karamelmilch zufügen. Vorsichtig weiter köcheln, bis die Flüssigkeit vom Grieß aufgesogen ist und eine feste Halvamasse entsteht.

Dieser Nachtisch ist süß, schwer und nahrhaft. Damit ist er ein vatareduzierendes Therapeutikum, das allerdings nur in kleinen Mengen genossen werden sollte (was nicht einfach ist)!

Teil II · Gesunde Ernährung für Körper, Geist und Seele

Ernährung zum Ausgleich von Pitta

Brodelt das Pitta im Körper, so tut man gut daran, heiße, scharfe und saure Speisen zu meiden. Statt dessen sollten kühlende, bittere, süße und herbe Nahrungsmittel überwiegen. Genußmittel, die stark säuern, wie Kaffee, Alkohol, Zucker und die meisten Sauermilchprodukte, Essig und Senf, sind generell bei einem empfindlichen Pitta-System sehr schädlich und führen zu Stoffwechselstörungen, Hautbeschwerden und Entzündungen. Auch scharfe Kräuter und Gewürze wie Chili, Pfeffer, Knoblauch und Meerrettich sind bei Pitta-Dominanz sparsam zu verwenden oder zu meiden.

Für Pitta-Typen ist das Mittagessen die wichtigste Mahlzeit, denn hier gewinnen sie die meisten Aufbaustoffe. Alle schwerverdaulichen Nahrungsmittel, wie Rohkost, tierische Eiweiße und Kohlgemüse, sollten grundsätzlich nur zur Mittagszeit (zwischen 10 und 14 Uhr) gegessen werden, denn hier kann unser allgemein stärkeres Verdauungsfeuer sie gut verarbeiten.

Ist Pitta erhöht, so brennt das Agni zu stark. Der Mensch verbrennt sich quasi selbst, leidet unter Heißhunger, brennendem Gefühl im Verdauungstrakt und saurem Aufstoßen. Der Stoffwechsel ist übersäuert, und es können Beschwerden im Magen-Darm-Trakt, Sodbrennen und Kopfschmerzen auftreten. Ist Pitta zu schwach, so brennt das Agni nur schwach, und der Stoffwechsel läuft auf Sparflamme. Müdigkeit, Völlegefühl und Blähungen treten in diesem Stadium gerne auf.

Pitta wird verstärkt durch äußere Faktoren wie große Hitze im Sommer, zur Mittagszeit und Mitternacht, in der Lebensphase zwischen 25 und 40 Jahren, bei Frauen in der Zeit um den Eisprung sowie bei großem Ehrgeiz und belastender Verantwortung. In diesen Phasen können Pitta-Störungen leicht auftreten, besonders wenn sie noch mit emotionaler Anspannung, Zorn und Wut zusammentreffen. Der übermäßige Genuß von säurebildenden Speisen wie Fleisch, Zucker, Alkohol und Weißmehl, scharfen Speisen und Gewürzen schadet ebenfalls dem Pitta-Gleichgewicht und ist die Ursache für die meisten Pitta-Krankheiten.

Die wichtigsten Eigenschaften einer pittaausgleichenden Ernährung sind kühl, leicht, trocken und ein wenig schwer. Sehr feuchte, ölige, scharfe und salzige Speisen sollten nur wenig gegessen und im Sommer ganz gemieden werden. Ist Pitta durch eine Störung oder konstitutionsbedingt erhöht, sollte das Verdauungssystem wieder beruhigt, das Verdauungsfeuer stabilisiert und der Stoffwechsel entsäuert werden. Die emotionale Anspannung wird am besten durch körperliche Aktivität wie Sport oder Gartenarbeit harmonisiert.

Um die Verdauungskraft zu optimieren, sollte die Nahrung gut gekaut und eingespeichelt sowie in leicht verdaulichen Kombinationen gegessen werden. Die Mahlzeiten sollten nicht zu groß sein (ca. ein Drittel des Magens sollte leer bleiben) und vorwiegend aus knackig gedünstetem Gemüse, frischen Salaten und Rohkost, vollwertigem Getreide (insbesondere Reis, Hafer, Gerste) oder Eiweißprodukten sowie mindestens 2 TL Ghee bestehen.

Alle sauren Früchte und Gemüse, sehr salzige Speisen wie Käse oder Fertigprodukte sowie Essig, Alkohol, Kaffee, Fleisch und andere säuernde Speisen sollten vermieden werden. Weizen- und Sojaprodukte sind ebenfalls nicht empfehlenswert, da diese bei einem schwachen und übersäuerten Stoffwechsel Calcium binden und Allergien auslösen können. Regelmäßige Rohkost-, Saft- oder Obsttage, Wasserspülungen des Magens und das Verspeisen von Ghee sowie das Behandeln mit Ghee verringern Pitta und lindern dessen Beschwerden. Herbe und süße Kräuter und Gewürze gleichen Pitta aus und führen es zu seiner gewohnten Stabilität.

Um Pitta zu beruhigen, sind alle grünen Gemüse, Salate, Rohkost, Hülsenfrüchte und frische Kräuter (insbesondere Minze, Petersilie und Dill) besonders wirksam. Essen Sie am Anfang der Mahlzeit immer etwas Süßes (2–3 Löffel Nachtisch, etwas Brot oder ein gesüßter Tee), dann eine große Portion Salat und Rohkost und zum Schluß die gekochten Speisen, so wird Ihre starke Verdauungsenergie auf optimale Weise genährt und befriedigt.

Rohkostplatte mit Artischocken-Dip

500 g Gemüse-Rohkost (bunter Paprika,
*   Karotten, Gurken, Staudensellerie,*
*   Blumenkohl)*
100 g Artischocken, eingelegt
1 Bund frischer Basilikum
100 g Frischkäse oder Joghurt
¼ TL Cumin, gemahlen
Salz und Pfeffer

Das Rohkostgemüse putzen und in mundgerechten Stücken auf einer Platte kreisförmig anrichten. Die Artischocken mit dem Basilikum und Frischkäse im Mixer pürieren und mit Cumin, Salz und Pfeffer abschmecken. Den Dip im Zentrum des Gemüseringes garnieren.

Der tägliche Genuß von frischen Salaten und Rohkost ist mit seinen kühlenden und enzymreichen Eigenschaften für das Pitta-Dosha der ideale Ausgleich. Zusammen mit dem Artischocken-Dip, der durch seine Zusammensetzung und die in ihm enthaltenen Bitterstoffe ein wertvolles Therapeutikum für die Galle darstellt, stellt dieses schnelle Gericht eine wunderbare Vorspeise oder vollständige Mahlzeit dar.

Reis mit Gewürzen

2 TL Ghee
1 TL Senfkörner oder Cuminsamen
1 Msp. Kurkuma
Steinsalz
200 g Reis
350 ml Wasser

Das Ghee erhitzen, Samen anrösten und Reis zugeben. Das Wasser aufgießen, Kurkuma und Salz zufügen und den Reis sanft köcheln lassen.

Dal, ayurvedische Linsen

200 g gelbe Linsen, Mung-Dal
1 EL Ghee
½ TL Senfkörner, schwarz
½ TL Koriander
½ TL Cuminsamen / Zimtstangen
1 Msp. Nelken
1 Msp. Asafödida
1 Msp. Anis, gemahlen

Teil II · Gesunde Ernährung für Körper, Geist und Seele

1 TL Ingwer, frisch
½ Chilischote, grün
½ Chilischote, rot
2 Tomaten
600 ml Wasser
etwas Zitronensaft
1 Knoblauchzehe, gepreßt

Das Ghee erhitzen, die Senfkörner im Fett puffen lassen, die Chilischoten und Tomaten kleinschneiden und zusammen mit den restlichen Gewürzen zugeben. Das Wasser aufgießen und zum Kochen bringen. Die Linsen in das kochende Wasser geben, umrühren und köcheln lassen. Am Ende mit etwas Zitronensaft und einer gepreßten Knoblauchzehe abschmecken.

Brokkoli mit Schafskäse

1 EL Ghee
1 Zwiebel
1 EL frischer Ingwer
2 Tomaten
½ TL Kurkuma
½ TL Koriander, gemahlen
2 Brokkoli
100 g Schafskäse
½ Bund frischer Koriander oder Minze
1 TL Garam-Masala

Das Ghee erhitzen und die Zwiebeln fein würfeln und im Ghee anschwitzen. Die Tomaten würfeln, zu den Zwiebeln geben und den Ingwer fein geraspelt hinzufügen. Etwas köcheln lassen, bis sich Sud gebildet hat, und nun Kurkuma und Koriander untermischen. Den Brokkoli in Röschen teilen, unterheben und alles knackig schmoren. Den Schafskäse würfeln und dem Gemüse zufügen. Mit Garam-Masala und frischem Koriander abschmecken.

Dieses Gericht ist sehr lecker, erfrischend und vitalisierend. Besonders gut schmeckt es, wenn der Schafskäse noch nicht völlig geschmolzen ist, sondern sich in Würfeln dem Brokkoli sanft anschmiegt.

Gewürze aus der Ayurveda-Küche

Spinat mit Kartoffeln

1 EL Ghee
1 Zwiebel
1 TL Kümmel
1/2 TL Garam-Masala
1 Chili-Schote, grün
1/2 TL Kurkuma
1 TL Ingwer
2 TL Bockshornklee, getrocknet (Methi)
1 Msp. Kardamom
4 Kartoffeln
100 ml Wasser
500 g Spinat
Salz, Pfeffer

Das Ghee erhitzen und die gewürfelten Zwiebeln darin anschwitzen. Gewürze zugeben und kurz mit anbraten, dann die geschälten und gewürfelten Kartoffeln zugeben, umrühren und mit etwas Wasser ablöschen. Den Spinat in kochendem Wasser blanchieren, evtl. zerkleinern, und den Kartoffeln unterheben. Mit etwas Salz und Pfeffer abschmecken.

Frischer Spinat oder Mangold ist das ideale Gemüse zum Ausgleich von Pitta, da es durch seine Bitterstoffe und den hohen Gehalt an Vitamin A und Eisen die Körpersäfte harmonisiert. Die Kartoffeln helfen, die Säure des Spinats zu binden, und neutralisieren den Stoffwechsel.

Kichererbsenwaffeln

200 g Kichererbsenmehl
200 g Dinkelmehl
150 g Vollrohrzucker
1 TL Backpulver
ca. 125 ml Milch
ca. 125 ml Wasser
Ingwer, frisch
1 Msp. Ingwerpulver
1 Msp. Nelke
1 Msp. Kardamom
1 Msp. Zimt
1 Saft einer Zitrone und eventuell etwas
    Schale

Das Mehl zusammen mit dem Vollrohrzucker, Backpulver, den Gewürzen, der Milch und dem Wasser zu einem glatten, flüssigen Teig verrühren. Eine halbe Stunde stehen lassen und in einem mit Ghee bestrichenen Waffeleisen ausbacken.

Ernährung zum Ausgleich von Kapha

Dominiert das Kapha-Dosha im Körper, so sind der Stoffwechsel und die Verdauung eher träge und das Agni schwach. Die Nahrung wird nicht vollständig verdaut, und Völlegefühl und Magenschmerzen können nach den Mahlzeiten auftreten. Die betreffende Person fühlt sich oft müde, träge und antriebslos. Der Körper bildet durch mangelnde Ausscheidung ein Übermaß an Ama, und schließlich kommt es zu Übergewicht, aufgeschwemmtem Körpergewebe sowie starker Verschlackung.

Warme, leichte und gut gewürzte Speisen wirken auf Kapha besonders ausgleichend

Teil II · Gesunde Ernährung für Körper, Geist und Seele

und vitalisierend. Sie sollten mit wenig Fett, Zucker und Salz zubereitet werden und vor allem aus bitteren Gemüsen, frischen Kräutern und verdauungsfördernden Gewürzen wie Ingwer, Pfeffer und Kümmel bestehen.

Die wichtigsten Geschmacksrichtungen zum Kapha-Ausgleich sind scharf, bitter und herb. Kaphaverstärkend wirkt der süße, saure und salzige Geschmack sowie verschleimende Nahrungsmittel wie Milch, Käse und Speiseeis. Dies gilt vor allem für das Frühstück, das auf Kapha einen großen Einfluß hat. Im Ayurveda gilt: je stärker das Kapha, um so leichter das Frühstück. Manchmal genügt schon ein gedünsteter Apfel oder etwas Ingwerwasser.

Besonders stark ausgeprägt ist das Kapha in den ersten Kindheitsjahren, in den frühen Morgenstunden, am späten Abend, im Frühjahr und an den Tagen vor der Monatsblutung der Frau. In diesen Zeiten sollte besonders auf eine kapharezudierende Ernährung und Lebensführung geachtet werden; kaphaerhöhende Gewohnheiten wie zuviel Schlaf und Mittagsschlaf, Bewegungsmangel, fette, gebratene und schwere Speisen, zuviel Essen und innere Ziellosigkeit sollten vermieden werden.

Um Kapha auszugleichen und das träge Verdauungsfeuer anzuregen, sollten vorwiegend warme, leichte und trockene Speisen und Getränke gegessen werden. Scharfe, bittere und anregende Gewürze, bittere Gemüse und Salate sowie herbe Kräuter fördern ebenfalls die Verdauungskraft. Die Mahlzeiten sollten appetitanregend mit viel Salat, Gemüse und Suppen zubereitet und unter Berücksichtigung der leicht verdaulichen Kombinationen zusammengestellt werden. Frisch gepreßte Gemüse- und Salatsäfte mit einem Anteil aus etwas bitter schmeckenden Blattgemüsen (Spinat, Endivien, Romanasalat) stärken das Enzymsystem und fördern die Entschlackung. Ebenfalls unterstützend wirken ein körperliches Bewegungsprogramm und Atemübungen.

Bei einem starken Übermaß an Kapha sollten alle eiweißreichen Speisen immer ohne Kohlenhydrate und Fette gegessen werden. Alle gebratenen, schweren, sehr fettigen und übermäßig salzigen Speisen sollten ebenso vermieden werden wie zuviel Käse oder tierisches Eiweiß. Regelmäßige Mahlzeiten helfen dem Verdauungssystem, sich zu stabilisieren; Frühstück und Abendessen sollten gering sein. Milch sollte grundsätzlich gemieden werden, weil sie den Kapha-Typus verschleimt und verschlackt.

Zum Ausgleich von Kapha benötigen wir eine leichte, erhitzende und stoffwechselanregende Ernährungsweise, mit bitteren und kräftig gewürzten Speisen, frischen Kräutern und Früchten. Fette, Öle und Milchprodukte sollten nur sparsam verwendet werden und wenn, dann mit viel frischem Gemüse, Salaten und entschleimenden Gewürzen (wie z.B. Kurkuma, Chili, Basilikum und Ingwer) zusammen gegessen werden.

Pikantes Hirsegericht
1 TL Ghee
½ TL Cuminsamen
200 g Hirse
½ Tasse geraspeltes Gemüse (z.B. Zucchini, Karotte, Bohnen)
1 TL Curry
½ TL Gemüsebrühe
½ TL Garam-Masala
Salz

Das Ghee erhitzen, die Cuminsamen anrösten, die gewaschene Hirse und das geraspelte Gemüse zufügen und unterrühren. Das kalte Wasser aufgießen, die Gewürze zufügen und die Hirse für ca. 20 Minuten köcheln lassen. Zum Schluß noch etwas im geschlossenen Topf ausquellen lassen.

Hirse und Gerste sind die besten Getreidesorten zum Ausgleich von Kapha, da sie warm und trocken sind. Richtig zubereitet schmecken sie äußerst lecker und stellen eine ideale Beilage zu allen Gemüsegerichten dar.

Buntes Paprikagemüse

1 EL Ghee
1 Zwiebel
½ Chilischote, rot
1 Knoblauchzehe
1 EL Ingwer, geraspelt
½ TL Ajwain
½ TL Kurkuma
2 Tomaten
4 Paprika, bunt (rot, gelb, grün)
Thymian, frisch
Koriander, frisch
Salz

Das Ghee erhitzen und die Ajwainsamen (falls nicht vorhanden, Cuminsamen verwenden) kürz anrösten. Dann die fein gehackten Zwiebeln mit dem Knoblauch und dem Ingwer zugeben. Die Tomaten würfeln und zu den gebräunten Zwiebeln geben, Salz, klein geschnittene Chilischote und Kurkuma zufügen. Die Paprika waschen und in Stücke schneiden, dem Tomaten-Gewürzsud zugeben und knackig schmoren. Mit frischen Kräutern abschmecken.

Grüne Bohnen

1 EL Ghee oder Olivenöl
1 Zwiebel
1 Knoblauchzehe
1 Chilischote, rot
500 g grüne Bohnen
Wasser
½ TL Ingwerpulver
½ TL Korianderpulver
Salz
1 TL Balsamico
Wasser
Salz und Pfeffer
Basilikum, Estragon oder Thymian, frisch

Das Fett erhitzen, die kleingehackte Zwiebel, Knoblauch und Chilischote darin kurz anbraten. Die grünen Bohnen geputzt und halbiert zugeben, mit etwas Wasser ablöschen. Ingwer, Koriander und Salz zufügen, ca. 15 Minuten dünsten. Mit Balsamico-Essig, Pfeffer und frischen Kräutern abschmecken.

Basilikum-Chutney

2 Tomaten
1 Bd. Basilikum, frisch
1 Chilischote, grün
2 EL Olivenöl
½ TL Salz
½ TL Pfeffer
1 TL Zucker
1 Msp. Kardamom
4–5 EL Joghurt

Alle Zutaten im Mixer pürieren. Eventuell noch mit etwas Zitronensaft abschmecken. Chutneys sind Gewürz- und Geschmacks-

Teil II · Gesunde Ernährung für Körper, Geist und Seele

konzentrate, die in keinem ayurvedischen Essen fehlen sollten. Dieses Basilikum-Chutney wirkt besonders anregend, entschleimend und kaphaausgleichend. Es kann in einem verschlossenen Gefäß bis zu zwei Wochen im Kühlschrank aufbewahrt werden.

Karottenpudding
300 g Karotten
300 ml Wasser
2 EL Rohrzucker
4 EL Reismehl
200 ml Wasser-Sahne-Gemisch (halb und halb)
¼ TL Kardamom, gemahlen
¼ TL Ingwerpulver
1 Msp. Muskat
2 TL Rosenwasser

Karotten schälen und in Stücke schneiden, zusammen mit dem Rohrzucker in 300 ml Wasser weichdünsten. Anschließend im Mixer fein pürieren, die restlichen Zutaten untermischen das Karottenpüree nochmals un-

Gemüse aus der Ayurveda-Küche

ter Rühren aufkochen. Eventuell noch mit etwas mehr Vollrohrzucker abschmecken.

Nachtisch jeglicher Art sollte eigentlich eher gemieden werden, wenn die Kapha-Energie entgleist. Leichte Desserts hingegen wie der oben beschriebene Karottenpudding oder etwas gedünstetes Obst sind harmonisierend für Körper und Seele.

Typgerecht kochen für jeden Tag

Der Vorgang des Kochens ist ein meditativer, energetischer und transformierender Prozeß, bei dem die zubereiteten Speisen durch das Erhitzen leichter verdaulich und für den Stoffwechsel besser verwertbar gemacht werden. Die Tätigkeit des Kochens dient Ihrer inneren Harmonisierung und Energetisierung als Köchin und ist durchdrungen von einer heilenden, aufbauenden und kreativen Kraft.

Im klassischen Ayurveda wurden die Köche als Alchimisten der Lebensenergie bezeichnet. Sie besaßen die Fähigkeit, Nahrungsmittel in lebenspendende Heilmittel zu verwandeln. Noch heute ist es im Ayurveda eine große Auszeichnung, für andere zu kochen und damit Einfluß auf deren Wohlergehen zu haben.

Auf gewisse Weise ist wohl jede Frau mit Küche und Kochen vertraut, und sie sollte die tägliche Küchenarbeit nicht als lästiges Übel empfinden, sondern von der heilenden und entspannenden Kraft des Kochens profitieren. Gelingt es Ihnen, einmal am Tag eine warme Mahlzeit mit Liebe und entspannt zuzubereiten, so haben Sie schon einen großen Schritt für Ihre Gesundheit, innere Harmonie und Vitalität getan.

Marlis war Patientin in meiner Ernährungsberater-Praxis und litt unter rheumatischen Beschwerden. Ihre Ernährungsweise war sehr unstet; sie aß mit ihrer Familie viel Brot und Fertiggerichte und ging häufig mit Freunden und Kollegen auswärts essen. Nach der zweiten ayurvedischen Konsultation erhielt ich von ihr einen Brief:

»Liebe Frau Rosenberg,
nochmals herzlichen Dank für die umfassende Beratung und die vielen praktischen Tips für meine Gesundheit.
Sie werden es kaum glauben: Mit ihrem Ayurveda-Kochbuch habe ich das Kochen für mich entdeckt! Meine Familie ist begeistert, und für mich ist das Kochen ein entspannender Ausgleich nach meinem stressigen Bürotag geworden. Ich mache mir zuerst schöne Musik an, genieße den

Teil II · Gesunde Ernährung für Körper, Geist und Seele

> Umgang mit den frischen Gemüsen, und meine Nase freut sich auf den exotischen Duft der ayurvedischen Gewürze.
>
> Ich bin mir jetzt einfach mehr wert als eine Tiefkühlpizza, und das verdanke ich Ihnen und Ayurveda.«

Das wichtigste beim ayurvedischen Kochen ist die genaue Vorstellung von dem, was man tut. Schon bevor wir mit dem Kochen beginnen, sollten wir das fertige Gericht vor uns sehen, es im Geiste riechen und schmecken und an die Menschen denken, für die wir es liebevoll zubereiten möchten. So kann sich die innere Kraft beim Kochen voll entfalten, und die einfachsten Speisen werden zu wohlschmeckenden und energiereichen Genüssen für Körper, Geist und Seele.

Das Frühstück

Zum Ausgleich der Doshas gibt der Ayurveda individuelle Empfehlungen für die verschiedenen Konstitutionen. Menschen mit hohem Vata- oder Pitta-Anteil sollten einen gekochten Hafer-, Reis- oder Grießbrei mit heißer Milch und etwas geklärter Butter (Ghee) frühstücken. Auch ein vataberuhigender Obstsalat kann bei starker Verdauungskraft zum Frühstück gegessen werden. Die Pitta-Konstitution verträgt frische Früchte wie Äpfel, Trauben und Mango sowie Weizenbrot mit Butter, milden Joghurt oder gedünstete Äpfel. Für ein ausgeprägtes Kapha reicht ein kleines Obstfrühstück aus in Ghee geschmorten Früchten oder ein frisch gepreßter Saft und eventuell ein Glas raumtemperiertes Wasser vor dem Frühstück (ge-

gen Darmträgheit). Kaphageprägte Menschen können das Frühstück auch einmal ausfallen lassen und erst zwischen 10 und 14 Uhr die erste Mahlzeit einnehmen.

Grundrezepte für den Morgen

Ingwerwasser

Ingwerwasser ist ein bekanntes ayurvedisches Therapeutikum zur Anregung der Verdauungskraft und zur Stärkung von Agni. Je nach Konstitution und Stoffwechseltätigkeit sollten in den Morgenstunden zwischen einer Tasse und einem Liter Ingwerwasser getrunken werden.

2 Scheiben frischer Ingwer
1/2 – 3/4 Liter Wasser

Das Wasser mit dem Ingwer in einem Topf 10 Minuten köcheln lassen, anschließend in eine Thermoskanne füllen und über den Vormittag verteilt trinken.

Getreidebrei

Getreidebrei oder Porridge ist eines der wichtigsten ayurvedischen Frühstücksrezepte. Es entlastet den Stoffwechsel, bindet Säuren und stärkt den Körper. Zusammen mit gedünstetem Obst ist es ein delikates Frühstück, welches besonders zur kalten und windigen Jahreszeit oder bei Streßsituationen äußerst nährend und aufbauend wirkt.

Pro Person:
1 Tasse feine Getreideflocken (Hafer,
   Reis, Dinkel oder Gerste)
2 ½ Tassen Wasser
1 Msp. Salz

Getreideflocken mit kaltem Wasser in einem Topf ansetzen, zum Kochen bringen und 3–5 Minuten unter Rühren köcheln lassen. Je nach Geschmack mit Ahornsirup, Melasse oder Vollrohrzucker abschmecken.

Gedünstete Früchte

Gedünstetes Obst ist ein sehr bekömmliches Frühstück. Durch den sanften Dämpfprozeß wird in den Früchten die Säure und die Kälte neutralisiert, wodurch sie für alle Doshas sehr verträglich werden.

Pro Person:
1 TL Ghee
2 Äpfel, Birnen oder Bananen –
   je nach Geschmack
1 Msp. Zimt

Das Obst schälen und in Stücke schneiden. Bei starken Verdauungssäften können Sie auf das Schälen verzichten. In Ghee andünsten, etwas Wasser zugeben und 3–5 Minuten simmern lassen.

Das Mittagessen

Von 10 bis 14 Uhr ist die Verdauungskraft am stärksten, daher sollte die Mittagsmahlzeit die reichhaltigste sein. Schwerer verdauliche Speisen wie Hülsenfrüchte und alle eiweißreichen Nahrungsmittel (Lassi, Frischkäse, Fisch, Huhn, Eier) sollten mittags gegessen werden. Ein ayurvedisches Mittagessen enthält Salat, ein trockenes und ein saftiges Gemüse, Reis, Chutney und eine süße, gekochte Nachspeise, so daß alle sechs Geschmacksrichtungen berücksichtigt sind.

Generell sind die schwer verdaulichen Gemüse wie Kohl, Champignons und Paprika bei hohem Vata weniger empfehlenswert. Ebenso können Sellerie, Auberginen, Erbsen und Pilze den Organismus leicht stören und sollten nur bei guter Gesundheit und guter Verdauungskraft gegessen werden. Zuviel Joghurt, gereifter Käse, Nüsse und Fleisch (besonders zusammen mit Rohkost) können bei der Vata-Konstitution zu Blähungen, innerem Frösteln und Übersäuerung führen. Hülsenfrüchte und Rohkost sind für Vata nur in geringen Mengen empfehlenswert.

Das Mittagessen für pittadominierte Menschen sollte etwas mehr Eiweiß enthalten. Allgemein gilt, drei- bis fünfmal wöchentlich einen hochwertigen Eiweißträger wie Hülsenfrüchte, Milchprodukte (z.B. milden Joghurt als Raita), Schafs- oder Ziegenkäse, Oliven, Eier und für Nichtvegetarier Fisch oder Huhn ins Mittagessen zu integrieren.

Für den trägen Kapha-Stoffwechsel sollten zwei Drittel der Mahlzeit aus frischem Salat und Gemüse bestehen. Besonders die bitteren Gemüse wie Artischocke, Chicorée, Spinat, Spargel, Brokkoli und Auberginen sind sehr empfehlenswert, um Kapha anzu-

Teil II · Gesunde Ernährung für Körper, Geist und Seele

regen. Den Nachtisch sollte der Kapha-Typ ganz ausfallen lassen und statt dessen lieber einen verdauungsfördernden Gewürztee mit Ingwer, Basilikum und Kardamom genießen.

Abendessen vor 20 Uhr

Die Verdauungskraft verringert sich nach 14 Uhr wieder und nimmt zum Abend hin immer mehr ab, so daß eine leichtverdauliche Gemüsesuppe, ein Nudel- oder Kartoffelgericht, Brot mit Butter oder geschmortes Gemüse die beste Lösung für den Abend sind. Nach 16 Uhr sollten alle drei Konstitutionstypen möglichst nichts Saures, Rohes, Kaltes und Schwerverdauliches (wie z.B. Eiweißgerichte) mehr essen, um das Verdauungssystem und damit den Organismus zu schonen und zu entlasten. Das ist ganz besonders wichtig, wenn Beschwerden oder Krankheiten den Körper ohnehin belasten.

Ayurvedische Abendsuppe
1 EL Ghee
1 kleine Zwiebel
¼ TL Bockshornkleesamen
¼ TL Cumin, gemahlen
2 Tassen Gemüse, beliebig (sehr gut eignen sich z.B. Karotten, Sellerie, Kartoffeln, grüne Bohnen und Pastinaken)
Wasser
Salz und Pfeffer
½ TL Obstessig oder Zitronensaft
1 Msp. Paprikapulver, edelsüß

Das Ghee erhitzen, Bockshornkleesamen anrösten und die Zwiebel kleinwürfeln und anschwitzen. Das Gemüse kleinschneiden, zu den Zwiebeln geben und unter Rühren anbraten. Das Wasser aufgießen und das Gemüse köcheln lassen. Mit Salz, Pfeffer, Paprikapulver und Obstessig abschmecken.

Am Abend sollte nach dem Ayurveda immer eine Suppe gegessen werden. Dies gilt besonders für die Vata-Konstitution, ist aber auch für jeden anderen Stoffwechsel sehr empfehlenswert. Eine Suppe am Abend schenkt dem Körper Ruhe, Stärkung und Entspannung. Wurzelgemüse und Kartoffeln wirken hier sehr ausgleichend und helfen dem Stoffwechsel bei der inneren Reinigung und Entsäuerung.

Allgemeine Richtlinen der ayurvedischen Ernährung

* Bereiten Sie Ihre Speisen mit Liebe und Sorgfalt zu. Das verstärkt die energiespendende Wirkung unserer Nahrung und harmonisiert Vata.

* Essen Sie vielseitig und abwechs-
lungsreich, um Ihrem Körper alles zuzuführen, was er benötigt, damit er sich erneuern kann.

* Versuchen Sie, in einem regelmäßigen Rhythmus zu essen, am besten drei

Mahlzeiten am Tag, immer zur gleichen Zeit. Das gleicht Vata in Ihrem Körper aus.

* Essen Sie erst wieder etwas, wenn die vorhergehende Mahlzeit vollständig verdaut ist.

* Bevorzugen Sie immer frische Nahrungsmittel, denn in frischem Obst und Gemüse sind die meisten Vitamine und Mineralien. Wenn Sie keine Möglichkeit haben, frisches Obst und Gemüse zu verwenden, weichen Sie auf getrocknete und gefrorene Lebensmittel aus. Die letzte Alternative sind Konserven.

* Achten Sie auf gründliches Kauen und Einspeicheln bei jedem Bissen. Das ist Voraussetzung für eine vollständige Verwertung der Nahrung.

* Essen Sie langsam und in Ruhe. Das stärkt Pitta.

* Trinken Sie genügend stilles Quellwasser regelmäßig über den Tag verteilt, und achten Sie darauf, daß es nicht zu kalt ist. Die optimale Flüssigkeitsmenge pro Tag ist durch die Aqua-Formel zu ermitteln: Gewicht x 0,03 = Menge an Flüssigkeit pro Tag in Liter.

* Bereiten Sie Ihre Mahlzeiten in leicht verdaulichen Lebensmittelkombinationen zu, da sonst die Verdauungsvor-

gänge behindert werden und der Speisebrei faulen oder gären kann.
Die richtigen Kombinationen sind:

• Salat, Gemüse, Getreide, Hülsenfrüchte, Teigwaren, Süßmittel, Fette;
• Salat, Gemüse, Reis, Milchprodukte, Nüsse, Samen, saure Früchte;
• Salat, Gemüse, Reis, Fisch, Fleisch oder Ei.

* Trinken Sie während der Mahlzeiten keine kalten Getränke, um die Verdauungssäfte nicht zu verringern. Die besten Getränke sind warmes Wasser oder Ingwerwasser.

* Vermeiden Sie energielose Nahrungsmittel wie Cola, Bier, Margarine, Süßstoffe, Alkohol, Kaffee und schwarzen Tee. Aber auch vom Genuß anderer, auf den ersten Blick scheinbar unbedenklicher Lebensmittel muß abgeraten werden:

• kernloses Obst (ist besonders mangan- und mineralarm),
• Geschmacksverstärker (Glutamat),
• homogenisierte Milch (greift die Gefäßwände an),
• Hybridgemüse (nicht fortpflanzungsfähig, gegen die Ordnung der Natur),
• Weichkäse (enthält Schnellreifer, belastet den Organismus),
• Fleisch (besonders Wurst und Schweinefleisch belasten den Organismus und die geistige Entwicklung).

Regeneration und Verjüngung durch einen guten Schlaf

Schenken wir unserem Körper die notwendige Ruhe, die er zur Regeneration und Erholung benötigt, so haben wir einen ständigen Zugang zu unserem eigenen Jungbrunnen. In der Nacht tanken wir neue Lebensenergien, unsere Sinne beruhigen sich, und wir kommen wieder in Kontakt mit unserem göttlichen Selbst. Sind wir von einer angenehmen Schlafatmosphäre umgeben, so durchdringen tiefe Ruhe und Gelassenheit jede Zelle unseres Seins. Duftende Blüten, zarte Wäsche, sanfter Kerzenschein in der Nacht – all dies lädt uns ein zum Innehalten und Auftanken. Die Sinnesorgane werden beruhigt und gereinigt, und unserer Seele wachsen Flügel.

Machen Sie es sich am Abend so richtig kuschelig und gemütlich, und richten Sie Ihr Schlafzimmer nicht nur als »Abstellraum«, sondern als Oase der Erholung und Regeneration ein. Besonders wohltuend sind Potpourris mit Rose, Nelke und Zimt, Kerzen und schöne Stoffe in dunkelrot, blau und violett. Achten Sie darauf, daß Ihnen in der Nacht keine störende Lichtquelle (Straßenlaterne oder Autoscheinwerfer von draußen) die Ruhe raubt, und lüften Sie Ihren Schlafraum vor dem Zubettgehen noch einmal gut durch.

Im Ayurveda wird dem Schlaf mit seiner vitalisierenden Wirkung eine große Bedeutung für die regelmäßige Zellerneuerung, Gewebebildung und Entgiftung zugeschrieben. Betrachten wir die verschiedenen Funktionen unserer Organe, des Nervensystems und des Stoffwechsels in der Nacht, so erkennen wir sehr schnell, daß der Schlüssel zu unserer Gesundheit und Verjüngung u.a. im richtigen nächtlichen Verhalten liegt.

Ein indisches Sprichwort lautet: »Ein Yogi schläft sechs Stunden, ein Bhogi schläft sieben bis acht Stunden, und nur ein Dummkopf schläft neun Stunden.« Der beste Schlaf ist der vor Mitternacht, und im Ayurveda wird empfohlen, während der abendlichen Kapha-Phase, also vor 22 Uhr, ins Bett zu gehen. Ein kleines Entspannungs- und Medita-

Teil II · Regeneration und Verjüngung durch einen guten Schlaf

tionsprogramm und das Einölen der Fußsohlen mit Sesamöl oder Ghee helfen, innerlich zur Ruhe zu kommen und tiefen Schlaf zu finden. Der Schlafraum sollte immer gut belüftet und das Bett von Osten nach Westen ausgerichtet sein.

Schwere und zu spät eingenommene Mahlzeiten belasten die Verdauung die ganze Nacht und sollten eher gemieden werden. Leiten Sie deshalb Ihren Abend mit einem leichten und wärmenden Abendessen ein!

Gegen 20.00 Uhr steigert sich unser abendliches Kapha, und die gesamten Stoffwechselfunktionen schalten um auf »Nachtspeicher«. Jetzt ist es Zeit, von den täglichen Aktivitäten Abstand zu gewinnen, innere Ruhe zu finden und sich zu entspannen. Dies ist sehr wichtig, denn in der Nacht findet der wichtige Verarbeitungsprozeß der am Tag eingenommenen Nahrungsmittel und die daraus resultierende Gewebebildung statt.

Gerade vatabetonten Persönlichkeiten fällt es jedoch manchmal sehr schwer abzuschalten, und sie arbeiten gerne bis in die späten Abendstunden, denn dann finden sie innere Ruhe und Ausdauer, bestimmte Arbeiten fertigzustellen. Doch damit verhindern sie, daß der Körper in seine natürliche Ruhephase tritt, und verbrauchen langfristig extrem viel Körpersubstanz.

Lassen wir den Tag jedoch harmonisch auslaufen – vielleicht mit einem warmen Ölbad, schöner Musik oder einem Buch –, so werden wir zwischen 21.30 und 22.00 Uhr einen »müden Punkt« spüren. Unser Kapha hat jetzt seinen Höhepunkt erreicht, und Körper und Geist haben eine angenehme Bettschwere. Dies ist die optimale Zeit, sich

zum Schlafen vorzubereiten, denn die intensivste Schlafenszeit ist vor Mitternacht. Gehen Sie gegen 22.00–22.30 Uhr zu Bett, so ist dies die beste Garantie, gut einzuschlafen und tiefe Ruhe zu finden.

Übergehen Sie jedoch Ihre Schläfrigkeit in den Abendstunden, so werden Sie wieder wach und aktiv. Eine neue Pitta-Phase beginnt, und der Organismus wird sehr energiegeladen. Viele bekommen erneut Hunger und beginnen zu essen. Das mitternächtliche Pitta sollte jedoch nicht dazu dienen, zu arbeiten, zu essen, zu feiern oder andere äußere Aktivitäten zu erfüllen (von einigen besonderen Anlässen und Ausnahmen natürlich abgesehen), sondern ist notwendig, um die inneren Erneuerungsprozesse durchzuführen. Die gesamten Stoffwechselorgane arbeiten zu dieser Zeit auf Hochtouren, und die am Tage aufgenommenen Nährstoffe werden nun zu körpereigenen Substanzen verarbeitet.

Die Zeit zwischen 23.00 und 3.00 Uhr ist die wichtigste für unsere Zellerneuerung und Regeneration. Wird der Körper jedoch durch eine zu schwere oder zu späte Mahlzeit am Abend oder äußere Aktivitäten in dieser inneren Pitta-Phase behindert, so können diese wichtigen Erneuerungsprozesse nicht stattfinden.

Ab drei Uhr morgens wird Vata aktiver; die Bewegung und Entgiftung des Stoffwechsels ist nun in vollem Gange. Ist unser Vata-Dosha sensibel, so kann es leicht passieren, daß wir nur einen sehr leichten Schlaf haben, unruhig träumen und empfindlich auf Geräusche reagieren.

Die beste Zeit zum Aufstehen ist das Ende der Vata-Phase gegen 6.00 Uhr morgens. Dies ist kein Problem, wenn Sie früh genug zu Bett gegangen sind und der Körper seine nächtliche Erneuerung vollziehen konnte. Sie wachen dann leicht und erfrischt auf, fühlen sich schwungvoll und energiegeladen und haben genügend Zeit für Ihre innere und äußere Reinigung mit der ayurvedischen Morgenroutine. Müdigkeit, Schwere und Lustlosigkeit am Morgen entstehen nur, wenn der Organismus überanstrengt ist und durch ein zu aktives Nachtleben keine neue Kraft und Lebensenergie gewinnen konnte.

Ayurvedische Empfehlungen für einen ruhigen und erholsamen Schlaf

Viele Menschen leiden an Schlafstörungen, die sich durch schlechtes Einschlafen oder häufiges Aufwachen äußern. Hier ist es sehr wichtig, früh genug schlafen zu gehen, um die nötige Kapha-Energie der Ruhe und Schwere zum Einschlafen zu nutzen. Eine heiße Milch mit Muskatnuß und Honig oder ein beruhigender Kräutertee mit Melisse, Baldrian und Fenchel vor dem Schlafengehen können eine wertvolle Unterstützung sein.

Ein bewährtes ayurvedisches Hausmittel ist es, am Abend einen kleinen Einlauf mit warmem Sesamöl zu machen. Dies senkt Vata, wärmt und beruhigt den ganzen Organismus und entspannt Darm und Nervensystem. Für diesen Nähr-Basti werden 20 ml Sesamöl erwärmt und mit einer Einlaufspritze in den Anus eingeführt. Der Körper behält das Öl inne und scheidet den nicht resorbierten Rest erst am Morgen mit dem Stuhlgang aus.

Weitere Empfehlungen für eine entspannende Nacht

* Ölen Sie sich am Abend die Wirbelsäule und den Nacken mit etwas Johanniskrautöl ein.
* Massieren Sie sich die Kopfhaut (mit oder ohne Öl) mit den Fingerspitzen wie beim Haarewaschen, und geben Sie dann einen Tropfen Sandelholz auf die Stirn. Machen Sie eine kleine Abendmeditation, und lassen Sie die Bilder des vergangenen Tages noch einmal Revue passieren. Finden Sie Frieden mit allen weniger angenehmen Situationen, und geben Sie Liebe, Licht und inneres Verzeihen in Ihre geistigen Bilder hinein.
* Achten Sie im Bett auf eine ruhige, gleichmäßige Atmung durch die Nase, und spüren Sie die fließenden Bewegungen Ihrer Atmungsenergie. Zählen Sie zehn bewußte Atemzüge, und stellen Sie sich vor, wie bei jedem Einatmen neue, frische Lebensenergie durch Sie einfließt und sich beim Ausatmen Ruhe und Entspannung überall verteilen.

Teil II · Regeneration und Verjüngung durch einen guten Schlaf

Ayurvedische Fußmassage zum Abschalten und Entspannen

Tiefe Ruhe und einen erholsamen Schlaf finden Sie besonders leicht mit einer ayurvedischen Fußmassage. In unseren Füßen befinden sich viele Marma-Vitalpunkte und Fußreflexzonen. Werden diese ausgestrichen, gedrückt und geölt, so lösen sich die Spannungen im ganzen Körper, und das Nervensystem kann sich erholen.

Bevorzugen Sie für Ihre Fußmassage warmes Ghee oder Sesamöl, und streichen Sie damit die Füße und Waden aus. Schmiegen Sie Ihre ganze Handfläche an den Fuß, und spüren Sie, welcher Druck sich besonders angenehm anfühlt. Massieren Sie ganz entspannt Ihre Füße, Knöchel und Waden mit den ganzen Händen und Handballen. Sie benötigen keine besondere Technik; lassen Sie sich auf Ihre inneren Bewegungen und dem aus ihnen entspringenden Rhythmus ein.

Wenden Sie sich nun den Fußknöcheln zu, und massieren Sie sie rund herum. Hier sitzen ganz besonders viele Marma-Punkte, deren Vitalisierung Ihnen neue Lebensenergie schenkt. Massieren Sie nun hinauf zu den Zehen, indem Sie den inneren und äußeren Fußspann mit den Daumen ausstreichen oder knubbeln. Dann halten Sie jeden einzelnen Fußzeh, massieren etwas seitlich und lockern den Fuß. Beenden Sie Ihre Fußmassage, indem Sie jeden Fußnagel einölen und das Nagelbett sanft massieren.

Gehen Sie nun mit Ihrem Daumen zum *Tala-Hirdhya*, dem »Herz im Fuß« (siehe Abbildung), und drücken oder halten Sie diesen Punkt für eine Weile. Anschließend reiben Sie die Füße mit einem trockenen Tuch etwas ab und begeben sich zur Ruhe.

Fußmassage des Tala-Hirdhya

Sexualität und Sinnlichkeit

Unser körperliches und seelisches Wohlgefühl wird stark von unserer Sexualität bestimmt. Der natürliche Umgang mit Sinnlichkeit, Sexualität und Freude ist in der ayurvedischen Praxis sehr wichtig, denn viele innere Spannungen, Verkrampfungen und unterdrückte Gefühle haben ihre Ursache in einem unbefriedigenden Sexualleben.

Begegnen wir uns selbst und anderen mit Offenheit und Wahrhaftigkeit, so ist ein intimes Beisammensein der intensivste Ausdruck der eigenen Persönlichkeit und der Sehnsüchte. Wir geben uns den tiefen Gefühlen hin und vertrauen auf die des anderen. Wir sind offen und frei und erleben immer neue Abenteuer in unserer tiefsten sinnlichen Empfindungswelt.

Ayurveda lehrt uns, daß alle Gefühle immer ihren körperlichen Ausdruck suchen. Egal, welche Emotionen in uns sind, sie möchten gesehen und gelebt werden. Ist man von negativen Gefühlen wie Wut, Haß und Ärger erfüllt, so rötet sich das Gesicht, man ist erhitzt, und die Muskeln im Schulterbereich verkrampfen sich. Ist man verliebt, so spürt man ein warmes, vibrierendes Ziehen in der Brust. Die Augen strahlen, das Gesicht wird von einem überirdischen Glanz durchdrungen, und man ist voller Energie und Lebenslust.

Bei vielen Menschen stellen die unterdrückten und ungelebten Gefühle die Ursache für Krankheiten und Beschwerden dar. Sie produzieren körperliche Symptome, da der Körper keine andere Ausdrucksform für diesen innerlichen Ballast findet.

Sehr viel schöner und gesünder hingegen ist es, sich durch Berührung, Zärtlichkeit und sinnliche Kraft auszudrücken, zu entspannen und zu harmonisieren. Körper, Geist und Seele verschmelzen mit den Berührungen und Empfindungen zu einer harmonischen Einheit, und wir können uns ganz den in uns wogenden Gefühlen und sexuellen Energien hingeben. Dadurch erfahren wir Hingabe, Vertrauen und Gottes Nähe.

Teil II · Sexualität und Sinnlichkeit

Reinigung und Verfeinerung der sinnlichen Wahrnehmung

Mit einer ganzheitlichen Sexualität erleben wir ungeahnte Dimensionen und Tiefen der eigenen Körperlichkeit und Geistigkeit. Wir genießen uns selbst und den anderen auf intensivste Weise und verlieren jede Form von Selbstzwang. Damit erfahren wir eine große Kraft und einen tiefen Zugang zu unserer eigenen Natur und Ursprünglichkeit.

Oftmals sind unsere Sinnesorgane allerdings nicht mehr fähig, die feinen Gefühle und Energien wahrzunehmen, die uns als sinnliche Schauer durchfluten. Wir sind durch unsere Alltagsbelastungen abgestumpft, die Augen sind von der Computerarbeit müde, die Nase von Staub verstopft, und die Ohren von Straßenlärm abgestumpft. Eine schöne und bereichernde Sexualität beginnt im Ayurveda mit der Reinigung und Sensibilisierung der Sinnesorgane. Unsere Sinne sollten sich wieder nach innen richten, um die sanften Berührungen und erotischen Wallungen aus jeder Faser heraus wahrzunehmen und zu genießen. Dann ist es möglich, auf die feinsten Nuancen in sexuellen Begegnungen zu reagieren und nicht nur auf die gröberen Reize der typischen erogenen Zonen. So ist es wichtig, daß Sie möglichst mit Ihrem Partner zusammen die fünf Sinne reinigen und verfeinern. Dies verstärkt Ihre gemeinsame Sinnlichkeit und Harmonie in der Sexualität und schafft die Grundlage für erfüllende Orgasmen im gleichen Rhythmus.

Das erste Sinnesorgan, das »Fühlen«, erreichen wir über die Haut. Die meiste Zeit des Tages zwängen wir unser größtes Sinnesorgan, die Haut, in enge Kleidung und Wäsche. Deshalb ist es wichtig, daß Sie Ihre nackte Haut genießen und damit Ihre feine Wahrnehmungsfähigkeit im Innen und Außen erweitern.

Sanfte Massagen, zärtliche Ölungen und liebevolles Streicheln beleben darüber hinaus die Tausende von Tastsensoren in unserer Haut und machen uns offen für alles, was von außen kommt. Wir erleben mit jeder Berührung, wie schön es ist, auf der Welt zu sein.

Die Nase ist eines der feinsten Sinnesorgane unseres Körpers. Das »Riechen« hat direkten Zugang zu unseren tiefsten Gefühlen, und unser Körper strömt in sinnlichen Momenten eigene erotische Düfte aus. Um erotische und sinnliche Gefühle zu erzeugen, braucht unsere Nase eine angenehme Stimulation. Im Ayurveda wird die Nase täglich mit etwas Sesamöl oder Ghee von Staub und Schleim befreit. Tauchen Sie am Morgen und am Abend Ihren kleinen Finger in etwas Öl, und streichen Sie mit dem Finger die Naseninnenwände sanft aus. Diese Behandlung lindert auch Heuschnupfen und Kopfschmerzen. Räucherungen und Duftlampen mit ätherischen Ölen reinigen die Atmosphäre, beflügeln unseren Geist und öffnen unsere Seele. Umgeben wir uns mit schönen Düften, so schenken wir uns Gesundheit und Wohlergehen in allen Lebenssituationen.

Achten Sie besonders an unangenehmen Orten und Situationen (etwa im Büro, im

Krankenhaus oder im Auto) auf eine angenehme Duftatmosphäre. Hierzu eignen sich Duftlampen für Räumlichkeiten sowie Duftbalsame und Riechsteine für den eigenen Körper (Bezugsadresse siehe Anhang). Die wichtigsten Düfte werden in einer Duftorgel zusammengefaßt und sind im einzelnen: Bergamotte, Orange, Zitrone, Rose, Ylang-Ylang, Yasmin, Latschenkiefer, Fichtenkiefer, Champaka, Wacholder und Patchoulie. Jeder Duft hat seine eigene Wirkung und ist eine Wohltat für Körper, Geist und Seele. Schnuppern Sie sich einfach hindurch, und erleben Sie diese neue Empfindungswelt. Wählen Sie die für Sie am angenehmsten riechenden ätherischen Öle aus, und verwenden Sie sie als Bereicherung Ihrer sinnlichen Stunden.

Das »Sehen« ist ebenfalls ein äußerst wichtiges Sinnesorgan, denn über die visuellen Reize werden unsere inneren Bilder und Sehnsüchte angeregt. Leider ist unsere Welt von visuellen Reizen überflutet, und das gesellschaftliche Schönheitsideal so geformt, daß fast niemand ihm entsprechen kann. Wir sind so massiv umgeben von Fotos mit entblößten Körpern, daß nackte Haut und körperliche Formen für viele den Reiz verloren haben.

Um die Augen zu entspannen und zu klären, gibt es im Ayurveda einige sehr schöne und wohltuende Augenbehandlungen: Nehmen Sie die Fingerkuppen von Zeige-, Mittel- und Ringfinger beider Hände, und legen Sie diese jeweils auf das linke und rechte Augenlid. Kreisen Sie sanft mit den Fingerkuppen in die Augäpfel hinein, und spüren Sie den angenehmen Druck. Halten Sie mit den Fingerkuppen die Augen sanft geschlossen, und atmen Sie tief ein und aus.

Dann klopfen Sie mit dem Mittelfinger ganz leicht und schnell an die äußersten Augenwinkel.

Nehmen Sie nun zwei Wattepads, tränken Sie diese in Rosenwasser, und legen Sie sie für ca. fünf Minuten auf die geschlossenen Augenlider. Entspannen Sie sich und richten Sie die gesammelte Aufmerksamkeit auf die anderen Sinnesorgane: Hören Sie schöne Musik, riechen Sie angenehme Düfte, schmecken Sie den Geschmack Ihres Mundraums, spüren Sie die Temperatur im Raum, den Stoff auf Ihrer Haut, und beobachten Sie, wie Sie sich fühlen.

Eine weitere Augenbehandlung ist *Netra tarpana*. Dabei werden die Augen mit Ghee gespült. Für Netra tarpana benötigen Sie eine Augenwanne aus der Apotheke. Setzen Sie diese auf das Auge, und geben Sie einen Eßlöffel lauwarmes Ghee hinein. Sie können die Augen auch öffnen, so daß das Ghee die Netzhaut berühren kann und Augenentzündungen, -rötungen und -brennen gelindert werden. Nach ca. zehn Minuten wieder abnehmen und die Augen mit in Rosenwasser getränkten Pads nachreinigen.

Jede Frau, die ihre weiblichen Formen mit Anmut und innerem Stolz trägt, ist schön. Für unseren sinnlichen Genuß mit den Augen kommt es jedoch nicht nur auf die Körperformen an, sondern die gesamte Atmosphäre spielt eine große Rolle. In einer wirklich schön gestalteten Umgebung können wir uns richtig entspannen und loslassen. Wir fühlen uns wohl, geborgen und wertvoll. So sollte der Raum, in dem wir Nähe und Erotik mit unserem Partner genießen, sauber und gepflegt sein. Frische Rosenblüten auf dem Bett, eine brennende Kerze in der Nacht, kunstvoll drapierte Wäsche ... all dies läßt unsere Herzen höher schlagen und verleiht der Phantasie Flügel.

Die Ohren sind ein weiteres Sinnesorgan, dem wir ebenfalls unsere Aufmerksamkeit und Sorgfalt zuwenden wollen. Verkehrslärm, lautes Geschrei, unangenehme und aggressive Worte belasten tagtäglich unsere Ohren und das Gemüt. Wie sehr kann sich das »Hören« jedoch bei dem Rauschen des Windes, dem Sprudeln eines Baches oder dem Zwitschern eines Vogels regenerieren.

Ohrmassage

Musik und Stille sind wichtige Elemente in unserem Leben, die uns mit innerem Frieden und tiefen Gefühlen erfüllen. Eine romantische Musik am Abend und die sanfte Stimme unseres Geliebten bringen all unsere Säfte zum Fließen, so daß wir uns ganz dem Moment hin geben können.

Um die Ohren zu reinigen und die Feinheiten des Lebens wieder zu hören, werden im Ayurveda die Ohren massiert und mit etwas Öl verschlossen. Nehmen Sie mit den Fingerkuppen die Ohren in die Hand, und knubbeln Sie Ihre Ohrläppchen sanft von vorne nach hinten und von oben nach unten. Spüren Sie die einzelnen Ohrenteile und welcher Druck besonders angenehm ist. In unseren Ohren befinden sich sehr viele Marma-Vitalpunkte; eine Ohrmassage aktiviert diese, macht uns wach, nimmt Schweregefühl und Trägheit.

Nun tauchen Sie die Fingerkuppen Ihrer Mittelfinger in warmes Sesamöl und verschließen damit Ihre Ohren. Spüren Sie den sanften Druck Ihrer Finger in der Ohrmuschel, und achten Sie auf Ihre inneren Geräusche. Schließen Sie die Augen, und atmen Sie tief und entspannt ein und aus. Nach ein bis zwei Minuten öffnen Sie die Ohren langsam wieder und streichen nochmals ganz zart den Ansatz hinter den Ohren aus.

Hören Sie regelmäßig gute Musik, die Ihre Sinne nährt und Ihre Seele erfüllt. Besonders schön sind die ruhigen Konzerte von Vivaldi, Mozart, Telemann, Schubert und Mendelssohn. Auch die 6. Sinfonie von Beethoven ist ausgesprochen ausgleichend für die weiblichen Energien.

Meditationsmusik und Klassik beruhigen

unsere Sinne auf angenehme Weise, aber es gibt auch sehr schöne und romantische Balladen und Lieder von populären Musikgruppen.

Hier eine kleine Auswahl meiner persönlichen Lieblingsmusik in sinnlichen Stunden:

* Asha: Love is the only prayer
* Richard Marx and Donna Lewis: At the beginning
* Chopra: Vata-Relaxing, Pitta-Calming

* Shaina Noll: Songs for the Inner child
* Merlin's Magic: Engel – Die Himmlischen Helfer
* Su Qing: Musik for Beauty
* Oliver Shanti: T'ai Chi
* Telemann: Tafelmusik Vol. 1 & 2
* Mozart bei jedem Wetter, Klassik zum Entspannen (Decca)
* Ruhe mit Bach, Klassik zum Entspannen (Decca)

Sinnliche Massage für einen genußvollen Abend

Nehmen Sie sich einmal in der Woche einen Abend für sich selbst frei, und genießen Sie in dieser Zeit den Raum und die Fülle mit Ihrem eigenen Körper und seiner Erlebniswelt. Schenken Sie sich jetzt alles, wonach Sie sich sehnen, und nehmen Sie diese Gaben in Dankbarkeit an. Heute haben Sie nichts mehr zu tun, außer Ihre innere und äußere Schönheit zu pflegen und Ihre Kräfte neu aufzutanken.

Beginnen Sie mit der schönen Gestaltung Ihrer äußeren Räume. Heute sollen sich alle Sinnesorgane so richtig erfreuen. Achten Sie auf eine angenehm warme Raumtemperatur, und dekorieren Sie sich Ihr Bad und Ihr Schlafzimmer mit Blumen und Blüten, Stoffen und Kerzen. Beduften Sie Ihre Wohnung mit wohltuenden, beruhigenden und entspannenden Gerüchen wie Weihrauch und Sandelholz. Hören Sie eine schöne und entspannende Musik.

Nun bereiten Sie sich für eine sanfte Körper-Einölung vor. Entkleiden Sie sich ganz langsam und bewußt in Ihren schönen und geschützten Räumen, und genießen Sie mit der vollen Aufnahmefähigkeit Ihrer entblößten Haut die liebevolle Atmosphäre. Atmen Sie tief ein und aus, und spüren Sie, wie der ganze Tagesstreß von Ihnen abfällt. Wenn Sie möchten, können Sie auch noch ein wenig tanzen, um sich wirklich frei zu fühlen.

Mischen Sie sich nun ein Körperöl aus Johanniskrautöl, Weizenkeimöl und Sonnenblumenöl (zu je gleichen Teilen) mit je 2 Tropfen ätherischer Öle der Tuberose, Ylang-Ylang und schwarzem Pfeffer. Wärmen Sie dieses Öl leicht an, und verteilen Sie es ganz sanft auf der Haut. Beginnen Sie am Bauch, und streichen Sie mit den ganzen Handflächen und viel Öl über die Bauchdecke, die Hüften, die Brust, zu den Schultern, den Armen und den Händen.

Nehmen Sie immer so viel Öl, daß die Haut voll damit benetzt wird und Sie vom warmen Öl ummantelt werden. Nun gehen Sie erneut vom Bauch aus über den Rücken,

Teil II · Sexualität und Sinnlichkeit

Sinnliche Selbstmassage

die Hüften, das Gesäß zu den Oberschenkeln, innen und außen, zu den Knien, Waden und den Füßen. Wenden Sie Ihren Füßen ganz besondere Aufmerksamkeit zu, denn sie tragen viele Lasten und werden den ganzen Tag in enge Schuhe und Strümpfe gesteckt. Ölen Sie auch das Gesicht, den Kopf und die Haare ein, und massieren Sie Ihre Kopfhaut mit den Fingerkuppen, ähnlich wie beim Haarewaschen.

Lassen Sie das Öl auf der Haut einwirken, und füllen Sie in der Zeit eine Badewanne mit angenehm heißem Wasser. Legen Sie sich in die Badewanne, und atmen Sie tief und entspannt ein und aus. Spüren Sie, wie Ihr Körper sich ausdehnt und in der wohligen Wärme lockert. Streicheln Sie sich zart über den ganzen Körper, und spüren Sie Ihre ölige Haut im Wasser. Erleben Sie ganz bewußt, wie unterschiedlich Ihre einzelnen Körperteile und Regionen auf die sanften Berührungen reagieren und was sich besonders angenehm anfühlt.

Steigen Sie nach etwa zehn Minuten wieder ganz langsam aus der Wanne, und trocknen Sie sich sanft ab. Spüren Sie, wie Sie innerlich und äußerlich offen sind, und betrachten Sie sich in Ihrer vollen Schönheit im Spiegel. Kämmen Sie sich ganz sanft die Haare, und machen Sie sich so richtig schön. Dazu benötigen Sie jetzt weder aufwendiges Make-up noch Gala-Garderobe; es genügt ein schönes leichtes Kleid oder ein Tuch

zum Überziehen. Spüren Sie den edlen und fließenden Stoff auf Ihrer Haut, und bewegen Sie sich bewußt, fließend und aufrecht. Nun machen Sie es sich so richtig bequem. Sie können lesen oder Musik hören, träumen und verweilen oder einfach zu Bett gehen und schlafen.

Sehr schön ist es auch, das ganze Ritual mit dem Partner zusammen zu vollziehen. Dabei sollten Sie nicht sehr viel sprechen und sich gegenseitig liebevoll in der eigenen Körperpflege unterstützen. Sie können sich gegenseitig sanft massieren, oder jeder macht dies für sich allein. Wichtig ist, daß wir während des Ölens und Badens gemeinsam mit dem Partner die Sinnlichkeit genießen und erleben, uns die erotischen Momente und die Vereinigung jedoch für später aufheben.

Wenn Sie sich gegenseitig einölen, so fragen Sie Ihren Partner, ob er Ihr Streicheln wirklich als angenehm empfindet. Oder möchte er lieber ein wenig fester und schneller berührt werden? Oft müssen wir auch unseren Männern liebevoll zeigen, wie wir berührt und geölt werden wollen. Halten Sie die innere Spannung, und lassen Sie sich nicht gleich zum Sex verführen. Genießen Sie erst gemeinsam die sinnlichen Momente, schauen Sie sich während des Badens tief in die Augen, und trinken Sie die Liebe der daraus leuchtenden Liebe.

Teil II · Sexualität und Sinnlichkeit

Vajikarana – die ayurvedische Medizin einer gesunden Sexualität

Vajikarana ist der ayurvedische Medizinzweig für eine gesunde Sexualität und Nachkommenschaft. Übersetzt heißt Vajikarana »Kraft eines Hengstes«. Viele Rezepturen, spezielle Nahrungsmittel und Aromaöle werden als Aphrodisiaka eingesetzt.

Ein unerfüllter Geschlechtstrieb führt zu körperlichen oder geistigen Krankheiten. Rücksichtsloses, übermäßiges oder perverses Sexualverhalten führt ebenfalls zu einem Kräfteverlust, zur Schwächung der Abwehrkraft und zu Krankheiten. Je nach Konstitution sind wir unterschiedlich veranlagt im Hinblick auf unsere sexuellen Wünsche, Neigungen und Gewohnheiten, die auch individuell verschiedene Ausprägungen haben. Beachten wir einige grundlegende ayurvedische Empfehlungen, so erfahren wir durch eine gesunde Sexualität unglaubliche Lebenskraft, Vitalität und Schönheit. Hegen wir hingegen ungünstige sexuelle Gepflogenheiten, so werden Körperenergien und Lebenskraft abgebaut. Wir laugen uns aus und verlieren die Freude an der eigenen Empfindungswelt in der körperlichen Berührung und Begegnung.

Natürlicher Sexualverkehr hält den Körper jung, vital und gesund. Die Art und Häufigkeit sollte jedoch auf das Alter, die Konstitution und die Jahreszeit abgestimmt sein. Sexualverkehr ist generell vatafördernd und kann so bei Menschen mit einem stark erhöhten Vata zu Kraftlosigkeit und Energieverlust führen. Kapha-Typen dagegen werden durch regelmäßigen Verkehr vital und aktiv. In den ayurvedischen Schriften wird im Winter uneingeschränkt Sexualverkehr empfohlen, während man ihn im Frühjahr und Herbst auf ungefähr dreimal die Woche und im heißen Hochsommer auf zwei- bis dreimal im Monat beschränken sollte. Von Sex mit unbekannten oder wechselnden Partnern, bei Krankheit und Schwäche, in der Schwangerschaft oder Menstruationszeit der Frau und mit sehr viel älteren Partnern wird abgeraten.

Nach dem Liebesakt sollte man ein warmes Ölbad nehmen und etwas Kapha-Förderndes, wie z.B. eine Tasse heiße Milch mit Honig oder eine Süßigkeit, zu sich nehmen.

Als bewährte Aphrodisiaka empfehle ich Ihnen die folgenden Vajikarana-Rezepte, welche durch eine spezielle Aufbaukost mit Mango, Kokosnuß, Weintrauben, Datteln, Mandeln und Kürbis besonders wirksam sind. Alle trockenen Nahrungsmittel, wie z.B. Jackfruit, Erbsen, Mais und Hirse sollten gemieden werden.

Klassische Vajikarana-Rezepte zur allgemeinen Stärkung der Sexualkraft

Amrapaka

500 g Mango
15 g Ingwer
2 g Zimt
500 ml Milch
7 g Pfeffer
2 g Nelken
100 g Zucker
2 g Koriander
2 g Muskat
30 ml Ghee
2 g Kreuzkümmel

Mango fritieren, Muskat und Nelken zermörsern, Mango und Milch in der Pfanne erhitzen. Das Ganze aufkochen, Ghee dazugeben, Ingwer und Pfeffer unterrühren und kochen, bis das Wasser verdampft ist und die Masse fest wird – zum Schluß Zucker und den Rest dazugeben.

Rasala

500 g Joghurt
20 g Ghee
5 g Nelken
250 g Zucker
2 g Ingwer
5 g Muskat
20 g Honig
2 g Pfeffer
1 g Safran

Joghurt vom Wasser lösen (durch ein Tuch sieben), fein gemahlenen Zucker, Ingwer und Pfeffer dazugeben, Ghee und Honig gut unterrühren und im Handtuch durchsieben. Zum Schluß Nelke, Safran und Muskat dazugeben. Bei einer Kuranwendung sollten Sie 10–15 Tage lang regelmäßig zweimal täglich 1 EL dieser aufbauenden Mischung einnehmen.

Süßholzwurzeln

10 g Pulver mit Milch und Honig vermischen, daraus eine Paste machen und mit Milch einnehmen: 1 Teil morgens, 1 Teil abends.

Rezepte für die starke Manneskraft

Krafttrunk für Männer

Das folgende wohlschmeckende Getränk wird im Ayurveda als potenzsteigerndes Mittel und als Nerventonikum angewendet. Für eine Tasse benötigt man 6 geschälte Mandeln, 3 zerkleinerte Kardamomkapseln, $\frac{1}{2}$ TL Honig und eine Tasse Milch. Alle Zutaten zusammen in den Mixer geben und cremig schlagen.

Wenn möglich, die nächsten 4 Stunden nach der Einnahme nichts essen, damit dieser Krafttrunk vollständig aufgenommen und verdaut werden kann.

Weitere Rezepturen

* 10 g Uradmehl in Ghee anrösten und anschließend mit Honig vermischen und mit Milch einnehmen.
* Anecyclus Pyrethum (Wurzeln) in Pulverform ($\frac{1}{2}$ g) mit Milch einnehmen; dies verzögert die Ejakulation.
* $\frac{1}{2}$ g Muskatnuß oder 200 mg ($\frac{1}{5}$ g) von

Teil II · Sexualität und Sinnlichkeit

der Schale der Orange einnehmen; verzögert ebenfalls die Ejakulation.

Klassische Aphrodisiaka

Masa payasam
    50 g Uraddal (geschält)
    1 g Muskat
    10 ml Ghee
    ½ g Kardamom
    ½ l Milch
    50 g Safran

Uraddal über Nacht in Wasser einweichen, am Morgen zermahlen, in der Pfanne mit Ghee kochen, bis er braun ist, ½ l Milch dazugeben und kochen. Dann Zucker und die Gewürze dazugeben, wenn das Wasser verdunstet ist.

Einläufe *(Basti)* als Vajikarana
Dieser Basti ist besonders reinigend und stärkend für Mann und Frau vor der Empfängnis:

    50 ml Milch
    10 ml Honig
    20 ml Ghee
    2 g Steinsalz
    20 ml Sesamöl

Zuerst Honig und Salz, dann Ghee und Öl zusammengießen, um eine Emulsion herzustellen. Zuletzt warme Milch dazugeben.

Aus je 10 g Spargelwurzel, Süßholz und Uriddalmehl einen Absud von 200 ml bereiten und anschließend mit einem Klistir in den Darm einführen.

Teil III

Svastha – ganzheitliche Gesundheit aus eigener Kraft

In der ayurvedischen Medizin wird Gesundheit nicht nur als statistischer Durchschnittswert oder allgemeines Wohlbefinden betrachtet, sondern auch als Zustand voller Vitalität, Widerstandskraft und Lebensfreude. Der Sanskrit-Begriff für »Gesundheit«, »Svastha«, der wörtlich übersetzt »im Selbst verweilen« bedeutet, läßt bereits diesen umfassenden Ansatz der ayurvedischen Heil- und Lebenskunde erkennen: Wahre Gesundheit liegt im Ausdruck des ganzen Menschen – in seiner vollen körperlichen Kraft, geistigen Präsenz und seelischen Entfaltung.

Krankheit entsteht nach dem Ayurveda durch Störungen des Gleichgewichts der drei Doshas Vata, Pitta und Kapha und hat seine Wurzeln in gestörten Sinnes- und Geistesfunktionen sowie klimatisch und ernährungsbedingt negativen Einflüssen. Das Bestreben der ayurvedischen Medizin ist es, mit Hilfe ihrer Ausleitungstechniken *(Panchakarma)*, ihrer Verjüngungstherapien *(Rasayana)* und ihrer Pflanzenheilkunde *(Dravyaguna)* vorbeugend die Harmonie auf der Ebene der Körperenergien zu erhalten und somit Stabilität gegenüber pathogenen Fremdeinflüssen zu sichern. Doch der wahre Schlüssel Ihrer körperlichen und geistigen Gesundheit liegt in Ihrer alltäglichen Lebensweise und Ihrem harmonischen Einssein mit der ursprünglichen Konstitution!

Im Ayurveda beschreibt man den Beginn einer Krankheit bereits in einem Stadium, das noch weit von dem Auftreten bedenklicher Symptome entfernt ist. Wenn wir uns ein Energiepotential von 0–100 vorstellen, so ist ein Zustand von 100 Prozent Energie im Ayurveda als Svastha – strahlende, ganzheitliche Gesundheit – folgendermaßen in den klassischen Schriften definiert:

»Wahrhaft gesund ist der,
* dessen Doshas im Gleichgewicht sind,
* der über ein ausgewogenes Agni verfügt,
* bei dem die Gewebe (Dhatus) richtig aufgebaut sind und die Abfallstoffe (Malas) ausgeschieden werden,
* dessen fünf Sinne richtig arbeiten,
* der in innerem Glück und Selbsterfüllung lebt.«

Sinkt das Energiepotential ab, so entsteht unweigerlich ein Störungsprozeß, welcher aus der Verschiebung des Dosha-Gleichgewichts resultiert. Je früher wir uns dieser inneren Disharmonie bewußt werden, desto besser, denn am Anfang ist es leicht, das innere Gleichgewicht der Körperkräfte wiederherzustellen.

Krankheiten im eigentlichen Sinne der westlichen Medizin sind erst ab einem Energiestadium von unter 30 Prozent erkennbar, denn dann haben sich die Dosha-Störungen in den Körpergeweben *(Dhatus)* sichtbar manifestiert.

Am besten ist es, wenn Sie es gar nicht soweit kommen lassen, daß sich Ihre Energiedepots in diesem Umfang verbrauchen

Teil III · Svastha – ganzheitliche Gesundheit aus eigener Kraft

und sich eine derart starke Disharmonie Ihrer inneren Kräfte manifestiert. Ihre Gesundheit wird direkt von Ihrer Ernährungs- und Lebensweise, Ihrem sozialen Umfeld, Ihrem seelischen Befinden und Ihrer geistigen Zufriedenheit bestimmt. Befinden Sie sich in Ihrem inneren Gleichgewicht, so arbeitet Ihr Stoffwechsel *(Agni)* gut, und Sie verwerten die Nahrung als körpereigene Brenn- und Aufbaustoffe, aus denen sich die neuen Körpergewebe bilden. Mit jeder Mahlzeit erneuern Sie Ihre drei Doshas und legen fest, in welcher Form sie genährt oder abgebaut werden.

Bestimmen Streß, Zeitdruck, innere Unzufriedenheit und ungesunde Lebensgewohnheiten unseren Tag, so ist der Körper durch die täglichen Belastungen nicht in der Lage, sich von allen Giften und Verdauungsrückständen zu befreien. Die Ausscheidungen (Malas) des Körpers werden nur ungenügend ausgeleitet, sammeln sich an und werden zu Toxinen (Ama). Diese Gifte schwächen den Körper zunehmend, lagern sich ab und führen zu Krankheiten aller Art.

Um Ihren Organismus von Ama zu befreien, ist es sowohl notwendig, Ihre Körpergewebe durch Massagen und Reinigungsbehandlungen zu entschlacken, als auch die Ursachen im geistig-emotionalen Bereich zu finden. Nur dadurch ist es möglich, die Lebensgewohnheiten langfristig so umzustellen, daß in Zukunft eine Schlackenansammlung vermieden oder stark eingeschränkt wird.

Yoga, Meditation, richtige Ernährung, positive Gedanken und ein spirituelles Weltbild sind im klassischen Ayurveda unabdingbare Begleiter im alltäglichen Leben. Sie verhelfen uns zu einem Leben voller Kraft, innerer Bewußtheit und Liebe. Dies ist die Voraussetzung für einen dauerhaft reinen und gesunden Körper.

Alle typischen Frauenbeschwerden während der Menstruation und der Wechseljahre zeigen eine Veränderung des eigenen Dosha-Gleichgewichts an. Haben sich jedoch Gewebeveränderungen in Form von Myomen (Geschwulsten oder gutartigen Tumoren des Muskelgewebes), Zysten (mit Sekret gefüllten Blasen) und Hautbeschwerden manifestiert, ist die Frau alarmiert, ihre Körpergewebe durch eine gezielte Reinigungs- und Aufbautherapie zu regenerieren. Ernährungsfehler wirken nun genauso gravierend wie psychische Belastungen und hormonelle Schwankungen.

Meiner Erfahrung nach sind vor allem ungelebte Doshas auf der psychischen Ebene die Ursache für körperliche Beschwerden aller Art. Sind wir auf Grund einengender Lebensumstände oder eines mangelnden Selbstbewußtseins nicht in der Lage, all unsere inneren Bedürfnisse und Persönlichkeitsanteile zu einem harmonischen Ausdruck zu bringen, so stauen sich die unterdrückten und ungelebten Doshas automatisch im Körper an. Diese führen zu einer Störung des inneren Gleichgewichts und drücken sich durch manifeste Krankheiten und Veränderungen im Gewebe aus.

Anja ist Sachbearbeiterin in einer Bank und hat nebenbei eine Yogaleh-rerinnen-Ausbildung gemacht. Nun möchte sie gerne Yoga zu einem we-sentlichen Teil ihres Lebens machen und mehr unterrichten, findet aber nur wenig Zeit. Als alleinstehende Frau möchte sie ihren sicheren Ar-beitsplatz nicht aufgeben, doch leidet sie unter der einengenden Situati-on und fühlt sich unglücklich.

Rein äußerlich sieht man Anja an, daß sie einen großen Kapha-Anteil in ihrer Persönlichkeit hat. Sie ist ein bißchen füllig, hat große Augen, kräftige Hände und eine sehr weiche, dicke Haut. Oft leidet sie unter Mü-digkeit, Antriebslosigkeit und Lymphschwellungen im Gesicht und an der Brust. Seit zwei Jahren nun hat sie starke Probleme mit Myomen und verliert mit jeder Menstruation sehr viel Blut. Aus diesem Grunde soll sie operiert werden, wogegen sie sich jedoch innerlich sträubt.

In einem persönlichen Gespräch stellt sich sehr schnell heraus, daß Anja von ihrer psychischen Konstitution neben dem äußerlich sichtbaren Kapha-Anteil auch sehr viel Pitta besitzt. Dieses Pitta bringt sie jedoch nicht zum Ausdruck. Ihre Mutter war seit ihrer Kindheit immer sehr kränk-lich, und Anja lernte schnell, ihre eigenen Bedürfnisse zurückzustellen, um ihren Lebenswandel auf die Wünsche ihrer Mutter abzustimmen.

Doch sie litt unter dem Gefühl der Einengung, hatte wenig Selbstver-trauen und viele Lebensängste. Die Ausbildung zur Yogalehrerin war das erste, was sie aus eigenem Antrieb und auch gegen den Widerstand ihrer Mutter begonnen hatte. Mit diesem Schritt kam nun ihre unterdrückte Pit-ta-Energie zum Vorschein, doch sie hatte Angst, diese in ihr Leben zu in-tegrieren. Zu viele Zweifel und Schuldgefühle hinderten sie an der Ver-wirklichung ihres Traumes, als Yogalehrerin zu leben.

Myome sind eine typische Pitta-Störung und zeigen eine starke Über-säuerung des Gewebes an. Da Anja Vegetarierin ist und recht gesund lebt, konnte sie nicht verstehen, daß ihr Körper solche Symptome ent-wickelt. Als ich ihr erklärte, daß ihre Beschwerden auch eine ungelebte Pitta-Kraft als psychosomatische Ursache haben können, wurde ihr die ganze Misere in neuem Licht bewußt. Sie nahm nun ihre Beschwerden als Aufforderung, sich von ihrer Unterdrückung zu befreien und ihrem Persönlichkeitspotential sowie ihrer inneren Lebensberufung zu folgen.

Als Ergebnis begann sie, als Yogalehrerin zu arbeiten – zuerst neben-beruflich, dann hauptberuflich –, machte eine strenge Diät und wechsel-te ihren Wohnort. Bereits nach drei Monaten war das Wachstum der My-ome gestoppt, und langsam bildete sich das Gewebe auch wieder zurück. Anja hat ihre Gebärmutter behalten und hofft, daß sie noch ihren Traumpartner findet, in naher Zukunft eine Familie gründen kann und zwei Kinder bekommen wird.

Teil III · Svastha – ganzheitliche Gesundheit aus eigener Kraft

Wahrhafte Gesundheit ist ein dynamischer Prozeß, in dem wir immer wieder erkennen dürfen, wer wir sind und was wir brauchen. Alte Erfahrungsmuster müssen durchlebt und transformiert werden, denn die gesamte Fülle der erlebten Gefühle, auch der negativen, hat ihre Strukturen in unseren Zellen hinterlassen. Die Veden nennen diese abgespeicherten Erfahrungen und Emotionen *Samskara*. Massage, Yoga und Ernährung helfen uns, negative Raster aus dem Gewebe zu lösen und damit die tieferen Krankheitsstrukturen abzubauen.

Haben Sie bereits schwerwiegende Frauenbeschwerden und manifeste Krankheiten, so können diese durch die intensiven Entgiftungstechniken des Panchakarma und die starke Wirkung spezieller Heilkräuter behandelt werden. Diese medizinischen Therapien leiten alle überschüssigen Doshas und toxischen Ablagerungen aus dem Körper. Das ayurvedische Heilungskonzept beruht auf Reinigung und Ausleitung. Spezielle Diäten, Schwitzkuren, die Reinigung des Verdauungstraktes durch medizinisches Erbrechen,

Abführen und Einläufe sowie die Einnahme spezieller Pflanzenelixiere und Medikamente mit Edelmetallen, Edelsteinen und organischen Substanzen bewirken eine spürbar tiefe Regeneration und Erneuerung aller Körpergewebe. Überschüssige Dosha-Ablagerungen werden durch den Verdauungstrakt ausgeleitet, Ama durch Diät und Schwitzen. Haben sich Schlacken in bestimmten Körperregionen festgesetzt, so werden diese durch Massagen und spezielle Yogaübungen gelöst und in Bewegung gebracht.

Pflanzenmedikamente unterstützen diesen Prozeß und helfen dem Körper beim Wiederaufbau neuer Körpersubstanz. Besondere Aufbau- und Verjüngungsmittel (Rasayanas) werden im Anschluß eingenommen und versorgen den Organismus mit neuer Lebensenergie. Die aus speziellen Nahrungsmitteln und Heilpflanzen gewonnenen Rasayanas sind nach jeder Reinigungskur und auch zur alleinigen Einnahme bei Streßbelastungen und im Alter empfehlenswert.

Den weiblichen Rhythmus in sich spüren

Im klassischen Ayurveda gibt es viele allgemeine und praktische Empfehlungen, die Ihnen zu einer stabilen Gesundheit und ausgeglichenen Konstitution verhelfen können. Die große Auswahl an individuellen Ernährungsempfehlungen, ausgewählten Heilpflanzen und ausgleichenden Behandlungsmethoden wirkt besonders effektiv bei Menstruations- und Wechseljahresbeschwerden.

Die praktische Umsetzung der ayurvedischen Medizin wird Ihnen leichtfallen, da Sie aufgrund Ihrer weiblichen Veranlagung ein sehr sensibles Wahrnehmungsvermögen besitzen. Durch dieses innere Feingefühl können Sie Ihre körperlichen und geistigen Dosha-Anteile gut erleben und emotional nachvollziehen. Ihr Stoffwechsel reagiert empfindlich auf alle hormonellen Veränderungen während des monatlichen Zyklus und innerhalb der drei großen Lebensabschnitte von Jugend, Reife und Alter. Eine darauf abgestimmte Ernährungs- und Verhaltensweise wirkt sich positiv auf die psychische und physische Verfassung Ihrer weiblichen Natur aus.

Britta ist eine selbständige Geschäftsfrau und lebt seit zehn Jahren in einer festen Partnerschaft. Über zwölf Jahre litt sie unter starken Menstruationsbeschwerden, die sich jeden Monat in wehenartigen Krämpfen und anhaltenden Schmerzen wiederholten. Brittas größter Wunsch war ein Kind, doch trotz aller Versuche blieb dieser Wunsch unerfüllt. Ihre Gebärmutter war leicht verwuchert, doch dies konnte (nach Aussage ihres Arztes) nicht die Ursache für ihre starken Menstruationsschmerzen und mangelnde Empfängnisbereitschaft sein.

Da Britta mit 38 Jahren nichts unversucht lassen wollte, um doch noch ein Kind zu bekommen, machte sie eine Ayurveda-Intensiv-Kur. Hier erhielt sie viele ayurvedische Massagen, Ölbehandlungen und eine auf sie abgestimmte Aufbaukost. Mit Öleinläufen und Kräuterspülungen wurde Brittas Darm gereinigt und das Vata-Dosha harmonisiert. Spezielle Breiumschläge und Schwitzbehandlungen lösten die Spannungen im Bauch und verbesserten ihre Verdauungskraft.

Schon während der Ayurveda-Kur fühlte Britta sich sehr wohl und konnte alte Kindheitserinnerungen aufarbeiten. Sie spürte, wieviel Schmerz und Enttäuschung in ihrem Bauch steckte und daß sie auf ihrem Lebensweg vor allem gelernt hatte, »eine starke Frau« zu sein. Wenn sie

Teil III · Den weiblichen Rhythmus in sich spüren

allerdings mit ihren Menstruationskrämpfen im Bett lag, blieb von dieser Powerfrau nicht viel übrig. Dann fühlte sie sich schwach, allein, ungeliebt und ausgeliefert – so wie sie es als Kind schon immer empfunden hatte.

Im Rahmen von vielen Gesprächen und liebevollen Behandlungen mit ihren Ayurveda-Therapeuten gelang es Britta, ein neues Selbstverständnis für ihre weiche, hingebungsvolle Weiblichkeit zu entwickeln. Dies bewirkte zusammen mit einem Paket ayurvedischer Rasayana-Stärkungsmittel, daß ihre Menstruationsbeschwerden innerhalb von drei Monaten drastisch nachließen und sie nach einem weiteren Jahr glückliche Mutter einer Tochter war.

Noch heute bin ich mit Britta in engem Kontakt und verfolge mit Freude ihren Lebensweg. Aus der erfolgreichen Power-Geschäftsfrau hat sich eine sinnliche Geliebte und liebevolle Mutter entwickelt, die Beruf und Familie in ein interessantes und ausgefülltes Leben integriert. Sobald sie ihre eigenen Grenzen überschreitet und sich mit Härte durch ihr Leben kämpft, spürt sie unmittelbar, wie sich ihr Bauch verkrampft und sie zu den altbekannten Schmerzen zurückkehrt. Mit regelmäßigen Entspannungsübungen, Einläufen und Bauchmassagen gleicht sie dies dann aus und schenkt sich damit selbst die liebende Kraft, mit der sie ihr Leben in Gelassenheit und Leichtigkeit genießen kann.

Die Natur *(Prakriti)* des Menschen setzt sich aus den fünf Elementen zusammen, die sich in den drei Doshas manifestieren. Der Zyklus der Menstruation spiegelt im Körper der Frau die rhythmischen Wechsel der Doshas im Makrokosmos der Natur wieder. So wie die Körperenergien sich mit den Tageszeiten, Mondphasen und Jahreszeiten unterschiedlich ausprägen, so haben wir auch während der einzelnen Zyklusphasen bestimmte Höhepunkte in der Ausprägung von Vata, Pitta und Kapha. Wir sind eins mit den Schöpfungsprozessen der Natur und haben eine tiefe und bewußte Verbindung zu Strömungen der natürlichen Kreisläufe.

In jeder Zyklusphase können wir die körperlichen und emotionalen Qualitäten der einzelnen Doshas nachempfinden, da wir diese in mehr oder weniger starker Ausprägung jeden Monat erleben. So verdanken wir unserem Menstruationszyklus den engen Kontakt zum eigenen Körper und die Wahrnehmung unserer Persönlichkeit.

Während der Menstruation sind wir sehr sensibel, unsere Doshas geraten leicht aus dem Gleichgewicht, und der Vata-Anteil ist hoch. Die erste Phase nach der Menstruation ist ebenfalls von Vata bestimmt. Der weibliche Körper bereitet sich auf die Empfängnis und Geburt eines neuen Wesens vor. Damit steigt die körperliche und geistige Energie, und Sie fühlen sich aktiv, beschwingt und emotional ausdrucksstark.

Unsere besonderen Vata-Qualitäten kommen nun intensiv zum Ausdruck. Wir fühlen

uns leicht und haben ein großes Kreativitäts-
potential. Je mehr Vata in Ihrer Konstitution
verankert ist, um so intensiver werden Sie
auch die Vata-Kraft der ersten Zyklusphase
erleben. Rein körperlich können wir Vata
mit seinen typischen Merkmalen von trocke-
nerer Haut und Kältegefühl, oft geringem
Appetit und leichtem Gewichtsverlust deutlich wahrnehmen. Diäten und Fastenkuren
sind jetzt besonders erfolgreich, und überflüssige Pfunde purzeln in der ersten Zyklusphase mit Leichtigkeit.

Vata-Beschwerden wie Nervosität, Schlaflosigkeit und übermäßiges Kältegefühl können sich aber ebenfalls leichter einstellen. So
reagieren wir in dieser Phase sehr intensiv
auf körperlichen und geistigen Streß, Wetterwechsel oder übermäßige Mahlzeiten mit
schwer verdaulichen Nahrungsmitteln.

Im Laufe der zweiten Woche unseres Monatszyklus steigen die Pitta-Energien an, die
am 15. Tag ihren Höhepunkt erreicht haben.
Zur Zeit des Eisprungs verfügen Sie über besonders viel zielgerichtete Kraft und Energie.
Ihre Ausstrahlung ist sehr stark, und Sie können mit Leichtigkeit schwierige Situationen
meistern. Ihre sexuelle Energie ist auf dem
Höhepunkt und wirkt ungeheuer vital und
elektrisierend auf die Umwelt. Mit dem
großen Potential an Pitta-Kraft erlebt jede
Frau ihre eigenen Fähigkeiten und ihr Be-
gehren auf direkte Weise; was sie sich jetzt
wünscht, setzt sie auch um. So finden unsere vielen Ideen aus der Vata-Phase jetzt ihre
praktische Verwirklichung.

Ist unser Pitta zur Zeit des Eisprungs allerdings zu hoch, so neigen wir zu Über-

säuerung, Gereiztheit und unreiner Haut.
Dies kann leicht bei einer ausgeprägten
Pitta-Konstitution oder bei extremen Situationen, wie z.B. großer beruflicher Verantwortung, schwierigen privaten Auseinandersetzungen oder starker Sonneneinwirkung, passieren.

In einem harmonischen Zyklus fällt die
Pitta-Phase mit dem aufsteigenden Vollmond
zusammen. Dies bestätigen auch statistische
Untersuchungen, die einen deutlichen An-
stieg der Empfängnis- und Ovulationsrate
bei Vollmond aufzeigen. Als eine sehr wirkungsvolle Therapie gegen einen Pitta-Überschuß werden im Ayurveda Vollmondbäder
empfohlen. Machen Sie einen mitternächtli-
chen Spaziergang, oder nehmen Sie tatsächlich ein Bad, bei dem Sie in den vom Vollmond erleuchteten Sternenhimmel schauen.

In der dritten Woche verringert sich der
Pitta-Einfluß, und Kapha gewinnt langsam
an Gewichtung in unserem inneren Dosha-
Gefüge. Unser Temperament wird nun stabiler und etwas phlegmatischer. In der vierten
Woche oder einige Tage vor der Menstruation ist unser Kapha besonders ausgeprägt.
Diese Zeit erleben viele Frauen als eine ruhige und in sich gekehrte Zyklusphase. Können wir jedoch unserem Wunsch nach Ruhe
und »sich Hängenlassen« nicht nachkommen
oder ist unser Kapha jetzt zu stark, so reagiert der Körper mit einer vorübergehenden
Kapha-Störung. Wir leiden unter einem
übermäßigen Schlafbedürfnis, Depressionen
und dem sogenannten PMS (prämenstruellen Syndrom).

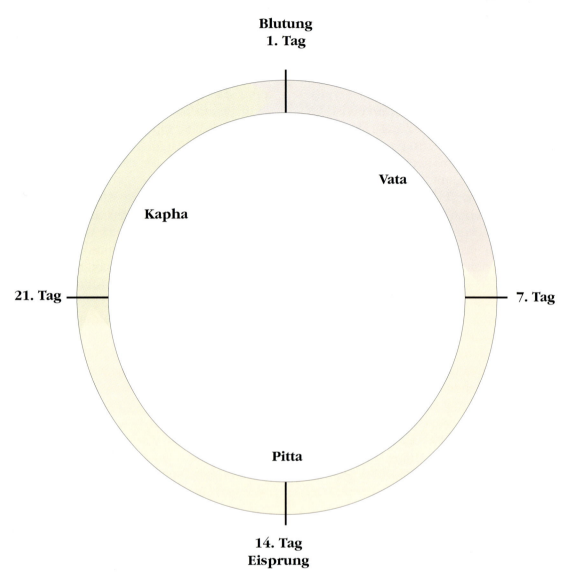

Der Monatszyklus

Ganzheitliche Empfehlungen für jede Zyklusphase

Die erste Zyklusphase

Nach der ayurvedischen Gesundheitslehre sollte sich jede Frau der natürlichen Phasen ihres Monatszyklus bewußt sein und ihr Leben darauf abstimmen. So fühlt sich die Frau in der Vata-Phase ihres Zyklus (ungefähr vom 1.–7. Tag) sehr leicht und beweglich: Ihr Nervensystem und ihre Wahrnehmung sind jetzt besonders sensitiv, sie ist kreativ, spontan und flexibel. Auf Ihr tägliches Leben übertragen heißt das, daß Sie sich während und nach Ihrer Menstruationsblutung in einer innovativen Lebensphase befinden. Sie haben viele Ideen, können gut kommunizieren, und alles Unvorbereitete fällt Ihnen leicht. Für Ihr Privatleben und Ihren Beruf sondieren Sie neue Ziele, innere Visionen erfahren neue Impulse, und eine Aufbruchstimmung dominiert alle Empfindungen. Versuchen Sie jedoch, gleich alles zu verwirklichen oder zu verändern, so geraten Sie völlig in Streß. Mangelnde Konzentration, körperliche Schwäche und nervöse Ungeduld machen sich breit. Besser ist es, Sie bereiten Ihre neuen Projekte nur vor, indem Sie Kontakte knüpfen, Strategien überlegen und ungewöhnliche Wege erproben, um diese zu einem späteren Zeitpunkt auszuführen. Überlasten Sie sich in Ihrer vatabetonten Zyklusphase, so neigen Sie vor allem zu körperlicher Empfindlichkeit, Frieren und Trockenheit der Haut.

Bei vielen Frauen ist eine schlaflose Nacht während ihrer monatlichen Vata-Phase normal. Sie liegen mit tausend Gedanken im Bett, sprudeln über vor Ideen und Tatendrang oder wälzen ein akutes Problem immer wieder von neuem. Es ist empfehlenswert, sich diese Gedankengänge aufzuschreiben, denn die Vata-Ideen sind sehr wertvoll und können für lange Zeit als Inspiration genutzt werden.

Jeder angestaute Streß wird sich in der Vata-Zeit in der Nacht wieder melden und zu wilden Träumen, Herzklopfen oder häufigem Erwachen führen. Sorgen Sie deshalb in Ihrer Vata-Phase gut für sich, und vermeiden Sie seelische, körperliche oder geistige Überreizung. Das Trinken von reichlich warmer Flüssigkeit, leicht verdauliche und saftige Speisen und ein harmonisches Bewegungsprogramm helfen dem weiblichen Organismus, sich in dieser Zeit zu stabilisieren.

Besondere Empfehlungen für eine entspannte Vata-Zeit

* Bevorzugen Sie warme und gekochte Speisen, besonders am Morgen und Abend. Für das etwas sensible Verdauungssystem ist es gut, zum Frühstück mit einem gekochten Reisbrei und gedünsteten Äpfeln verwöhnt zu werden. Am Abend sind warme Suppen und leichte Gemüsegerichte mit Öl oder Ghee besonders empfehlenswert.

* Pflegen Sie in der Vata-Phase Ihre Haut mit nährenden Ölen und entspannenden Schönheitsbädern. Massieren Sie mindestens jeden zweiten Tag mit warmem Sesam-, Johanniskraut- oder Wildrosenöl Ihren ganzen Körper mit sanften, strei-

Teil III · Den weiblichen Rhythmus in sich spüren

chenden Bewegungen. Lassen Sie das Öl ca. 20 Minuten auf der Haut wirken, und duschen Sie sich anschließend heiß ab. Als Schönheitsbad eignen sich Bäder mit Milch, Honig und ätherischen Ölen wie Ylang-Ylang, Rose oder Yasmin.

* Gönnen Sie sich nach dem Mittagessen eine kleine Ruhepause. Dies beruhigt Vata und stabilisiert die Energie für den Nachmittag. Genießen Sie anschließend einen wohltuenden Tee mit Ingwer, Fenchel, Zimt und Süßholz, und nehmen Sie sich für den Nachmittag keine anstrengenden oder Ausdauer erfordernden Tätigkeiten vor.

* Um eine schlaflose Nacht zu vermeiden, empfiehlt es sich, am Abend früh schlafen zu gehen (gegen 22.00 Uhr), alle kalten und schweren Speisen zu vermeiden und ein Glas warme Milch mit Muskatnuß und Honig sowie ein warmes Bad als »Betthupferl« zu genießen.

* Zum vitalen Ausgleich in der Vata-Zeit eignen sich jetzt als Nahrungsmittel insbesondere süße Früchte wie Mangos, Trauben und Äpfel sowie leichte Gemüse wie Fenchel, Karotte, Spargel und Zucchini besonders gut.

Die zweite Zyklusphase

Auf die Vata-Phase folgt eine Pitta-Zyklusphase. Ab dem achten Zyklustag steigt unsere Pitta-Energie stetig an und findet ihren Höhepunkt mit dem Eisprung. Danach sinkt sie wieder ab und verschmilzt mit der darauf folgenden Kapha-Zyklusphase. Natürlich ist es nicht so, daß Sie sich dabei am siebten Tag in der Vata-Energie befinden und am achten Tag in der Pitta-Energie, sondern die Doshas wechseln ihre Dominanz im Laufe einiger Tage im harmonischen Austausch!

In der Pitta-Phase sind wir stark und belastungsfähig. Große Anstrengungen und belastende Aktivitäten können Sie nun am besten bewältigen. Das heißt auch, daß Sie jetzt die Kraft, die Zielgerichtetheit und auch das Durchsetzungsvermögen haben, Ihre Ideen aus der Vata-Phase produktiv umzusetzen.

Die eigene Kraft zu spüren, ist in der Pitta-Phase für eine Frau besonders wichtig und schön. Es erfüllt sie mit einer unglaublichen Freude, den starken, hitzigen Energiestrom im eigenen Körper zu spüren, in Diskussionen und Auseinandersetzungen die mentalen Kräfte zu erproben und ihre Fähigkeiten zu messen. Steigert sich die Pitta-Energie zu ihrem Höhepunkt, so ist auch die erotische Ausstrahlung ganz besonders stark. Jede Zelle des Körpers ist jetzt wie ein feuriger Vulkan, aus dem die heiße Lava leicht ausbrechen kann. In der Pitta-Phase liegen Glück und Leid sehr nah beieinander, starke Verliebtheitsgefühle können sich mit Ärger und Aggressionen abwechseln.

Unangenehme Tätigkeiten und Termine sollten Sie, wenn möglich, in Ihre Pitta-Phase legen (ausgesprochene Pitta-Typen ausgenommen!). Hier haben Sie die energische Kraft, sich durchzuboxen und Unangenehmes auf schnelle und effiziente Weise zu erledigen. Versöhnungsgespräche in der Pitta-Phase sind allerdings nicht optimal, da Sie jetzt noch eine zu starke Feuerenergie in sich haben und Sie die Erinnerung an alte Verletzungen leicht in Rage bringen kann. Der Wunsch nach Harmonie, Verzeihen und Vergebung ist eher größer im Anschluß an die Pitta-Phase, wenn die Kapha-Energie sich bereits aufgebaut hat.

Das Verdauungsfeuer ist während der Pitta-Phase gut, und eine aufbauende Ernährung mit viel Eiweiß und Frischkost ist jetzt empfehlenswert. Alle sehr scharfen und sauren Speisen sollten gemieden werden, um die Körpergewebe in ihrem Aufbau nicht zu blockieren.

Besondere Empfehlungen für eine ausgeglichene Pitta-Zeit

* Beginnen Sie Ihren Tag, indem Sie sich einen strukturierten Tagesplan zurechtlegen. Setzen Sie sich Prioritäten, und erledigen Sie die Punkte auf Ihrer Liste der Reihe nach.
* Vermeiden Sie exzessive Verhaltensformen, und üben Sie sich in Mäßigkeit. Achten Sie darauf, daß Sie sich nicht durch übermäßigen Sport oder Alkoholgenuß verausgaben.
* Reduzieren Sie alle sauren und scharfen Nahrungsmittel, insbesondere den Genuß von Zitrusfrüchten, Joghurt, Fleisch, Kaffee und Gewürzen wie Knoblauch, Chili, Ingwer, Meerrettich und Pfeffer.
* Stärken Sie Ihr Verdauungs- und Enzymsystem, indem Sie frische Gemüsesäfte, Rohkostplatten und Salate zum Mittagessen bevorzugen.
* Meiden Sie direkte Sonneneinwirkung auf Ihre Haut, und tragen Sie kühlende und beruhigende Stoffe und Farben. Sehr gut eignen sich Baumwolle, Seide und Leinen in hellen Frühlingstönen oder blau-türkis.
* Kühlende Bäder mit Neroli, Orangenblüten, Sandelholz, Rose, Kamille, sanfte

Massagen mit Oliven-, Sonnenblumen- oder Jojobaöl und entspannende Spaziergänge sowie – nach Möglichkeit – Mitternachtsbäder in Vollmondnächten wirken sehr pittaharmonisierend.

Die dritte Zykluspase

Am Ende des monatlichen Zyklus dominiert Kapha im Körper. Durch die gesamte Hormonumstellung sind wir in der Zeit zwischen Eisprung und Menses am deutlichsten mit unserer inneren Stimme und Intuition verbunden. Oft wünschen wir uns am Ende unseres Zyklus vor allem mehr Ruhe, Wärme und Geborgenheit. Können wir diesem Bedürfnis nicht nachkommen, so wird das innere Gleichgewicht empfindlich gestört.

Die Kapha-Phase beginnt ungefähr sechs Tage nach dem Eisprung und hat ihren Höhepunkt ca. zwei Tage vor Beginn der Blutung erreicht. Sie ist wie eine Erntezeit für Körper, Geist und Seele. Nun gilt es, die Ergebnisse der vergangenen drei Wochen auf sich wirken zu lassen, Dinge zu Ende zu führen und eine kleine Rast einzulegen. Neue Projekte und anstrengende Aktivitäten führen jetzt zu einem hohen Streßpotential, da der gesamte Organismus auf Ruhe und Entspannung ausgerichtet ist. Manche Frau bekommt am Anfang ihrer Kapha-Phase (ca. der 22./23. Zyklustag) einen regelrechten »Putzfimmel«. Sie putzt das ganze Haus, sortiert Schubladen und verbringt viel Zeit mit Kleinigkeiten im Haushalt. Dies ist eine ganz typische Reaktion, um die überschüssige Pitta-Energie auszuleben und dem Kapha-Wunsch nach einem gemütlichen und wohlgeordneten Heim nachzugehen.

Teil III · Den weiblichen Rhythmus in sich spüren

Anschließend möchte die Frau ihre liebevoll gestaltete Umgebung genießen, sie fühlt sich wohl und geborgen im selbstgemachten Nest. Sie möchte Zeit haben zum Lesen, Schlafen, Baden, für ihre Freundinnen und sich selbst. Sich gemeinsam etwas Gutes zu tun, sich von den täglichen Freuden und Sorgen zu erzählen, das ist Balsam für das Kapha-Gemüt. Fehlt der Frau in dieser Zeit der weibliche Kontakt und Austausch, so fühlt sie sich allein, einsam und oft auch unglücklich.

Ein Übermaß an Kapha bewirkt Gewichtszunahme durch Wasserspeicherung, pessimistische Gedanken, Depressionen und ein übermäßiges Schlafbedürfnis. Alle gebratenen und stark gesalzenen Speisen sollten jetzt gemieden werden, auch um Wassereinlagerungen im Gewebe zu vermeiden.

In meiner langjährigen Ayurveda-Praxis habe ich zwei Typen von Frauen getroffen, die starke Beschwerden in der prämenstruellen Phase hatten: Einmal waren dies Frauen, die von Natur aus viel Kapha in ihrer Konstitution verankert hatten. Vor der Monatsblutung wurde das Kapha jetzt natürlich noch stärker, und die Frauen nahmen leicht an Gewicht zu, fühlten sich müde, schwer und unbeweglich. Dies waren aber keine unbekannten Symptome für sie, sondern nur die Verstärkung einer bereits vorhandenen Störung. Eine weit größere Gruppe von Frauen mit den sogenannten PMS-Beschwerden sind solche, die nur einen sehr geringen Kapha-Anteil in ihrem Körper und Wesen ausdrücken. Wenn sich der Lebensstil einer Frau vor allem an der Vata- und Pitta-Energie orientiert, kommt oft der weibliche Kapha-Anteil zu kurz. Nach einigen Jahren der Unterdrückung rebelliert dann dieser ungelebte

Teil und fordert mit aller Kraft seinen Tribut. Dies führt dann zu starken Beschwerden wie übermäßigen Wasseransammlungen, Eßlust (wer kennt sie nicht, die Heißhungeranfälle kurz vor den Tagen – nach allem, was ungesund ist, wie Schokolade, Käse, Chips?), Depressionen und Stoffwechselstörungen. Rein statistisch gesehen ist die höchste Selbstmordrate und Suchtrückfälligkeit von Frauen kurz vor Neumond, also im Zentrum der prämenstruellen Phase.

Wenn wir an 25 Tagen im Monat unser Kapha verleugnen und in unserem Alltag die Elemente der Ruhe, der Stabilität und der weiblichen und mütterlichen Kraft *nicht* leben, so sucht der Körper nach einer gewissen Zeit automatisch eine Möglichkeit, seine unterdrückten Bedürfnisse zu äußern. Diese äußern sich dann in krankhaften Symptomen beim Kapha-Höhepunkt und signalisieren der Frau, daß sie eine gestörte Kapha-Energie in sich trägt, die ihre Ursache auf körperlicher, geistiger und seelischer Ebene haben kann. So kann ein gestörter Lymphstoffwechsel, ein streßgeprägter Lebenswandel oder eine unglückliche Liebesbeziehung zu einer prämenstruellen Kapha-Störung führen.

Besondere Empfehlungen für eine glückliche Kapha-Zeit

* Beginnen Sie Ihren Tag mit einer Tasse heißem Ingwerwasser und einem kleinen Sportprogramm mit ca. 15 Minuten Yoga, Gymnastik, Schwimmen oder Laufen.
* Achten Sie während der Kapha-Phase auf eine leichte und anregende Ernährung, und bevorzugen Sie alle grünen und bit-

teren Gemüse, wie z.B. Spinat, Mangold, Artischocken, Chicorée, Zucchini und Wirsing.

* Vermeiden Sie alle gebratenen, fetten und sehr salzigen Speisen. Auch Käse, Wurst, Milch und Eiscreme sind jetzt schädlich.
* Essen Sie täglich eine kleine Portion Nüsse, um den erhöhten Vitamin B-Bedarf zu decken. Besonders gut sind Mandeln, Cashew-Nüsse, Walnüsse und Pinienkerne. Als gezielte Vitalstoffträger eignen sich ebenfalls Birnen, Wirsing und Hülsenfrüchte.
* Gönnen Sie sich genügend Ruhe, und beenden Sie Ihr Tagewerk spätestens um 19.00 Uhr. Anschließend sollten Sie sich einfach Zeit gönnen zum Entspannen, Lesen und Faulenzen. Auch ein entspannendes Ölbad mit Lavendel, Muskatellersalbei und Rose ist zu empfehlen.

Die vierte Zyklusphase

Die Phase unmittelbar vor und während der Menstruation ist im Körper der Frau eine sehr störungsanfällige Zeit. Unsere Vitalität und Abwehrkräfte sind geschwächt, und wir reagieren empfindlich auf Infektionen. Auch chronische Beschwerden treten stärker in Erscheinung. Unsere Doshas sind aufgrund der Blutungen im Ungleichgewicht, und ein Überschuß an Kapha oder Vata führt zu trockener Haut, Bauchschmerzen, Verstopfung, Nervosität, Schlafstörungen und Verdauungsbeschwerden. Einige sehr strenge Ayurveda-Schulen empfehlen, daß die Frau während ihrer Menstruation nicht arbeiten und nicht in Kontakt mit anderen treten sollte. Solche Empfehlungen werden in unserer Gesellschaft als diskriminierend und nicht praktikabel empfunden.

Ich vertrete hier ebenfalls eine gelockerte Auffassung, empfehle Ihnen aber, während der zwei Tage vor Blutungsbeginn und während der ersten drei Tage der Menstruation alle anstrengenden, aufregenden und unliebsamen Aktivitäten zu verschieben. Unser weibliches Gleichgewicht benötigt jetzt eine schützende Atmosphäre, um sich zu reinigen, zu harmonisieren und neu aufzuladen. Dazu benötigen wir innere Stille und äußeren Rückzug. Das kommt vielen Frauen sehr entgegen, da sie aus eigenem Antrieb in der vierten Zyklusphase vor allem Ruhe, Geborgenheit und Entspannung suchen. Auch übermäßiger sexueller Kontakt sollte gemieden werden, da die Neumondphase weder für den Mann noch für die Frau die ideale Zeit der Vereinigung ist.

Bei starken Menstruationsbeschwerden ist sogar eine Bettruhe innerhalb der ersten beiden Menstruationstage empfehlenswert, da so die gestörten Vata-Energien beruhigt werden können und der Körper neue Stabilität und Kraft gewinnt.

Menstruation und Menstruationsbeschwerden

Die monatliche Menstruationsblutung ist eine innere und äußere Reinigungsphase des weiblichen Körpers. Der Organismus befreit sich von Ama, überschüssigen Doshas und Gebärmutterschleimhaut. So ist die monatliche Blutung ein heilender Selbstmechanismus, durch den Sie Ihre Gesundheit, Vitalität und innere Harmonie erhalten und immer wieder erneuern können. In dieser Zeit sind Sie jedoch auch sehr empfindsam, und Ihr Dosha-Gleichgewicht kann leicht durch physische oder psychische Belastungen gestört werden. Alle Verhaltensformen und Lebensumstände, welche Ihre Doshas in ihrem harmonischen Gleichgewicht beeinträchtigen, sollten Sie deshalb zur Zeit der Monatsblutung sorgsam meiden.

Im Ayurveda gibt es Methoden, den Gesundheitszustand der Frau anhand des Menstruationsblutes zu diagnostizieren. Das Blut einer gesunden Frau weist die Merkmale rot, geruchlos und leicht auswaschbar auf. Ist ihre Blutung sehr stark, schwärzlich und schmerzhaft, so zeigt dies einen Überschuß an Vata an. Blut, das sehr schleimig ist oder Flecken in der Wäsche hinterläßt, deutet auf einen Kapha-Überschuß. Ist die Blutung sehr stark riechend, so ist dies das Merkmal einer Pitta-Erhöhung.

Generell leiden viele Frauen während der Menstruation an Schmerzen, Krämpfen, Verdauungsproblemen, Übelkeit, Erbrechen, Verstopfung, Migräne oder Hämorrhoiden. All diese Symptome zeigen, daß sich der weibliche Organismus nicht in seinem natürlichen Gleichgewicht befindet. Eine auf die Bedürfnisse abgestimmte Lebens- und Ernährungsweise, ein regelmäßiges Bewegungsprogramm (Yoga, Spaziergänge) und spezielle Heilkräuter können diese Beschwerden vermeiden oder beheben.

Menstruationsbeschwerden verweisen immer auf ein generelles Problem mit der inneren Leichtigkeit und Gelassenheit. Das für die Blutung verantwortliche Dosha ist das Apana-Vata. Es ist ein Subdosha, eine Unterart des Vata-Doshas. »Apana« heißt »abwärts«, und Apana-Vata steuert dementsprechend alle abwärts gerichteten Bewegungen des Organismus. Apana-Vata wirkt besonders intensiv im Unterleib und der Beckenregion. Verstopfung sowie unregelmäßige, schmerzhafte, klumpige oder diskontinuierliche Menstruationsblutungen sind typische Symptome einer blockierten Apana-Vata-Energie.

Menstruationsbeschwerden, die ihre Ursache in einem gestörten Vata haben, sind von innerer Unruhe und Nervosität begleitet. Die Betreffende hat meist sehr trockene Haut, ist unausgeglichen und leidet an Verstopfung, starken Schmerzen, extrem schwerer Blutung (Menorrhagie), unregelmäßiger Blutung oder Menstruationskrämpfen.

Wie bei allen Vata-Störungen sind jetzt warme, saftige und nährende Speisen besonders sinnvoll. Ausgekochte Gemüsebrühen mit Wurzelgemüsen und Kartoffeln, saftige Eintöpfe und süßliche Gewürze wie

Teil III · Menstruation und Menstruationsbeschwerden

Nelke, Muskat und Safran nähren, entspannen und beruhigen den Körper. Milchprodukte und rotes Fleisch, alle bitteren Gemüse wie Chicorée, Spinat und Endivien sowie rohes Obst sollten Sie meiden.

Einläufe und Bauchpackungen mit Rizinusöl lösen die Krämpfe und harmonisieren Vata auf direkte und effiziente Weise. Für die Einläufe werden 20 ml warmes Rizinusöl durch eine Blasenspritze in den Dickdarm eingeführt. Für die Bauchpackung wird ein Gazetuch in Rizinusöl getränkt und direkt mit einer Wärmflasche auf den Unterleib gelegt. Ein wohltuendes Ölbad mit Johanniskrautöl, Sesamöl, ätherischen Ölen wie Zedernholz, Bergamotte, Mandarine, Sandelholz, Milch, Sahne und/oder Honig kann ebenfalls wahre Wunder wirken.

Auch ein Übermaß an Ama kann die Ursache für Menstruationsbeschwerden sein. Je mehr Ama sich im Körper sammelt, um so heftiger muß die monatliche Menstruation der inneren Reinigung dienen. Haben Sie von Natur aus ein schwaches Agni und sind Sie durch eine ungesunde Ernährungsweise, negative Umweltfaktoren und schlechte Verdauung noch zusätzlich belastet, so werden sich vor und während der Menstruation die typischen Beschwerden von Übelkeit, Unwohlsein, Schmerzen, Depressionen und anhaltende Müdigkeit einstellen.

Wichtig für die Therapie aller Ama-Beschwerden ist die Unterstützung und Entlastung des Stoffwechsels. Unser Körper kann sich von Ama befreien, wenn er die unverdauten Ablagerungen noch einmal verstoffwechselt und dann ausscheidet. Hier helfen am besten reinigende Kräutertees (wie Brennessel und Fenchel) und agnianregende Gewürztrunks (mit Kreuzkümmel,

Ingwer und Peffer), die den Organismus in seiner Entgiftung unterstützen. Ebenfalls bewährt haben sich die Einnahme von Cumin-, Ingwer- und Kurkumawasser. Hierzu kochen Sie jeweils 1/2 TL Gewürz mit 50 ml Wasser auf und trinken anschließend den Gewürzsud lauwarm in kleinen Schlucken.

Gelingt es Ihnen zusätzlich, auf eine fett- und milcheiweißreiche Ernährung zu verzichten sowie Kaffee, Zucker und Weißmehl zu reduzieren, so erfahren Sie eine direkt spürbare Wirkung während Ihrer Menstruation. Übelriechender oder schleimiger Ausfluß ist ebenfalls eine für Ama typische Beschwerde. Sie kann aber auch eine Pilzinfektion oder Bakterienbefall anzeigen. Hier helfen Vaginaleinläufe mit Joghurt, Teebaumöl und Kurkuma oder in Kurkuma getränkte Tampons. Tauchen Sie ein unbenutztes Tampon in Kurkumapulver ein, und führen Sie dies in die Scheide ein. Das Gelbwurzpulver wird alle Bakterien neutralisieren.

Ebenso können Sie eine geschälte Knoblauchzehe einführen oder eine kleine Scheidenspülung vornehmen: Mischen Sie hierzu 3 EL Joghurt mit 5 EL warmem Wasser, geben Sie 1 Tropfen Teebaumöl und 1 TL Kurkuma hinzu, und führen Sie die sämige Flüssigkeit mit einer Einlaufspritze in die Vagina ein. Nach einer halben Stunde können Sie Ihren Basti unter der Dusche wieder ausspülen.

Als besonders wohltuende Selbstbehandlung empfehle ich eine stoffwechselanregende Ganzkörpermassage mit Seidenhandschuhen oder etwas Jojobaöl mit Salbei- und Rosmarinextrakten. Diese regt den gesamten Hautstoffwechsel an, unterstützt die Lymphe in ihren reinigenden Funktionen und nimmt dem Körper das Schweregefühl und die Müdigkeit. Führen Sie Ihre Massage mit streichenden Bewegungen, leichtem Druck und immer in Richtung entgegen der Haarwurzel *(Pratiloma)* aus, denn so wirkt sie viel anregender.

Ayurvedische Bauchmassage zum Entspannen und Loslassen

Der Bauch ist unser innerstes Zentrum. Hier liegen alle empfindsamen Unterleibsorgane unter einer schützenden Decke geborgen. Als Frau sind wir eng mit unserem Bauch verbunden, wir fühlen in den Bauch, handeln aus dem Bauch und entscheiden mit dem Bauch. Unser Bauch kann flach oder gewölbt sein, weich oder hart.

Eine ayurvedische Bauchmassage ist äußerst entspannend und befreiend. Wir sind in Berührung mit unseren weiblichsten Körperregionen und lösen Energieblockaden durch enge Kleidung, Schmerzen, Krämpfe und Blähungen. Sie können die Bauchmassage für sich selbst praktizieren oder sich massieren lassen, beides ist schön und hat seinen besonderen Reiz.

Für Ihre Bauchmassage brauchen Sie ca.

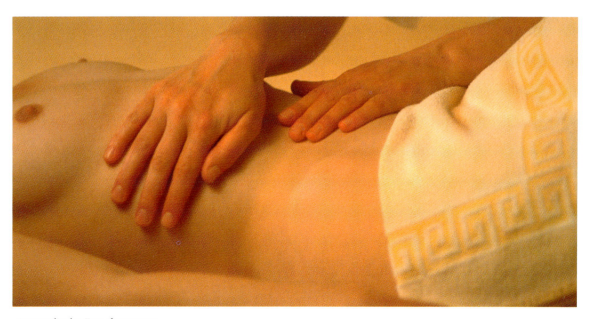

Ayurvedische Bauchmassage

Teil III · Menstruation und Menstruationsbeschwerden

20–30 ml warmes Öl. Sehr gut eignet sich Sonnenblumenöl mit einem Teil Weizenkeim- oder Johanniskrautöl. Als ätherischen Zusatz können Sie noch 1 Tropfen Eichenmoos, 1 Tropfen Neroli und 2 Tropfen Sandelholz hinzugeben. Das Öl sollte angenehm warm sein und in einer schönen kleinen Schale in Ihrer Nähe griffbereit stehen.

Beginnen Sie nun Ihre Bauchmassage, indem Sie sich einfach entspannt auf den Boden legen, die Hände am Bauch anschmiegen und tief atmen. Spüren Sie, wie sich Ihr Bauch mit jedem Atemzug bewegt und Ihre Hände sich in diesem Rhythmus nach außen und nach innen wölben. Nun setzen Sie sich ganz entspannt hin und betrachten Ihren Bauch von oben. Welche Empfindungen haben Sie für Ihren Bauch? Streicheln Sie Ihren Bauch, und nehmen Sie ihn liebevoll an, so wie er ist, denn er ist das Zentrum Ihrer weiblichen Kraft und Fülle. Ihr Bauch ist der Quell und Ursprung von allem, was immer Sie sich wünschen und brauchen. Sind Sie in Kontakt mit Ihrem Bauch, so verfügen Sie über alle Fähigkeiten und Potentiale, die Sie sich nur vorstellen können.

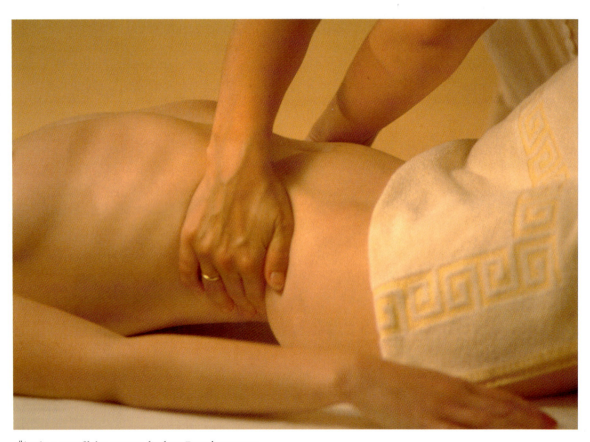

Überkreuzgriff der ayurvedischen Bauchmassage

Tauchen Sie Ihre Hände in das warme Öl ein, und verteilen Sie das Öl über die ganze Bauchdecke. Legen Sie beide Hände übereinander, und fahren Sie im Uhrzeigersinn vom Brustansatz bis zum Haaransatz des Schambeins mit sanften Kreisen. Schmiegen Sie Ihre ganze Hand an die weiche Haut des Bauches, und lassen Sie den Bauchnabel bei Ihren Berührungen aus. Kreisen Sie weiter mit den Handflächen, und testen Sie noch einmal, welcher Druck und welche Geschwindigkeit besonders angenehm sind. Sind Ihre Hände nun am Unterbauch angekommen, so massieren Sie nur mit den Fingerspitzen am Unterbauchrand entlang. Nehmen Sie wieder die ganzen Handflächen, sobald die Bewegung wieder aufwärtsgerichtet ist. Wiederholen Sie dieses Ausstreichen und Kreisen einige Male.

Nun benetzen Sie erneut Ihre Hände mit warmem Öl, und legen Sie die Hände in die Hüften. Fahren Sie an der Bauchkante entlang zur Mitte, und streichen Sie beide Hände parallel nebeneinander hoch über den Nabel zur Brust. Gehen Sie unter dem Brustansatz nach außen an den Rippenbogen entlang wieder nach unten, und streichen Sie erneut Ihre Hände am Bauchansatz wieder zusammen zur Bauchmitte unterhalb des Nabels. Nun die Hände wieder parallel nach oben streichen und das Ganze wiederholen.

Halten Sie anschließend Ihre Arme über Kreuz, und fassen Sie mit den Händen in Ihre Taille. Ziehen Sie die Hände nach oben und nach innen, so daß die Taille mit beiden Händen Richtung Bauchmitte ausgestrichen wird. Vier- bis fünfmal wiederholen.

Zum Abschluß den Bauch mehrmals im Uhrzeigersinn ausstreichen, dann die Hände auf die Bauchmitte legen und nachspüren. Schließen Sie die Augen, und lassen Sie Ihre Hände tiefer und tiefer in Ihren Bauch hineinsinken. Atmen Sie ruhig und gleichmäßig, und spüren Sie die wohltuende Wärme, die sich von Ihrem Bauch aus im ganzen Körper verteilt.

Yogaübungen für den weiblichen Energiefluß

Durch Yoga werden unsere Selbstheilungskräfte angesprochen und der ganze Körper energetisch aktiviert. Wir lösen Spannungen und Verkrampfungen, fördern die innere Spannkraft und verbessern unsere Haltung, unsere Atmung und unsere Stoffwechseltätigkeiten.

In meiner langjährgen Yoga-Praxis habe ich oftmals erlebt, wie Frauen ihre starke Blutung und Menstruationsbeschwerden mit Yoga regulieren konnten, unregelmäßige Zyklen in den richigen Mondrhythmus kamen und Wechseljahresbeschwerden harmonischer und leichter zu bewältigen waren.

Die einzelnen Körperstellungen des Yoga heißen *Asanas*. Dies sind je nach Variation leichtere oder schwierigere Stellungen, die von Ihnen in innerer Bewußtheit und Achtsamkeit ausgeführt werden sollten. Im Yoga gibt es keinen Leistungsanspruch oder Zwang, wir bewegen unseren Körper in

Teil III · Menstruation und Menstruationsbeschwerden

Freude und Leichtigkeit und genießen die so gewonnene Lebensenergie. Die folgenden Asanas sind sehr effektive Übungen, die unsere Beckenorgane stärken, die Durchblutung im Unterleib fördern und bei Rückenbeschwerden gute Dienste leisten.

Makarasana

Makarasanas sind die sogenannten »Krokodilübungen«, die unsere Wirbelsäule, insbesondere im Hüft- und Kreuzbein-Bereich, flexibilisieren und vorbeugend gegen viele Unterleibsbeschwerden und Frauenkrankheiten wirken. Es gibt verschiedene Makarasana-Variationen, von denen Sie eine kleine Auswahl in diesem Buch finden:

Makarasana, sitzend

Ziehen Sie im Sitzen beide Beine an, und stellen Sie die Hände eine Handlänge hinter den Hüften auf den Boden. Halten Sie das Körpergewicht auf dem Gesäß, und geben Sie nur wenig Gewicht auf die Hände. Knie, Knöchel und Füße fest zusammen halten und den Bauch entspannen.

Beim Ausatmen die Knie nach rechts drehen und zum Boden bringen (die Innenkanten der Füße zusammen lassen), den Kopf auf die linke Seite drehen. Beim Einatmen zurück zur Mitte drehen und beim Ausatmen die Knie auf die linke Seite drehen, Kopf nach rechts. Die Übung im eigenen Rhythmus wiederholen und ganz entspannt dabei weiteratmen.

Makarasana, liegend

Nun den Rücken auf den Boden legen und die gleiche Übung machen. Die Arme seitlich in Schulterhöhe ausbreiten, dabei die Handinnenflächen nach unten drehen. Die Füße nebeneinander auf den Boden stellen, Knie und Fersen zusammen halten. Beim Ausatmen die Knie auf die rechte Seite drehen, den Kopf nach links. Beim Einatmen Knie und Kopf wieder zur Mitte drehen, beim Ausatmen Knie auf die linke Seite drehen und den Kopf nach rechts. Die Übung im eigenen Rhythmus wiederholen und ganz entspannt dabei weiteratmen.

Makarasana, liegend

Pavanmuktasana

Pavanmuktasana heißt übersetzt »windbefreiende Stellung«. Sie wirkt wunderbar bei Blähungen, Bauchkrämpfen und Schmerzen. Pavanmuktasana regt die Verdauung an, massiert unsere Bauchorgane und beugt Krampfadern vor.

Legen Sie sich gerade ausgestreckt auf den Rücken, und breiten Sie die Arme entspannt neben sich aus. Beim Einatmen das rechte Bein gestreckt nach oben heben. Die Ferse senkrecht zur Decke schieben und das Bein aus der Hüfte herausheben.

Ausatmend das Bein anwinkeln und das Knie gerade zur Brust bringen. Die Hände über dem Knie verschränken. Tief und gleichmäßig bis in das Becken hinein atmen, kurz verweilen. Beim Ausatmen den Kopf heben und zum Knie bringen. Kurz halten und den Kopf wieder entspannt am Boden ablegen. Dann beim Einatmen das Bein senkrecht zur Decke strecken und ausatmend langsam zum Boden zurück bringen. Die Übung mit dem rechten Bein insgesamt dreimal wiederholen und anschließend mit dem linken Bein praktizieren.

Pavanmuktasana

Praktische Tips zur Harmonisierung von Menstruationsbeschwerden

Schmerzen bei der Menstruation

In vielen Fällen ist eine vorwiegend sitzende Lebensweise die Ursache von Schmerzen und Unwohlsein während der Menstruation. Ein 10- bis 15minütiges Gymnastik- oder Yogaprogramm täglich genügt, um den Unterleib vital und funktionsfähig zu erhalten.

Vor dem Einsetzen der Menstruation ist Verstopfung ein weit verbreitetes Symptom und sollte unbedingt vermieden werden. Ein halber Liter warmes Wasser, direkt nach dem Aufstehen getrunken, sorgt für einen guten Stuhlgang und hält das Vata im Gleichgewicht. Ein kleiner Einlauf mit 20 ml warmem Sesamöl entlastet den Darm und kann zudem die Menstruationsschmerzen mindern.

Ebenso sinnvoll ist es, den Bauch regelmäßig einzuölen und zu massieren. Hierzu eignet sich am besten Johanniskrautöl mit

Teil III · Menstruation und Menstruationsbeschwerden

1 Tropfen Ylang-Ylang. Anschließend sollte eine Wärmflasche auf den Bauch oder in die Lende gelegt werden.

Als traditionelle ayurvedische Therapie gegen Menstruationsschmerzen werden Mandeln, Gartenkresse, Dillsamen und Muskatnuß empfohlen:

Mandeln

8–10 Mandeln vor dem Frühstück gut kauen und verzehren. Die Mandeln sollten über Nacht in Wasser eingeweicht und geschält werden.

Gartenkresse

Ebenso kann ein $1/2$ TL zerriebene Gartenkresse Schmerzen, Anspannung und Verdauungsbeschwerden lindern. Die Kresse sollte 3 Tage vor und während der Menstruation gegessen werden.

Für pittadominierte Frauen ist Kresse jedoch nicht empfehlenswert, da sie das Pitta stark erhöht. In diesem Falle sollte die Kresse zusammen mit Ghee und viel kaltem Wasser eingenommen werden.

Dillsamen

Dillsamen bzw. Dillöl haben die gleiche Wirkung wie Kresse, erhöhen jedoch nicht das Pitta. Es werden $1/2$ TL Dillsamen oder 3 Tropfen Dillöl vor und während der Menstruation empfohlen.

Muskatnuß

Muskatnuß hilft bei Schmerzen und verzögertem Beginn der Menstruation. $1/2$ g Muskatnuß (ca. $1/4$ Nuß) oder 2 Tropfen Öl schaffen Abhilfe.

Als in der Apotheke erhältliche Vitamin- und Mineralstoffergänzungen werden Vitamin B6 und Magnesium phosporicum D6 empfohlen.

Vitamin B6

Oft liegt einer schmerzhaften Blutung mit vorangehenden PMS-Beschwerden ein Mangel an Vitamin B6 vor. Fragen Sie Ihren Arzt oder Apotheker nach einem entsprechenden Präparat, und achten Sie auch auf Vitamin B6-haltige Nahrungsmittel wie Vollreis, Meeresfische, Grünkohl, Kartoffeln, Blumenkohl, Eier, Milch, Birnen und Bananen.

Magnesium phosporicum D6

Magnesium phosporicum D6 ist ein bewährtes Hausmittel gegen kolik- und krampfartige Schmerzen. Die kleinen Milchzuckertabletten mit leicht potenziertem Magnesium können einfach gelutscht oder in Wasser aufgelöst und getrunken werden. Eine bewährte Rezeptur ist die »heiße Sieben«: Hier werden 7 Tabletten mit Magnesium phosporicum D6 in einem Glas warmen Wassers gelöst und schlückchenweise getrunken.

Kräutertees

Die besten Kräutertees gegen Menstruationsschmerzen sind Frauenmantel, Kamille und Fenchel.

Bäder und Massagen mit ätherischen Ölen

Es gibt eine Auswahl an ätherischen Ölen, die eine positive Wirkung bei schmerzhafter Menstruation haben. Die beste Therapie ist ein tägliches Bad mit ätherischen Ölen in Verbindung mit einer täglichen Massage, welche hilft, die Verkrampfung zu beseitigen. Beginnen Sie am ersten Tag der Periode, und wiederholen Sie die Anwendung eine Woche lang.

Folgende ätherische Öle helfen bei schmerzhafter Monatsblutung: Anis (grüner), Cajeput, Römische Kamille, Zypresse, Estragon, Wacholder, Pfefferminze, Rosmarin, Salbei und Muskat.

Als Massageöl wirkt folgende Mischung besonders entspannend und krampflösend:

> 5 ½ EL (27 ml) Traubenkern- oder Aprikosenkernöl
> ½ TL (3 ml) Borretschsamenöl
> 30 Tropfen ätherisches Öl (aus der obengenannten Liste oder aus Mischung 1, 2, 3)

* Mischung 1: je 10 Tropfen Mußkatnuß, Rosmarin und Römische Kamille;

* Mischung 2: je 10 Tropfen Salbei, Pfefferminze, Cajeput;

* Mischung 3: je 10 Tropfen Zypresse, Estragon, Rosmarin.

Diese Massageölmischung sollte täglich für eine sanfte Massage von Bauch, Unterleib, Gesäß und Hüften verwendet werden. Massieren Sie sich mindestens eine Minute in sanften, streichenden Bewegungen, und lassen Sie das Öl anschließend ca. 10–15 Minuten einziehen. Jetzt ist es sehr gut, ein kleines Gymnastikprogramm mit Beckenbodenübungen zu machen oder einfach entspannt zu atmen und etwas herumzulaufen.

Lassen Sie parallel dazu das Badewasser ein. Wählen Sie nun ein oder zwei ätherische Öle aus, und geben Sie insgesamt 5 Tropfen in die heiße Badewanne. Genießen Sie die entspannende Wärme für mindestens 5–10 Minuten.

Verzögerte und schwache Menstruation

Eine verspätete oder schwache Blutung kann durch Streß, Klimawechsel und Bewegungsmangel einmalig ausgelöst werden. Handelt es sich jedoch um einen Dauerzustand, sollte er mit therapeutischen Maßnahmen behandelt werden. Pittafördernde Speisen wie Knoblauch, Kümmel, Zimt, scharfe Speisen und Gewürze sollten nun verstärkt gegessen werden, um die Konstitution auszugleichen und die therapeutischen Maßnahmen zu unterstützen.

Kresse- und Dillsamen

Diese einfachen Hausmittel sollten 1 Woche vor der Menstruation eingenommen werden. Einmal täglich ¼ TL zerriebene Samen vor dem Essen.

Teil III · Menstruation und Menstruationsbeschwerden

Sesamsamen

Hilft bei verspäteter Menstruation, wenn die letzten 10 Tage vor den Blutungen 1 TL eingenommen wird.

Safran

¼ g täglich sollte über einen längeren Zeitraum (ca. 4–6 Wochen) zum Würzen verwendet werden.

Essentielle Fettsäuren

Die Einnahme von essentiellen Fettsäuren unterstützt den Hormonhaushalt in der Inaktivierung des Östrogens und der Wiederherstellung des Prostagladin-Gleichgewichts. 2 Kapseln mit Nachtkerzenöl oder Borretschöl am Vormittag und die regelmäßige Einnahme von frisch zubereiteten Fischgerichten geben dem Körper alle Stoffe, die er braucht.

Rizinuspackung

Machen Sie für etwa 2 Monate zweimal pro Woche eine Rizinusölpackung. Hierfür wird ein vierfach gefaltetes Gazetuch mit Rizinusöl getränkt und auf den Unterbauch gelegt. Das Tuch mit etwas Frischhaltefolie abdecken und eine heiße Wärmflasche auflegen. Nochmals den Bauch mit einem Handtuch umwickeln und eine Stunde im Bett entspannen. Diese Behandlung harmonisiert die blockierte Vata-Energie im Unterleib und wird sich auch positv auf Ihre Verdauung und einen guten Schlaf auswirken.

Ätherische Öle

Eine Ölmassage mit ätherischen Zusätzen, massiert von Unterbauch und Hüfte bis zur Gesäßfalte, bringt die blockierte Vata-Energie wieder zum Fließen und fördert den harmonischen Blutfluß. Mischen Sie einfach insgesamt 20 Tropfen von einem, zwei oder drei der nachfolgend genannten ätherischen Öle unter 30 ml warmes Sesamöl, und verteilen Sie dies mit sanften, abwärtsgerichteten Streichungen am Unterleib.

Bei unregelmäßiger oder fehlender Menstruationsblutung sind folgende ätherische Öle sehr wirkungsvoll: Bulgarische Rose, Geranium, Salbei, Römische Kamille, Zypresse, Pfefferminze, Fenchel, Lavendel, Muskatnuß, Thymian. Bleibt die Menstruationsblutung völlig aus, so probieren Sie eine Mischung aus je 8 Tropfen Rose, Zypresse und Fenchel in 30 ml Sesamöl. Als Alternative kann auch die Mischung mit je 8 Tropfen Salbei, Geranium und Lavendel verwendet werden.

Zu starke Blutung

Achten Sie bei einer zu starken Blutung auf einen ausgeglichenen Eisenhaushalt, da der Körper durch die starke Blutung übermäßig viel Eisen verlieren kann. Deshalb ist eine gesunde Ernährung mit viel grünem Gemüse wie Spinat und Mangold sehr wichtig.

Rettichsamen

Das Einnehmen von ½ TL zerdrückten Rettichsamen für 4 Wochen reguliert den übermäßigen Blutfluß.

Vitamine

Besonders wirkungsvoll bei schweren Blutungen ist die zusätzliche Einnahme von Vitamin A und E. Hierzu eignet sich ein natürliches Kombipräparat wie z.B. Lebertran. Auch ein frisch gepreßter Karottensaft mit etwas Weizenkeimöl ist eine gute Vitaminquelle.

Ernährung

Eine schwere Blutung (Menorrhagie) ist oft von Myomen begleitet bzw. verursacht. Hier ist eine eiweißfreie Ernährung ohne Fleisch und Milchprodukte sehr empfehlenswert. Auch alle sauren Speisen wie Zitrusfrüchte, Essig und Kaffee sowie alle sehr kalten Speisen sollten gemieden werden.

Prämenstruelle Beschwerden

Viele Frauen leiden an starken Beschwerden vor dem Einsetzen der Periode, den sogenannten PMS-Beschwerden: Übermäßige Müdigkeit, Schweregefühl, Depressionen, Heißhunger oder Appetitlosigkeit, Wasseransammlungen im Gewebe und Gewichtszunahme sind die am häufigsten auftretenden PMS-Beschwerden.

Ernährung

Generell ist PMS eine Kapha-Problematik, somit hilft alles, was Kapha reduziert: regelmäßige Bewegung, leichtes, salzarmes Essen, scharfe Gewürze und das Vermeiden von fetten, gebratenen und fritierten Speisen. Vermeiden Sie alle kalten und rohen Gerichte, und bevorzugen Sie alle bitteren Gemüse wie Chicorée, Endivien und Mangold in der Woche vor Ihren Tagen. Nehmen Sie täglich etwas schwarzen Pfeffer, Bockshornkleesamen und Ingwer mit Ihren Speisen ein.

Vitamine

Ein Mangel an Vitamin B6 kann ebenfalls Auslöser für PMS-Beschwerden sein. Lassen Sie sich von Ihrem Frauenarzt ein Vitamin B6-Präparat verschreiben, und bevorzugen Sie Vitamin B6-haltige Nahrungsmittel wie Vollreis, Grünkohl, Kartoffeln, Blumenkohl, Bananen, Birnen, Milch, Eier und Meeresfische.

Bäder

Ein anregendes, kaphareduzierendes Ölbad belebt die Sinne und den Stoffwechsel. Verwenden Sie ein bereits fertig gemischtes Kapha-Öl, oder mischen Sie sich 3 Tropfen ätherisches Basilikum, 2 Tropfen ätherisches Pfefferöl, 2 Tropfen Wacholderbeeröl, 2 Tropfen Zypressenöl und 2 Tropfen Ylang-Ylang-Öl in Ihre Badewanne.

In der Schwangerschaft mit der Schöpfung verschmelzen

Die Schwangerschaft ist im Leben der Frau eine wichtige Zeit. Es entsteht eine energetische Verbindung mit dem göttlichen Schöpfungsakt, so daß die Frau äußerst sensibel auf alle Lebenseinflüsse reagiert. Der weibliche Körper erfährt mit einer Schwangerschaft seine wahre Kraft im persönlichen Ausdruck. Alle Organe funktionieren auf bestmögliche Weise, um das Leben des werdenden Kindes zu unterstützen.

Eine Schwangere erfährt das Höchstmaß an göttlicher Verbindung, wenn sie auf die Signale ihres Körpers und ihrer Seele hört und nach ihren persönlichen Bedürfnissen lebt.

Aus eigener Erfahrung weiß ich, daß eine Schwangerschaft immer eine grundlegende Neuorientierung im Leben darstellt. Vieles wird nach der Geburt nicht mehr so sein, wie es vorher war. Dies ist nicht immer einfach zu verarbeiten, denn oft wissen wir nicht im voraus, was auf uns zukommt und in welcher Weise sich unser Leben neu gestaltet. Die Frau gibt mit jedem Kind ein Stück ihres inneren Freiraums, ihrer Zeit und ihrer Freiheit für einige Jahre auf. Dies bedeutet eine große Umstellung und löst einen tiefen Selbsterfahrungsprozeß aus. Unverarbeitete Probleme in der Partnerschaft oder mit sich selbst brechen auf, und man steht als Frau vor gewichtigen Lebensentscheidungen. Durch Schwangerschaft, Geburt und Mutterschaft erwächst in der Frau eine tiefe Reife und starke weibliche Kraft. Die Frau erblüht in ihrer wahren Schönheit, und ihre Persönlichkeit erfährt einen unschätzbaren Gewinn.

Jedes Kind ist ein Geschenk, daß uns als von Gott gesandter Lehrmeister all unsere Persönlichkeitsstrukturen, Verhaltensmuster und unrealistischen Lebenswünsche aufzeigt. Für jede Frau ist die Mutterrolle eine große Herausforderung, die sie aus innerstem Herzen annehmen sollte, um ihre wahre weibliche Kraft und Stärke zu finden und zu entfalten.

Im Ayurveda gibt es eine Fülle von hilfreichen Empfehlungen, die zu einer energiegeladenen Empfängnis, einer gesunden Schwangerschaft und einer unproblematischen Geburt verhelfen. Nach der vedischen Philosophie inkarniert sich die Seele während der Befruchtung in den Leib der Mutter. Von diesem Moment an ist die Mutter nicht mehr nur für *ihr* Leben verantwortlich, sondern auch für das des Kindes. Das richtige Verhalten vor der Empfängnis und während der Schwangerschaft schenkt der Mutter eine bereichernde Zeit und gute Voraussetzungen für die glückliche und gesunde Entwicklung des Kindes.

Aus ayurvedischer Sicht tragen folgende Komponenten zur Entwicklung des neuen Lebens bei:

* die Konstitution von Sperma und Eizelle,
* der Zeitpunkt der Zeugung,
* die Zeit während der Schwangerschaft,

Teil III · In der Schwangerschaft mit der Schöpfung verschmelzen

* die Umgebung des Uterus (Gebärmutter),
* die Ernährung, Bewegung und geistige Verfassung der Mutter
* Empfängnisbereitschaft und Fruchtbarkeit.

Als ideales Alter für werdende Eltern gibt der Ayurveda an, daß ein Mann zwischen 25 und 30 Jahren und die Frau zwischen 20 und 25 Jahren besonders zeugungsfähig ist. In dieser Zeitspanne ist der Körper ausgereift und sehr kraftvoll. Die Neubildung des Körpers ist sehr effektiv, und der Stoffwechsel verfügt noch über alle Vitalstoffe und Reserveenergien, die er für seine Zellerneuerung benötigt.

Zur Vorbereitung der Empfängnis sollten beide Partner auf einen reinen, bewußten und gesunden Lebensstil achten, ihr spirituelles Bewußtsein verfeinern und den Körper mit Vitalstoffen aufbauen. Dies ist besonders wichtig, da die Substanz von Eizelle und Sperma einen großen Einfluß auf die Konstitution und Entwicklung des Kindes hat.

Aus ayurvedischer Sicht sollten beide Elternteile ca. einen Monat vor der geplanten Empfängnis ihren Körper mit Schwitzbehandlungen, Einläufen und einer entschlackenden Ernährung reinigen, Streß und Anspannung vermeiden und möglichst enthaltsam leben. All dies verbessert die Qualität von Eizelle und Sperma. Sind die Doshas beider Elternteile vor der Empfängnis im Gleichgewicht, so ist das Ojas stark. Spätere Schwierigkeiten vor oder nach der Geburt können vermieden werden.

Zur Förderung der Fruchtbarkeit

Um die Fruchtbarkeit beider Elternteile zu fördern, werden im Ayurveda neben Vitamin E, Calcium und Magnesium verschiedene Heilpflanzen empfohlen, welche sich durch ihre tonisierende Wirkung auf die Gebärmutter und ihre harmonisierende Wirkung auf das Nerven- und Hormonsystem auszeichnen. Als fruchtbarkeitsfördernde Pflanzen sind neben den bewährtesten Frauen-Rasayanas Ashvagandha und Shatavari u.a. die Rotkleeblüten, Brennesselblätter und Himbeerblätter bekannt: Rotkleeblüten (Trifolium pratense) sind durch ihren hohen Eiweiß-, Vitamin- und Mineralstoffgehalt ein nützliches Einzelmittel zur Förderung der Fruchtbarkeit. Sie halten den Säure-Basenhaushalt von Vagina und Gebärmutter im Gleichgewicht und wirken insgesamt positiv auf das Hormonsystem. Brennesselblätter (Urtica dioica) sind ein Gebärmuttertonikum, welches die Nieren- und Nebennierenfunktionen stärkt. Himbeerblätter (Rubus idaeus) enthalten viel Calcium und tonisieren die Gebärmutter.

Klassische Aufbaumittel sind die regelmäßige Einnahme einer Tasse warmer Milch mit Ashvagandha (Vithania somnifera) für die Frau und mit Ghee und Reis für den Mann. Zusätzlich sollte die Frau zur Stärkung Shatavari-Pulver, Sesamöl und schwarze Bohnen einnehmen.

Brennesselsamen

Um bei jüngeren Frauen die Fruchtbarkeit zu verbessern, werden Brennesselsamen empfohlen. Diese enthalten ein östrogenähnliches Pflanzenhormon, welches bei jüngeren Frauen die Fruchtbarkeit verbessern kann.

Ätherische Öle

Als ätherische Öle, die das Hormon Östrogen nachahmen bzw. stimulieren, werden empfohlen: Zypresse, Muskatellersalbei, Bohnenkraut, Petersilie, Thymian, Borneol, Muskatnuß, Anis (Grüner), Angelika, Cajeput, Koriander, Geranium, Fenchel, Oregano, Basilikum, Ringelblume, Szernanis, Hopfen und Römische Kamille. Als besonders unterstützend für die weiblichen Fortpflanzungsorgane, besonders für Eileiter und Gebärmutter, gelten Bulgarische Rose, Melisse und Geranium. Mit einer Mischung aus zwei oder drei der angegebenen ätherischen Öle und etwas Sesamöl regelmäßig den Bauch, den Unterleib, die Hüfte und das Gesäß bis zur Gesäßfalte massieren.

Als synergistische Fruchtbarkeitsmischung für Frauen wirkt eine Mischung aus 4 Tropfen Melisse, 7 Tropfen Bulgarischer Rose und 5 Tropfen Muskatellersalbei. Jeweils 1 Tropfen dieses Konzentrats auf 1 ml Öl geben und einmassieren.

Als Ölmischung für eine Ganzkörpermassage eignen sich folgende Rezepturen:

* Mischung 1: je 10 Tropfen Salbei, Angelika und Geranium,
* Mischung 2: 8 Tropfen Bulgarische Rose, 16 Tropfen Geranium, 6 Tropfen Muskatellersalbei,
* Mischung 3: 5 Tropfen Anis (grüner), 10 Tropfen Zypresse, 15 Tropfen Fenchel.

Auch Männer können einiges tun, um ihre Zeugungsfähigkeit und Fruchtbarkeit zu verbessern. Hier eignen sich als ätherische Öle Kümmel, Angelika, Muskatellersalbei, Basilikum und Salbei besonders gut.

Für eine Ölmassage oder ein Ölbad haben sich folgende Mischungen bewährt:

* Mischung 1: 10 Tropfen Kümmel, 8 Tropfen Muskatellersalbei, 5 Tropfen Basilikum,
* Mischung 2: 9 Tropfen Angelika, 8 Tropfen Salbei, 6 Tropfen Basilikum.

Die ätherischen Öle in der angegebenen Mischung zusammenstellen und von diesem Konzentrat 1 Tropfen auf 1 ml Massageöl geben oder 3–4 Tropfen ins Badewasser.

Verhalten während der Schwangerschaft

Ernährungs- und Lebensweise

Während der Schwangerschaft verändert sich der Körper der werdenden Mutter, und ihre Doshas gewinnen neuen Einfluß auf den Organismus. Zu Anfang ist das Vata-Dosha der Schwangeren leicht erhöht. In den ersten drei Monaten ist der Körper in einer großen Umstellungsphase, die Vata sehr beansprucht. Die Schwangere fühlt sich oft

Teil III · In der Schwangerschaft mit der Schöpfung verschmelzen

müde, ausgelaugt und leidet unter Nervosität, Schlafstörungen und Ängstlichkeit, Kreislaufschwäche, Blähungen sowie Verdauungsstörungen. Jegliche Überlastung, Fremdbestimmung und Anspannung werden Sie jetzt deutlich in ihrem sensiblen Unterleib spüren. Dadurch können Sie lernen, sich genügend Zeit für die eigene Pflege und Entspannung zu nehmen.

Die substanzbildenden und nährenden Kapha-Anteile nehmen in der Schwangerschaft ebenfalls zu. Das vermehrte Kapha gibt dem Körper Stabilität und Kraft für das Wachstum und die Entwicklung des Kindes im Mutterleib.

Bereits wenige Wochen (oder manchmal Tage) nach der Empfängnis ist der Kapha-Einfluß im Körper der Frau zu sehen und zu spüren: Die Brust wird größer, die Augen beginnen zu glänzen, die gesamte Haltung verändert sich. Die werdende Mutter spürt eine neue innere Kraft, Geduld und Stärke, und der Organismus bereitet sich auf die Stillzeit vor.

Bei vielen Frauen machen sich Kapha-Störungen (besonders gegen Ende der Schwangerschaft) mit Übergewicht, Depressionen, Verstopfung, Hämorrhoiden, Krampfadern und anhaltender Müdigkeit bemerkbar. Hier helfen neben speziellen ayurvedischen Empfehlungen vor allem eine leichtverdauliche Ernährung mit viel gekochtem Gemüse, Ghee, leichte Rohkostsalate und -säfte sowie ausgleichende Bewegungsübungen.

Ein geregelter Tagesablauf mit genügend Zeit für Ruhephasen, innere Einkehr und Entspannung, Atem- und Yogaübungen und Singen helfen Ihnen auf der emotionalen und energetischen Ebene während der gesamten Schwangerschaft. Die zusätzliche Einnahme von Nahrungsergänzungen und Vitaminen ist sehr empfehlenswert. Der Körper hat nun einen sehr hohen Bedarf an Aufbaustoffen, um die vielen neuen Zellen für das Baby zu bilden. Sind diese Elemente in der Nahrung nicht genügend vorhanden, nimmt sie der Organismus von Ihren körpereigenen Depots (Knochen, Zähne).

Calcium, Eisen, Vitamin A, Vitamin E, Vitamin B6, Vitamin B-Komplex und Folsäure sind die wichtigsten Grundelemente, die der Organismus während der Schwangerschaft in hohem Maße benötigt.

Calcium

Der Grundbaustein des Körpers ist Calcium. Es ist notwendig für die Knochenbildung und die Zähne und in fast allen gesunden und vollwertigen Lebensmitteln enthalten. Besonders reiche Calcium-Quellen sind: Frischkäse, Joghurt, Quark, Nüsse, grünes Blattgemüse, Vollkorn, Petersilie, Datteln, Feigen, Zitronen und Orangen.

Vitamin A

Ab dem vierten Schwangerschaftsmonat ist der Bedarf an Vitamin A besonders hoch, da es dem Aufbau von weißen und roten Blutkörperchen, der Stärkung des Immunsystems und der vorgeburtlichen Entwicklung des Kindes dient. Als Schwangere brauchen Sie täglich ca. 1,3 mg (statt normalerweise 1,0 mg) Vitamin A und sollten aus diesem Grunde Leber, Vollmilch, Butter, Eigelb, Sahne, Käse, Karotten, Spinat, Grünkohl, Paprika, Tomaten, Feldsalat, Aprikosen und Brokkoli in Ihren Speiseplan einbauen.

Folsäure

Folsäure ist sehr wichtig für das Wachstum und die Zellteilung im Organismus sowie die Eisenverwertung. Während Schwangerschaft und Stillzeit kommt es zu einem erhöhten Bedarf an Folsäure, der durch ein Präparat aus der Apotheke und/oder eine folsäurehaltige Ernährung gedeckt werden sollte. Alle grünen Blattgemüse und Salate, Nüsse, grüne Bohnen, Hefe, Eier und Milchprodukte sind folsäurereich. Sie sollten während der gesamten Schwangerschaft im erhöhten Maße genossen werden.

Vitamin B6

Ein erhöhter Bedarf an Vitamin B6 macht sich im Organismus durch Schwangerschaftsbeschwerden wie Übelkeit, Blutarmut, Kopfschmerzen, Nervosität, Fuß- und Beinkrämpfe, Hämorrhoiden und Ödeme bemerkbar. Der tägliche Bedarf von Vitamin B6 steigt ab dem vierten Monat von 2,0 mg auf 3,3 mg und ist u.a. durch die regelmäßige Einnahme von Getreide, Vollkornbrot, Vollreis, Meeresfischen, Leber, Grünkohl, Kartoffeln, Blumenkohl, Eier, Milch, Birnen und Bananen auszugleichen.

Vitamin E

Vitamin E hat die Aufgabe, ungesättigte Fettsäuren und fettartige Substanzen im Körper mit Hilfe von Sauerstoff zu zerstören und den aktiven Bewegungsapparat geschmeidig zu halten. Besteht ein Mangel an Vitamin E bei der Mutter, kann dies die Ursache für eine Frühgeburt sein. Der Bedarf an Vitamin E steigt ab dem vierten Monat von 13 mg auf 15 mg täglich an und sollte durch kaltgepreßte Öle, Vollkornprodukte, Eigelb, Haferflocken, Fisch und Weizenkeime ausgeglichen werden.

Vitamin E ist besonders wichtig am Ende der Schwangerschaft, um das Gewebe elastisch und dehnbar zu halten. Für eine möglichst schmerzfreie und unproblematische Geburt ist es sehr gut, in den letzten beiden Wochen vor der Entbindung ein Vitamin E-haltiges Präparat wie Lebertran oder Spondyvit einzunehmen und dies auch von außen im Vaginalbereich (rund um den Geburtskanal-Ausgang) aufzutragen.

Um Eisenmangel vorzubeugen, ist es sehr sinnvoll, dem Gemüse immer einen Spritzer Zitronensaft zuzufügen, denn dadurch wird die Eisenresorption verstärkt. Kaffee sollten Sie möglichst meiden, denn er baut Eisen vermehrt ab und erhöht das Vata-Dosha.

Bei Gelüsten und Heißhunger nach Süßigkeiten sollten Sie zuerst Alternativen wie süße Säfte, Trockenobst, frische Früchte, Nüsse und ähnliches ausprobieren. Weißmehlprodukte und Zucker sollten besser gemieden werden, da diese zwar die Lust auf Süßes befriedigen, aber keine Aufbaustoffe enthalten.

Generell ist der Heißhunger nach Süßigkeiten immer ein Signal des Körpers, daß er neue Mineral- und Aufbaustoffe benötigt. Denn Mineralien schmecken immer natürlich süß und stärken die Doshas auf positive Weise. Essen wir nun statt natürlich süßer Aufbaunahrung wie Nüssen, süßen Früchten und Gemüse (z.B. Äpfel, Karotten, Trockenobst) Süßigkeiten und Schokolade, so verliert der Körper sehr viel Energie, da er nun statt der erwarteten Mineralien nur Fett und Zucker erhält. Die notwendigen Mineralien

Teil III · In der Schwangerschaft mit der Schöpfung verschmelzen

nimmt er dann aus seinen Reservespeichern, den Knochen, den Zähnen und den Haaren. So ist es nicht verwunderlich, daß der Volksmund sagt: »Jede Schwangerschaft kostet einen Zahn«. Essen Sie bei Heißhungeranfällen immer mineralhaltige Nahrungsmittel, so geben Sie dem Körper, was er braucht, und verhindern Haarausfall, Knochenentkalkung und schlechte Zähne.

Als grundlegende Vitalstoffspender und wertvolle Speiseplanergänzungen werden Nahrungsergänzungen wie Spirulina-Algenpräparate, Ginseng und Zuckerrohrmelasse empfohlen. Die täglichen Speisen sollten immer frisch zubreitet, wohlschmeckend und natürlich sein. Viel Gemüse, Obst, Salat, Nüsse, Getreide und hochwertiges Eiweiß wie Eier, Huhn und Fisch sind die besten Hauptnahrungsquellen während der gesamten Schwangerschaft.

Klassische Vajikarana-Regeln für die Zeit während der Schwangerschaft

In den alten vedischen Schriften wird Schwangeren folgendes empfohlen:

Sie sollten
* sich entspannen und geistigen oder physischen Streß vermeiden,
* immer im freudigen Zustand bleiben,
* weiße Kleidung tragen,
* verheißungsvolle Dinge tragen,
* sich mit guter Lektüre versorgen,
* nicht mit Schmutz in Berührung kommen, auch auf Ansteckungsgefahren achten,
* schlechte oder irritierende Gerüche vermeiden,
* keine ekligen, aufregenden oder bedrückenden Szenen, z.B. im Fernsehen, betrachten,
* keine aufregenden, besorgniserregenden Geschichten oder Nachrichten hören,
* keine trockene, lang gelagerte oder aufgewärmte Nahrung,
* keine schimmelige oder verweste Nahrung und
* keine Nahrung, die den Geschmack verloren hat oder nicht gut schmeckt, zu sich nehmen, sondern
* gut gekochte, flüssige, süße, wohlschmeckende, ölige und appetitanregende Lebensmittel verspeisen,
* einsame Plätze meiden,
* keine Krematorien oder Friedhöfe besuchen,
* Zorn, Streß, Ärger vermeiden,
* nicht laut sprechen oder schimpfen,
* sich nicht zu häufig massieren lassen,
* keine ermüdenden physischen Aktivitäten ausüben,
* bis zum achten Monat täglich Rasayanas einnehmen,
* während des neunten Monats Nähreinläufe mit Sesamöl oder abführende Einläufe mit Kräutersud machen.

Yoga in der Schwangerschaft

Spezielle Yogaübungen zur Lockerung und Entspannung wirken besonders wohltuend für Mutter und Kind. Die Haltung wird verbessert und stabilisiert, die Durchblutung gefördert, und im gesamten Beckenraum entsteht mehr Raum für das sich entwickelnde Kind. Natürlich sollten Sie jetzt keinen zu großen sportlichen Ehrgeiz an den Tag legen, denn die sanften Übungen sollen Ihnen vor allem zur Entspannung und Lockerung dienen.

Eine Grundregel beim Yoga ist es, daß man niemals mit Zwang und Anspannung in die Übungen hineingehen sollte, sondern mit innerer Leichtigkeit und Kraft. Dies ist auch für Schwangere sehr wichtig, da sich ihr Körper leicht überanstrengen kann.

Der folgende Übungszyklus beinhaltet alle wichtigen Yogastellungen (Asanas), die Ihnen zu einer gesunden und vitalen Schwangerschaft verhelfen. Nehmen Sie sich genügend Zeit für jede einzelne Übung, und machen Sie zwischendurch immer kleine Pausen mit Entspannungsübungen. Natürlich ist es auch möglich, daß Sie nur zwei oder drei Übungen aus dem Zyklus praktizieren. Schauen Sie einfach, was Ihnen gut tut.

Yogazyklus für Schwangere

Übungsanleitung für die einzelnen Asanas

1. Makarasana, Krokodilübung im Sitzen

Die Beschreibung für diese Übung finden Sie im Kapitel »Menstruation und Menstruationsbeschwerden«, S. 116.

2. Majerasana, die Katze

Nehmen Sie den »Vierfüßlerstand« ein, d.h., gehen Sie auf die Knie, und stützen Sie sich auf die Hände. Die Knie hüftenbreit auseinander spreizen und die Handgelenke unter die Schultern stellen. Wenn der Bauch schon sehr dick ist, können die Knie auch etwas weiter auseinander gespreizt werden.

Einatmend den Kopf heben, den gesamten Rücken nach unten wölben und den Bauch so gut wie möglich entspannen. Den Kopf dabei aus den Schultern heraus heben. Ausatmend das Kinn Richtung Brust führen und den Rücken zu einem »Katzenbuckel« nach oben wölben. Die Bauchdecke dabei nach innen einziehen. Bewegen Sie sich graziös wie eine Katze, und spüren Sie die Energie, die sich vom Becken aus im ganzen Körper verteilt. Die Übung mehrere Male wiederholen und dabei gleichmäßig und entspannt weiteratmen.

3. Shashankarasana, der Hase

Setzen Sie sich in den Fersensitz auf die Knie. Halten Sie Ihren Rücken aufrecht, und verschränken Sie die Hände hinter dem Rücken. Dann die Knie etwas auseinander spreizen und den Oberkörper mit dem Ausatmen langsam senken, bis die Stirn auf dem Boden ruht. Der Rücken ist gerade gestreckt, und der Bauch liegt zwischen den gespreizten Oberschenkeln. Einen Moment innehalten und ruhig atmen. Beim Einatmen die verschränkten Hände gleichmäßig Richtung Decke strecken. Die Schultern dabei nach hinten ziehen und bewußt weiteratmen.

Beim Ausatmen die Hände wieder zurück auf den Rücken legen, voneinander lösen und die Arme neben die Füße auf den Boden oder nach vorne legen. Kurz verweilen, dann den Kopf anheben, nach vorne schauen und den Rücken langsam wieder aufrichten.

4. Setubandhasana, die indische Brücke

Die indische Brücke ist eine der wichtigsten Übungen für Schwangere, da sie den ganzen Bauch streckt, den Unterleib entspannt und eine gute Geburtsvorbereitung darstellt. Legen Sie sich auf den Rücken, und ziehen Sie die Beine in Richtung Gesäß an. Stellen Sie die Füße hüftbreit auseinander, und legen Sie Ihre Arme entspannt dicht neben den Körper. Die Handinnenflächen liegen auf dem Boden.

Einatmen, das Gesäß leicht anspannen und die Wirbelsäule langsam Wirbel für Wirbel nach oben heben. Die Füße fest im Boden verankern, die Schultern entspannen und das Brustbein so nah wie möglich zum Kinn bringen. Die Stellung halten und entspannt weiteratmen. Ausatmen, die Wirbelsäule und das Gesäß zum Boden zurückbringen, indem Sie den Rücken Wirbel für Wirbel wieder am Boden abrollen lassen. Kurz entspannen und insgesamt dreimal wiederholen.

5. Pavanmuktasana, windbefreiende Stellung

Die Übung ist im Kapitel »Menstruation und Menstruationsbeschwerden«, S. 117, beschrieben.

6. Makarasana, Krokodilübung im Liegen

Auf dem Rücken liegen bleiben und die Arme seitlich in Schulterhöhe ausbreiten, dabei die Handinnenflächen nach unten drehen. Die Füße nebeneinander auf den Boden stellen, Knie und Fersen zusammenhalten. Beim Ausatmen die Knie auf die rechte Seite und den Kopf nach links drehen. Beim Einatmen Knie und Kopf wieder zur Mitte drehen, beim Ausatmen die Knie auf die linke Seite und den Kopf nach rechts drehen. Dann die Übung im eigenen Rhythmus wiederholen und ganz entspannt dabei weiteratmen.

7. Savasana, Entspannung

Mit gestreckten Beinen ganz entspannt am Boden liegen. Wenn Sie möchten, können Sie sich auch eine Deckenrolle unter die Knie legen oder eine kleine Nackenrolle benutzen. Achten Sie nun auf Ihren Atem, und atmen Sie tief durch den Bauch ein und aus. Spüren Sie, wie sich Ihre Bauchdecke mit jedem Einatmen ein wenig hebt und mit jedem Ausatmen wieder senkt. Legen Sie die Hände sanft auf den Bauch, und spüren Sie die pulsierende Lebenskraft darin.

Stellen Sie sich ein weißes Licht vor, das Sie wie ein Mantel umhüllt und jede Zelle und Faser Ihres Körpers durchdringt. Sehen Sie sich selbst mit geschlossenen Augen im weißen Licht am Boden liegen. Sie fühlen sich angenehm warm und schwer, sind sicher und geborgen im weißen Licht.

Fühlen Sie in sich hinein, und nehmen Sie Kontakt auf zu Ihrem Kind. Schenken Sie Ihrem Baby in Ihren Gedanken alle Liebe und Zärtlichkeit. Ihr Kind ist von weißem Licht und von göttlicher Liebe durchdrungen. Sie sind offen und bereit für das neue Wesen in Ihrem Leben. Genießen Sie diese innigen Momente in der gemeinsamen Energie mit Ihrem Kind. Sie sind eins und gehören für immer zusammen.

Verabschieden Sie sich nun langsam wieder, und kommen Sie in die äußere Welt zurück. Recken und strecken Sie Ihren Körper, atmen Sie tief und bewußt ein und aus und öffnen Sie langsam die Augen. Behalten Sie die innere Ruhe und Fülle, die Sie während Ihrer Yogaübungen und Entspannungsphasen genossen haben, so lange wie möglich bei. Egal, was Sie nun tun, verweilen Sie immer mit einem Teil Ihrer Aufmerksamkeit bei Ihrem Bauch und dem darin liegenden Kind. Freuen Sie sich über diese Bereicherung in Ihrem Leben.

Teil III · In der Schwangerschaft mit der Schöpfung verschmelzen

Beschwerden während der Schwangerschaft

Die typischen Beschwerden während der Schwangerschaft, wie Übelkeit, Schwäche, Verstopfung, Krampfadern und Hämorrhoiden, können durch richtige Ernährung, Yogaübungen und einige ayurvedische Rezepturen weitgehend vermieden werden.

Übelkeit, Erbrechen und Schwäche zu Beginn der Schwangerschaft zeigen an, daß sich im Körper übermäßig viel Ama (Schlacken) und Kapha abgelagert haben und das Verdauungsfeuer recht schwach ist. Dagegen helfen alle agnianregenden Maßnahmen:

* Ein Glas warmes Wasser mit Zitronensaft, Honig und 1 Messerspitze Kardamom direkt nach dem Aufstehen trinken.
* Morgens Ingwerwasser trinken.
* Fette, süße und schwere Nahrungsmittel vermeiden, insbesondere Milchprodukte und Käse.
* Scharfe Gewürze und bitterstoffreiche Gemüse sowie Salate in den täglichen Speiseplan einbauen.

Ebenso helfen die regelmäßige Einnahme von Himbeerblätter-, Pfirsichblätter- oder Pfefferminztee und etwas frisch gepreßter Zitronensaft. Ruhige Spaziergänge an der frischen Luft, Tiefenatmung und Yoga unterstützen den hormonellen Umstellungsprozeß und schenken Ihnen neue Energie und Stabilität.

Krampfadern und Hämorrhoiden

Die Veranlagung für schwache und erweiterte Venen im Rektum (Hämorrhoiden) oder in den Beinen (Krampfadern) ist oft bereits genetisch angelegt. Einseitige Bewegung, ungesunde Nahrungsmittel, Übergewicht, zu enge Kleidung, langes Stehen und Sitzen sowie die Einnahme der Anti-Baby-Pille können diese Anlagen noch verstärken. Aus ayurvedischer Sicht haben sich Vata und Kapha unnatürlich angesammelt und lagern sich nun in den Gefäßen ab. Auch ein schwaches Agni und Ama-Ablagerungen verstärken Krampfadern.

Der erhöhte Progesteronspiegel und das erhöhte Blutvolumen während der Schwangerschaft sind oft die Ursache für Krampfadern und Hämorrhoiden. Bei Varizen (Krampfadern) sollte für gute Verdauung, aktive Stoffwechseltätigkeit und verstärkte Ausscheidung gesorgt werden.

Da sich Ama vor allem in den Gefäßen ablagert, ist eine ausgewogene Agni-Tätigkeit Voraussetzung für jede Therapie. Hier helfen Kurkumawasser, Bitterstoffe und eine Ernährung auf Trennkost-Basis. Das heißt, Kohlehydrate und Eiweiße werden niemals bei einer Mahlzeit kombiniert, sondern zu getrennten Mahlzeiten gegessen. Alle tierischen Eiweiße und säuernde Nahrungsmittel sollten außerdem gemieden werden. Dies gilt vor allem für Fleisch, Zitrusfrüchte, Käse und Schokolade.

Sehr gut für Stärkung und Aufbau des Kreislaufapparates wirken Buchweizen, Hafer, Weizenkeime, Okra, grünes Blattgemüse und alle Vitamin A-, C-, E- und B-haltigen Nahrungsmittel. Knoblauch, Zwiebeln und Lecithin (z.B. in Weizenkeimöl) erhöhen die Spannkraft in den Venen.

Für brüchige Kapillargefäße sind aufgrund des hohen Rutinanteils vor allem Buchweizen, Holunderblüten und Holunderblätter zu empfehlen. Der regelmäßige Genuß von Roter Bete verschafft besonders bei Hämorrhoiden eine Linderung, da sie neben ihren leberunterstützenden Funktionen auch stuhllockernde Eigenschaften besitzt. Dies fördert die Ausscheidung, und der Druck auf die Hämorrhoiden wird verringert.

Ein bewährtes ayurvedisches Hausmittel ist weiterhin Basilikum. Im akuten Falle täglich 4 Tassen schwach gebrühten Tee einnehmen. Als Abkochung kann Basilikum-Sud mehrmals am Tag auf die betroffenen Körperzonen aufgetragen werden.

Als klassische Panchakarma-Techniken gegen Varizen werden im Ayurveda Einläufe (Basti) und Massagen (Abhyanga) mit medizinischen Kräuterölen sowie der Aderlaß mit Blutegeln angewendet. Diese medizinischen Behandlungsformen verschaffen unmittelbare Linderung und Abhilfe, dürfen allerdings nur von erfahrenen Therapeuten ausgeführt werden.

Akute Hilfe bei Krampfadern

* Betupft oder befeuchtet man die Krampfadern mit Hamamelisrindenwasser, so kann dies aufgrund seiner zusammenziehenden Eigenschaften die Schmerzen lindern, das Gewebe straffen und die Schwellungen verringern.
* Kräuterumschläge und -packungen (Lepa) mit Beinwell, Schafgarbe und Königs-

kerze dienen der Schmerzlinderung und Straffung der Venen.
* Regelmäßige Ölbäder wirken gegen die Blutstauungen in den Venen. Hierbei sollten Sie warmes Sesam-, Sonnenblumen- oder Weizenkeimöl zart mit den Fingerspitzen auf die Haut auftragen, ca. eine Stunde einwirken lassen und anschließend warm-heiß abduschen.

Akute Hilfe bei Hämorrhoiden

* Um Schwellungen zu lindern, Schmerzen zu stillen und Blutungen zu stoppen, eignen sich besonders gut frisch geriebene Kartoffeln oder Salben aus Beinwell oder Ampfer. Die Substanzen direkt auf die Hämorrhoiden auftragen und einwirken lassen.
* Durch Schafgarbe- und Wegerichsalbe können Schmerzen beruhigt werden. Es ist sogar möglich, die Hämorrhoiden damit schon in wenigen Tagen einzudämmen.
* Eine entspannende, beruhigende und schmerzlindernde Wirkung haben Sitz- und Dampfbäder mit frischem Salbeisud.
* Kurkumapulver, mit etwas Wasser und Ghee als Paste verrührt, wirkt antiseptisch, abschwellend und stoppt Hautblutungen.

Sodbrennen

Sodbrennen ist der gebräuchliche Name für Schmerzen, Hitzeempfindungen und Brennen in der Speiseröhre nach den Mahlzeiten. Es wird in der Schwangerschaft durch eine Lageveränderung des Magens ausgelöst und

Teil III · In der Schwangerschaft mit der Schöpfung verschmelzen

kann durch nervöse Anspannung oder überschüssige Magensäure verstärkt werden.

Durch kleine Mahlzeiten, gründliches Kauen und Einspeicheln sowie die Vermeidung von sauren Speisen, Kaffee, Zigaretten, Fetten und Gewürzen können Sie Beschwerden und Schmerzen in der Speiseröhre beheben. Im akuten Falle ist die regelmäßige Einnahme von Anis- und Fencheltee zwischen sowie Ananas und Papaya nach den Mahlzeiten und frisch gepreßtem Kartoffelsaft zur Magenentsäuerung ratsam. Die Einnahme von etwas Ghee oder einem Lassi schafft sofort Linderung und wird als wirkungsvolles Therapeutikum empfohlen:

Lassi
>   *100 g Joghurt*
>   *200 ml Wasser*
>   *1 EL Vollrohrzucker*
>   *1 TL Rosenwasser*
>   *1 Msp. Kardamom*

im Mixer schaumig schlagen und in kleinen Schlucken trinken.

Die Geburt

Die Geburt eines Kindes stellt für jede Fau ein unvergeßliches Erlebnis dar. Trotz aller Geburtsvorbereitung können wir jedoch niemals vorausplanen, wie die Geburt ablaufen wird und mit welchen Anstrengungen sie verbunden ist. Je stabiler die Vata-Energie sich während Ihrer Schwangerschaft (und schon davor) verankern konnte, um so leichter wird voraussichtlich die Geburt werden.

Eine entspannende Umgebung mit schöner Musik, gedämpftem Licht und wohltuenden Düften stimuliert die Gebärende zum Loslassen und ermöglicht einen harmonischen Energiefluß des Apana-Vatas, mit dem das Kind ins Leben tritt.

Entspannungs- und Meditationsübungen helfen auch, in den angespannten und schmerzhaften Geburtsphasen den Schmerz zu lindern sowie in den dazwischen liegenden Ruhephasen effektiver zu entspannen.

Erblickt nun das Kind das Licht der Welt, so sollte es sich auf Ihrem Bauch erst einmal etwas ausruhen dürfen und dann sanft gebadet und gereinigt werden. Nach dem Bad wird die Fontanelle mit einem in warmem Sesamöl getränkten Wattebausch bedeckt. Die Nabelschnur sollte erst nach einer Weile durchtrennt werden (frühestens wenn sie nicht mehr pulsiert), da es sonst sehr schmerzhaft für das Neugeborene ist.

Als Mutter sollten Sie sich nach der Geburt ebenfalls liebevoll versorgen lassen und einige vatareduzierende Maßnahmen durchführen. Sehr gut ist es, eine Tasse warme Milch mit 1 TL Ghee zu trinken und den ganzen Bauch mit warmem Sesamöl einzureiben. Umwickeln Sie dann den Bauch mit einem großen Tuch, um ihm Halt zu geben.

Die erste Mahlzeit nach der Geburt sollte eine leichte Getreidesuppe mit Gemüseeinlage sein. Dies aktiviert die Verdauungskräfte und wirkt beruhigend auf Vata ein.

Die Wechseljahre als Offenbarung zur weiblichen Vollendung

Die drei großen Lebensphasen

Ayurveda beschreibt drei große Lebensphasen des Menschen, in denen sich körperliche und geistige Kräfte in unterschiedlicher Ausprägung manifestieren. Entsprechend diesen Lebensabschnitten sind die Doshas auf der körperlichen Ebene besonders ausgeprägt.

In der Kindheit ist Kapha dominant. Selbst Kinder mit Vata- und Pitta-Konstitutionen haben in den ersten Lebensjahren weitaus mehr Kapha-Anteile als später. Der typische Babyspeck, die ständig laufende Schnupfnase und der Wunsch nach Regelmäßigkeit, Sicherheit, Geborgenheit und festen Regeln zeigen die Kapha-Dominanz an. Das ausgeprägte Kapha-Dosha ist für die kindliche Entwicklung sehr wichtig, da es das Wachstum, den Zellaufbau und die gesundheitliche Stabilität unterstützt.

Ab dem achten Lebensjahr sinkt das Kapha deutlich, und mit der Pubertät findet ein großer Wechsel der physischen und psychischen Kräfte statt. Jetzt wird eine starke pittaorientierte Lebensphase eingeleitet. Unreine Haut, Jugendakne, innere Revolte und ein hitziges Temperament sind lebhafte Zeugen der ungestümen Pitta-Kraft. Nachdem das Hormonsystem und der Stoffwechsel sich neu eingestellt haben, baut sich die Pitta-Lebensphase harmonisch auf und findet ihren Höhepunkt im 35. Lebensjahr der Frau. Diese aufbauende Pitta-Zeit wird als die beste im Leben einer Frau angesehen.

Zwischen 20 und 25 Jahren ist ihr Körper voller Vitalität und Energie. Der gesamte Zellaufbau funktioniert aus eigener Kraft und benötigt keine Unterstützung von außen (z.B. durch gesunde Ernährung und Pflanzenelixiere). Damit sind die besten Voraussetzungen für eine gesunde Schwangerschaft gegeben.

Ab dem 28. Lebensjahr erlangt die Frau auf der geistig-seelischen Ebene Erfahrung und Reife, die mit ca. 34 Jahren ihren Höhepunkt finden. Für viele Frauen sind die Jahre zwischen 33 und 36 von großen Veränderungen geprägt. Sie fühlen sich im Zentrum ihrer Kraft. Gleichzeitig haben sich bestimmte Ziele erfüllt, und sie suchen eine langfristige Perspektive für ihren nächsten Lebensabschnitt. Oft wechseln Frauen in dieser Zeit noch einmal ihren Beruf, beginnen mit neuen Ausbildungen, gründen eine Familie oder starten aus dem Mutter-Dasein in neue Aktivitäten, um darin ihre Lebenserfüllung zu finden. Auch Liebesbeziehungen und Ehen stehen in dieser Lebensphase auf dem Prüfstand.

Aufgrund der klaren Pitta-Kraft ist die Frau nicht bereit, sich mit »faulen« Kompromissen abzugeben. Sie spürt ihre eigene Dynamik und ist bereit, die Konsequenzen für

Teil III · Die Wechseljahre als Offenbarung zur weiblichen Vollendung

ihre inneren und äußeren Veränderungen zu tragen. Ab dem 36. Lebensjahr sinkt die Pitta-Energie wieder ab, und der weibliche Organismus wird sensibler für das Vata-Element.

Die Wechseljahre sind die Zeit im Leben einer Frau, wo sich die Pitta-Dominanz vollständig in eine Vata-Dominanz wandelt. Denn die Reife des Menschen ist von Vata geprägt. Die Haut wird dünner und trockener, das Nervenkostüm empfindlicher und der Schlaf leichter. Im Körper wird mehr und mehr das Element Äther bestimmend, was zu geistiger Sensibilität und einer Öffnung für die spirituellen Aspekte des Lebens führt. Mit zunehmendem Alter wird der Körper zwar empfindlicher und vatabetont, der Geist jedoch wird idealerweise ruhig, weise und losgelöst. Auf diese Weise gleichen sich die Kräfte der Natur in Körper und Seele wieder zu einer harmonischen Einheit aus.

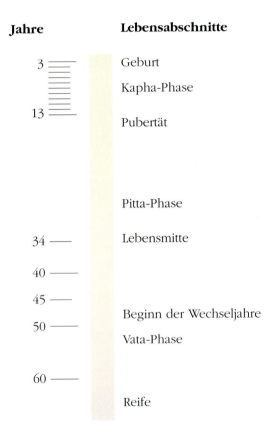

Die drei Lebensphasen

Die Wechseljahre

Die Menopause kennzeichnet den Abschnitt im Leben einer Frau, in dem sich Pitta abschwächt und die von Vata dominierte Zeit des Alters beginnt. Die monatliche Menstruationsblutung bleibt aus; Eierstöcke und Unterleibsorgane verändern ihre Tätigkeit und Funktionsweise.

Mit den Wechseljahren treten Sie in einen neuen Lebensabschnitt ein. Sie durchlaufen über einige Jahre einen tiefen Reife- und Transformationsprozeß, in dem Ihre intuitiven Fähigkeiten der Heilung, des Sehens und der geistigen Kraft neue Ausdrucksmöglichkeiten in Ihrem Leben und Ihren Aufgaben finden. Von der häuslichen Verantwortung für Familie und Kinder teilweise schon enthoben, können Sie Stärke und Freiheit im Geiste entwickeln und für andere zur weisen Ratgeberin werden.

In den alten Kulturen wurden ältere Frauen noch als Heilerinnen und Weise mit Würde behandelt und verehrt. Wechseljahresbeschwerden im heutigen Sinne waren damals nicht verbreitet. Erst seitdem das Frauenbild so stark von Jugendlichkeit geprägt ist und reife Frauen sich gegen ihre innere Entwicklung und Berufung sträuben, haben sich die typischen Krankheitsbilder der Menopause verbreitet.

Wie bei allen Übergangszeiten kann während der Hormon- und Lebensveränderung innerhalb der Wechseljahre eine Vielzahl physischer und psychischer Beschwerden auftreten. Unabhängig vom Konstitutionstyp äußern sich die meisten Symptome durch ein gestörtes Vata-Dosha. Je mehr Vata sich in Ihrer Konstitution oder als Störung bereits vor Ihren Wechseljahren manifestiert hat, um so stärker werden Sie jetzt auf diese gravierende Umstellungszeit reagieren. Stimmungsschwankungen, innere Hektik, trockene Haut und trockene Schleimhäute, Schlafstörungen und die Neigung zu Übersäuerung und Knochenschwund machen sich bemerkbar. Mit dem erhöhten Vata-Anteil reagieren Sie sehr sensibel auf alle belastenden Umweltfaktoren und äußeren Streß. Was Sie normalerweise gut bewältigen konnten, stellt während der Wechseljahre oft eine unüberwindbare Überforderung dar. Starke Ängste, Sorgen und Grübeln verstärken diese Gemütslage und können sich bis zur Depression steigern.

Gesundheitliche Beschwerden, die aus einem gestörten Pitta-Dosha resultieren, sind ebenfalls eine Auswirkung des sich umstellenden Hormonsystems. Die dominante Pitta-Kraft will ihre Vorherrschaft nicht so ohne weiteres aufgeben und flammt immer wieder mit starken Hitzeschüben und Schweißausbrüchen auf. Diese Pitta-Symptome zeigen sich überwiegend in der Prä-Menopause in Form von hormonellen Schwankungen und Hitzewallungen.

Je mehr Kapha Sie von Natur aus mitbringen, um so leichter werden Sie die Wechseljahre für sich empfinden. Viele Kapha-Frauen spüren keinerlei Beschwerden und sind nur froh, »das lästige Übel mit den Tagen« hinter sich zu haben. Wird jedoch durch die veränderte Hormonausschüttung das Pitta-Kapha-Verhältnis gestört, so kann es zu extremer Körperhitze in der Kopfgegend und zu innerer Trägheit und Depression kommen.

Teil III · Die Wechseljahre als Offenbarung zur weiblichen Vollendung

Generell können in der umfassenden Neugestaltung des inneren und äußeren Gleichgewichts der Körperkräfte viele kurz- und langfristige Beschwerden auftreten. Je labiler Ihre Konstitution ist, um so stärker können Sie nun bestimmte Dosha-Schwankungen aus dem Gleichgewicht werfen. Hatten Sie bereits mit 40 Jahren Vata- oder Pitta-Probleme, so können Sie davon ausgehen, daß mit 50 einige typische Wechseljahresbeschwerden auf Sie warten.

Die Vata-Wechseljahresbeschwerden sind folgende:

* Stimmungsschwankungen, Nervosität, innere Hektik, depressive Reaktionen,
* leichter Schlaf oder Schlaflosigkeit,
* trockene Haut und Schleimhaut,
* Neigung zu Verstopfung oder Reizdarm,
* Neigung zu übermäßiger Besorgtheit, Grübeln,
* steife Gelenke und arthritische Schmerzen,
* graue und dünne Haare,
* zunehmender Knochenabbau.

Äußern sich die Wechseljahresbeschwerden überwiegend in bezug auf Pitta, so entstehen folgende Symptome:

* starke Hitzewallungen,
* Reizbarkeit,
* hormonelle Schwankungen (wie z.B. zu schwache oder zu starke Blutungen),
* Hautprobleme,
* Stoffwechselstörungen,
* nachlassende Libido.

Ist das Kapha während der Wechseljahre et-was ausgeprägter, so haben Sie meist nur wenig Beschwerden. Nimmt Kapha jedoch überhand, so entstehen folgende Symptome:

* Gewichtszunahme,
* Lymphstauungen, Ödeme,
* erhöhte Fettstoffwechselwerte (Cholesterin, Triglyceride),
* Depressionen.

Die Hauptsäulen der ayurvedischen Behandlung gegen Wechseljahresbeschwerden sind die Harmonisierung der Doshas durch eine entsprechende Ernährungsweise, regelmäßige Yoga- und Atemübungen, regelmäßige Ölbehandlungen und die Einnahme von Verjüngungsmitteln (Rasayanas).

Um sich vor schwerwiegenden Wechseljahresstörungen zu schützen, sollten Sie bereits ab Ihrem 40. Lebensjahr sehr genau Ihren emotionalen und körperlichen Zustand beobachten und auf die auftretenden Schwankungen reagieren. Jetzt ist es Zeit, sich auf die grundlegende Veränderung Ihres Körpers einzustellen und alle vataerhöhenden Verhaltensformen und Speisen zu meiden.

So verschlimmert der Genuß von Kaffee, Alkohol, schwarzem Tee und Tabak die Beschwerden der Menopause. Daher ist es sehr sinnvoll, diese Alltagsgifte zu reduzieren oder, wenn möglich, ganz wegzulassen. Ein ruhiger, beständiger Lebensrhythmus, zwei warme Mahlzeiten täglich, aufbauende Nahrungsergänzungen und Mineralien sowie die alten ayurvedischen Rezepturen helfen Ihrem weiblichen Organismus, das innere Gleichgewicht in dieser neuen Lebensphase wiederzufinden. Ihre täglichen Speisen sollten zu einem hohen Anteil aus Frischkost,

Suppen und Eintöpfen bestehen. Äpfel und Karotten haben laut Ayurveda jetzt besonders gute und verjüngende Eigenschaften.

Regelmäßige Entschlackungsmaßnahmen führen ebenfalls zur Stabilisierung der körperlichen Konstitution. Im Ayurveda besteht die Vorstellung, daß durch die Menstruationsblutung ein regelmäßiger Reinigungsprozeß stattfindet. In der Menopause kommt es nun durch deren Ausfall zu vermehrter Ansammlung von Ama. Um dieses Ama und die damit verbundenen Symptome abzubauen, empfehle ich Ihnen, regelmäßige Reinigungskuren in Form von Fasten- und Abführtagen einzulegen. Sesamölmassagen, Nasen-, Magen- und Darmspülungen, Ein-

läufe mit Heilkräutern und die Einnahme von Rasayanas können diesen Prozeß sinnvoll begleiten.

Um die Gebärmutter zu reinigen und den Körper zu vitalisieren, sind folgende Rezepturen empfehlenswert:

* 20 Tage lang ½ TL zerriebene Kressesamen mit Ghee oder Kandiszucker täglich einnehmen,
* 4 Wochen lang ½ g Safran täglich einnehmen,
* 20 Tage lang 1½ TL Kreuzkümmel zerdrückt in Kandiszucker einnehmen.

Hilfe bei Beschwerden in der Menopause

Der Ayurveda kennt viele einfache Rezepte und Hausmittel, welche Sie in der Menopause begleiten und die sogenannten Wechseljahresbeschwerden ausgleichen können. Natürlich zeigen diese nur dann ihre direkte Wirkung, wenn der Körper seine ursprüngliche Sensibilität behalten hat. Ist das Hormonsystem jedoch durch die jahrelange Einnahme der Anti-Baby-Pille oder anderer Hormonpräparate beeinflußt, brauchen die natürlichen Kräfte oft lange Zeit, um wieder in ein ausgewogenes Gleichgewicht zu kommen.

Wenn die ersten Menopausen-Symptome, wie z.B. ein unregelmäßiger Zyklus, emotionale Unausgeglichenheit, depressive Verstimmungen oder auch Hitzewallungen, auftauchen, ist es sehr empfehlenswert, täg-

lich etwas Knoblauch und Kresse zu essen. In Kressesamen ist ein Östrogen-Derivat enthalten, welches die Hormonschwankungen zum Teil ausgleichen kann. Besonders während der Wintermonate empfiehlt der Ayurveda, jeden zweiten Tag ¼ TL Kressesamen einzunehmen.

Knoblauch ist ein altes Heilmittel, welches die Verdauungsorgane und Widerstandskräfte stärkt und den Körper verjüngt. Knoblauch hat eine stark aktivierende Wirkung auf die Keimdrüsen und regt die sexuelle Energie an. Während der Menopause werden täglich ca. 2 g empfohlen. Vatadominierte Frauen sollten ihn mit Ghee einnehmen, pittadominierte mit etwas Vollrohrzucker und Wasser, kaphadominierte mit Honig.

Teil III · Die Wechseljahre als Offenbarung zur weiblichen Vollendung

Hitzewallungen

Leiden Sie unter starken Hitzewallungen, so sollten Sie alle pittareduzierenden Maßnahmen in der Ernährungs- und Lebensweise befolgen. Besonders sinnvoll ist der regelmäßige Genuß von grünen Salaten, Rohkost und bitteren Gemüsen wie Spinat, Mangold und Artischocken. Melonen, Gurken und Bananen sind ebenfalls kühlende und ausgleichende Nahrungsmittel.

Zusätzlich helfen täglich 3 Tassen kühlender Kräutertee aus 1/2 EL Koriander-, Cumin- und Fenchelsamen. Auch Salbei, Frauenmantel und Zinnkraut zeigen eine ausgleichende Wirkung. Lutschen Sie bei jeder Hitzewallung das Innere einer Kardamomkapsel, und bevorzugen Sie frische Gurken und Melone als Zwischenmahlzeit. Starke körperliche Anstrengung, Sauna und Schwitzkuren sollten Sie meiden. Eine regelmäßige Fußmassage mit Ghee (Butterfett) und eine Kopfmassage mit Kokosöl leiten die gestörte Pitta-Energie aus, kühlen und entsäuern den gesamten Organismus.

Gebärmuttersenkung und Reizblase

Viele Frauen neigen während der Menopause auch zu Senkungserscheinungen der Gebärmutter und einer Reizblase. Bei diesen Beschwerden sind aufsteigende Fußbäder mit Zusätzen aus Melisse, Hopfen, Frauenmantel oder Baldrian sehr wirkungsvoll. Die regelmäßige Einnahme von Kürbis- und Pinienkernen kann sich ebenfalls als hilfreich erweisen. Zur Stärkung des Beckenbodens ist es sehr gut, regelmäßige Yogaübungen zu praktizieren, welche die Beckenbodenmus-

kulatur stärken. Beginnen Sie einfach, regelmäßig bewußt Ihre Beckenboden- und Aftermuskulatur anzuspannen und anschließend wieder zu entspannen.

Osteoporose

Ein anderes weitverbreitetes Problem ist die Osteoporose, die Knochenentkalkung. Sie findet fünf Jahre lang nach dem Ausbleiben der Menstruation statt. Haben Sie einen ausgewogenen Stoffwechsel und gute Mineralstoffreserven, so werden Sie diese Zeit gut überstehen. Der Körper baut lediglich das überschüssige Calcium ab, das er nicht mehr für weitere Schwangerschaften benötigt. Litt Ihr Körper jedoch schon zuvor an Übersäuerung, Mineralstoff- und Calciummangel, so treten die typischen Beschwerden der Osteoporose in der Menopause auf. Vorbeugend sollten alle vata- und pittaerhöhenden Verhaltensweisen und der Genuß von Zucker, Fleisch, Alkohol, Kaffee und Weißmehlprodukten gemieden werden.

Ein regelmäßiges Sport- und Bewegungsprogramm, eine mineralstoffreiche Ernährung mit Milch, Fisch und Rohkostsäften und die äußeren Behandlungsmethoden Snehana und Swedana helfen Ihnen, den Calciumstoffwechsel des Körpers anzuregen. Als besonders mineralstoffhaltige Nahrungsmittel empfehle ich Ihnen Milch, Mandeln, Sonnenblumenkerne, Walnüsse, Kokosnüsse, Mungobohnen und grünes Blattgemüse. Diese enthalten sehr viel Calcium und verstärken den basischen Knochenaufbau. Der körpereigene Calciumhaushalt arbeitet jedoch nur, wenn er mit Bewegung und Wärme aktiviert wird. Daher sollten Sie täglich

140

ein kleines Bewegungsprogramm absolvieren, bei dem Sie ins Schwitzen kommen (Radfahren, Laufen, Yoga). Ebenso sinnvoll sind regelmäßige Schwitzkuren mit Saunagängen und vorherigen Ölmassagen.

Ist die Haut gut geölt und mit Vitamin E versorgt, so kann der Körper aus dem Sonnenlicht ebenfalls Vitamin D und Calcium bilden. Für ein ayurvedisches Sonnenbad sollten Sie Ihren ganzen Körper mit einer Ölmischung aus Sonnenblumen-, Weizenkeim- und Nachtkerzenöl einsalben und sich anschließend mit Sonne und frischer Luft umgeben. Im Winter können Sie sich auch vor das geschlossene Fenster legen. Nach 20 Minuten waschen Sie unter der Dusche oder beim Baden das Öl ab und entspannen sich anschließend. Dieses Ritual reinigt, nährt und entspannt das Körpergewebe; es wirkt zudem auf den Stoffwechsel und das Nervenkostüm äußerst harmonisierend.

Fehlende Scheidensekretion und trockene Schleimhäute

Diese Problematik trifft vor allem Vata-Frauen, die schon immer unter einer trockenen Haut und der Tendenz, zu wenig oder gar keine Scheidensekrete zu produzieren, gelitten haben. Aber auch bei anderen Frauen kann durch die drastische Hormonumstellung der Menopause eine reduzierte Scheidensekretion auftreten. Wichtig ist in diesem Fall, darauf zu achten, alle psychischen Vata-Erhöher wie Ängste, Streß, Anspannung und Leistungsdruck (auch sexuell) zu reduzieren. Zärtliche Berührungen, Massagen und intime Begegnungen mit dem Partner sind eine wichtige und heilsame Therapie.

Ernährung

Essen Sie viele warme und gekochte Speisen mit süßlichen Gemüsen und Getreiden. Vermeiden Sie alle Bitterstoffe und bitteren Gemüse sowie Salat. Das heißt, eine schöne Karottencremesuppe oder Minestrone ist weitaus besser für Sie als ein grüner Salat oder Spinatgemüse. Achten Sie darauf, daß Sie genügend Salz zu sich nehmen, und trinken Sie jeden Nachmittag eine Gemüsebrühe. Hierzu lösen Sie einfach 1 TL Gemüsebrühe (aus dem Naturkostladen) in heißem Wasser auf und trinken sie schlückchenweise. Trinken Sie täglich ein kleines Glas (ca. 30 ml) frisch gepreßten Orangensaft oder Ananassaft. Durch den süß-sauren Geschmack wird ebenfalls die Flüssigkeitsproduktion im Körper verstärkt.

Massage

Auch Ölmassagen gleichen die erhöhte Vata-Energie aus und können gezielt auf den Feuchtigkeitshaushalt im Körper einwirken. Mischen Sie sich Ihr individuelles Massageöl, und massieren Sie sich damit den ganzen Körper. Um die Säfte so richtig zum Fließen zu bringen, ist es angenehm, sich in einer liebevoll gestalteten Atmosphäre mit viel Wärme, Blumen, Kerzen und guten Gerüchen selbst zu massieren oder – noch besser – massieren zu lassen.

Für Ihr Massageöl verwenden Sie

9 Teile Sesam- oder Sonnenblumenöl,
1 Teil Borretsch-, Jojoba- oder Nachtkerzenöl,
und eine Mischung der nachfolgend genannten ätherischen Öle (Mischung 1, 2 oder 3)

Teil III · Die Wechseljahre als Offenbarung zur weiblichen Vollendung

Als ätherische Öle sind folgende Mischungen besonders zu empfehlen:

* Mischung 1: je 10 Tropfen Geranium, Fenchel und Lavendel,
* Mischung 2: 15 Tropfen Sandelholz, 5 Tropfen Neroli, 4 Tropfen Verbene,
* Mischung 3: 5 Tropfen Zypresse, 10 Tropfen Hyazinthe, 15 Tropfen Muskatellersalbei.

Massieren Sie sich den ganzen Körper, und behandeln Sie die Brüste und den Unterleib besonders intensiv.

Bäder

Ein entspannendes Ölbad wirkt stoffwechselanregend und aphrodisierend. Als sehr wirksame Mischung bei fehlender Scheidensekretion sollten Sie folgende Rezeptur ausprobieren:

10 Tropfen Bulgarische oder Marokkanische Rose,
10 Tropfen Muskatellersalbei,
2 Tropfen Fenchel,
2 Tropfen Hyazinthe

Alles gut vermischen und jedem Bad 6 Tropfen von diesem Konzentrat hinzufügen.

Ist Ihre Scheidensekretion nur gering und möchten Sie sie etwas anregen, so sind auch folgende ätherische Ölmischungen sehr zu empfehlen:

* Mischung 1: 4 Tropfen Bulgarische Rose, 1 Tropfen Geranium, 1 Tropfen Verbene,
* Mischung 2: 2 Tropfen Geranium, 2 Tropfen Lavendel, 2 Tropfen Fenchel,
* Mischung 3: 1 Tropfen Zypresse, 2 Tropfen Hyazinthe, 3 Tropfen Muskatellersalbei.

Ölmassage

Rasayanas in den Wechseljahren

Rasayana, die ayurvedische Lehre der Verjüngung und des langen Lebens, kennt viele aufbauende und stärkende Rezepturen, die Körper und Geist wiederbeleben und erfrischen. Gerade in den Wechseljahren ist es notwendig, dem Körper ein Konzentrat an Aufbaustoffen zuzuführen, mit dem er die Hormonumstellungen gut bewältigen kann. In der Rasayana-Lehre gibt es besondere Nahrungsmittel und Rezepturen, die speziell für Frauen in den Wechseljahren empfohlen werden. Die Einnahme dieser Verjüngungsmittel kann jedoch nur sinnvoll und wirksam sein, wenn Sie diese in Ihre gesunde und bewußte Ernährungs- und Lebensweise einschließen. Viele Lebensmittel zählen aufgrund ihrer vitalisierenden und zellerneuernden Eigenschaften zu den Rasayanas: Äpfel, Karotten, Mandeln, Kokosnuß, Cashew-Nüsse und Gewürze wie Knoblauch und Safran.

Die von mir bevorzugten Rasayana-Rezepte sind Nußpasten mit Gewürzen. Die Zutaten sind leicht erhältlich, so daß Sie ohne großen Zeitaufwand Ihre Rasayanas selbst herstellen können.

Mandelpaste

200 g Mandeln, eingeweicht, geschält und getrocknet mit der doppelten Menge Honig in ein Glas geben und verschließen. 10 Tage stehen lassen. Dann folgende Zutaten in zerstoßener Form zugeben: 50 g Pfeffer, 80 g Spargelwurzel, 80 g Lakritze, 80 g Basilikum, 80 g Anissamen. Alle Zutaten mischen und täglich vor dem Frühstück 3 TL einnehmen.

Mandel-Cashew-Paste

Jeweils 100 g Mandeln, Cashew-Nüsse und Kandiszucker mischen. 50 g Anis und 20 g schwarze Pfefferkörner hinzufügen. Alles zerstoßen, gut vermischen und dann in einem Glas verschließen. Täglich 1 EL mit heißer Milch oder auch heißem Wasser einnehmen.

Safranmilch mit eingelegten Aprikosen

Dieses Rezept ist ein aufbauendes Verjüngungsmittel, welches den Körper besonders mit Vitamin A und D sowie Calcium und Kalium versorgt. Die Kombination von Milch, Safran und Aprikosen stärkt den ganzen Körper und beruhigt die Nerven. Wer keine Kuhmilch verträgt, sollte Reismilch oder Mandelmilch verwenden.

> *1/4 Liter Milch*
> *1 Msp. Safranfäden*
> *6–8 getrocknete, ungeschwefelte Aprikosen*

Die Aprikosen und den Safran über Nacht in der Milch einweichen. Alles zusammen erwärmen. Als Frühstück oder Zwischenmahlzeit die Aprikosen essen und die warme Safranmilch trinken.

Ingwer-Frauentee

Dieses äußerst heilsame Universalgetränk ist sehr wohltuend für die weiblichen Unterleibsorgane, gestreßte Nerven, den Darm und zur Anregung des Kreislaufs.

Teil III · Die Wechseljahre als Offenbarung zur weiblichen Vollendung

1 daumengroße Ingwerwurzel
½ Liter Wasser
¼ Liter Milch
1 Msp. Zimt

Ingwerwurzel in Streifen oder Stücke schneiden, mit dem Wasser kurz aufkochen und 20 Minuten leicht köcheln lassen. Milch und Zimt zugeben und nochmals aufkochen lassen. Je nach Geschmack etwas Vollrohrzucker zugeben.

Klassische Rasayana-Pflanzen und -Rezepturen

In Indien gibt es eine Fülle von Rasayana-Rezepturen, die alle stärkend und vitalisierend für Körper und Geist sind. Die oft jahrtausendealten Rezepte wirken sehr intensiv und werden nur mit ausgewählten Pflanzen nach besonderen Verfahren hergestellt. Es ist für uns sehr schwierig, diese langwierigen und alchimistischen Prozesse in der eigenen Küche nachzuahmen und ein gleichermaßen hochwertiges Rasayana herzustellen.

Die wichtigsten und bekanntesten Aufbaumittel für die Sexualkraft und Gesundheit des weiblichen Unterleibs sind Ashvagandha und Shatavari. Ashvagandha (Vithania somnifera) ist im Deutschen auch als Wildkirsche bekannt und wird als allgemeines Stärkungs- und Verjüngungsmittel verwendet. Schwächliche Kinder, ältere Menschen, Schwangere und von langer Krankheit Genesende sollten Ashvagandha regelmäßig einnehmen. Es wird auch thera-peutisch gegen körperliche und geistige Erschöpfung, Gewebeschwäche, Rheumatismus und Hautprobleme eingesetzt.

Die Wurzeln von Ashvaganda sind als Rasayana und Vajikarana mit den Eigenschaften süß, bitter, herb und heiß bewährt. Ashvagandha reduziert Vata und Kapha. Die aktiven Wirkstoffe haben eine spezifische Enzymwirkung bei Tumorzellen sowie eine das Immunsystem stimulierende Wirkung, sind gut bei Geschwüren und hervorragend für das Gedächtnis und die Konzentrationsfähigkeit.

Shatavari (Asperagus racemosus) ist für Frauen eines der wichtigsten Verjüngungsmittel und beeinflußt alle weiblichen Sexualorgane. Shatavari sind pulverisierte Spargelwurzeln. Das Wort bedeutet übersetzt »die hundert Männer besitzt« und wirkt bei allen Frauenbeschwerden, von nachlassender Libido über Hormonschwankungen bis zu Wechseljahresbeschwerden aller Art.

Sowohl Ashvagandha als auch Shatavari werden mit Milch, Honig und etwas Ghee eingenommen.

Ich habe Ihnen im folgenden eine kleine Auswahl an klassischen Rezepturen zusammengestellt, die Sie ohne weiteres zu Hause herstellen oder auch bei speziellen Versendern bestellen können (siehe Adressenverzeichnis).

Kukkutanda Twak Bhasma
Kukkutanda Twak Bhasma wird vor allem zur Vorbeugung gegen Wechseljahresbeschwerden, Osteoporose und Calciummangel verabreicht. Um Bhasma herzustellen, weicht man Eierschalen über Nacht in Zitronensaft ein (Eierschalen zuvor abschälen und Häutchen entfernen) und mischt diese mit Aloe-Vera-Gel. Die Mischung im Mörser so lange zerkleinern, bis sie getrocknet ist

(evtl. im Backofen mit Warmluft trocknen lassen). 200 g Bhasma mit Milch und 2 g Ashvagandha sind gut bei Weißfluß und bei Calciummangel.

Schwarze Sesamsamen

Eine Handvoll schwarze Sesamsamen im Mund zerkauen, anschließend mit Wasser herunterspülen. Dies kräftigt den Körper und die Zähne. Man sagt, daß bei regelmäßiger Anwendung die Zähne nie ausfallen werden.

Kalmuswurzel

Täglich 1 g Kalmuswurzel mit Milch, Sesamöl oder Ghee einnehmen. Wirkt exzellent für die Intelligenz und eine klare Stimme und ist ebenfalls für Kinder im Wachstumsalter als Kur empfehlenswert (in diesem Falle aber nicht mehr als $\frac{1}{2}$ g täglich).

Süßholz (Liquorice)

$\frac{1}{2}$ g Süßholz in Pulverform mit etwas Milch oder Ghee einnehmen.

Basilikum

Ocimum Sanctum (Basilikum) wirkt blutdrucksenkend und hilft bei vielerlei Beschwerden. Es wird vielfach bei streßbedingten Geschwüren eingesetzt.

Triphala

Triphala ist eines der bekanntesten ayurvedischen Pflanzenheilmittel und wirkt sehr gut auf die Verdauung und den gesamten Stoffwechsel. Es besteht aus den drei Bestandteilen Amla, Haritaki und Taminalia Balerika. 3 g von jedem Pulver zu einer Paste verreiben und mit Wasser einnehmen. Eine weitere bewährte Rezeptur sieht vor, einen Eisentopf mit Triphala-Paste zu bestreichen, ihn über Nacht stehen zu lassen und den Inhalt am Morgen mit Honig oder Wasser zu mischen und einzunehmen.

Shatavari Grtam (Ghee)

Shatavari Grtam ist die Bezeichnung für medizinisches Spargelwurzel-Ghee. Hierzu wird eine Abkochung zubereitet aus 1 Teil Pulver der Wurzeln, 8 Teilen Absud, 8 Teilen Milch und 4 Teilen Ghee. Shatavari Grtam ist gut für den Magen, bei Dickdarmentzündung und Geschwürbildung. Zur Vorbeugung gegen solche Beschwerden sollten 5 ml am Tag eingenommen werden, bei akutem Krankheitsbefund 10–20 ml.

Chyavanaprash

Chyavanaprash ist ein sehr bekanntes Rasayana und auch als Amla-Marmelade zu kaufen. Es stärkt den gesamten Organismus und das Immunsystem, wirkt stabilisierend für die Nerven und verjüngend auf den Zellstoffwechsel.

Chyavanaprash besteht aus verschiedenen Zutaten:

Astavarga (8 Pflanzen)
Dasa Mula (10 Wurzeln)
Rosinen
Haritaki (Teil von Triphala)
Sandelholz
Kurkuma (Gelbwurz/ Phillantus Nirori)

Teil III · Die Wechseljahre als Offenbarung zur weiblichen Vollendung

Süßholz (Phillantus Emblica)
Ipomea Digitata

Um Chyavanaprash herzustellen, bereitet man einen Absud aus allem (im Verhältnis 1:8 oder 1:16, auf ¼ herunterkochen): Alle Zutaten mischen, mit der 8- bzw. 16fachen Menge Wasser aufgießen und so lange köcheln lassen, bis nur noch ¼ der Flüssigkeit im Topf ist und ¾ verkocht sind. Anschließend den Zucker hinzufügen. Separat werden Amlafrüchte entkernt. Die Fruchtmasse wird in Ghee angebraten, bis sich eine bräunliche Färbung einstellt. Die gebratenen Amlafrüchte dem Absud beimengen und gut durchkochen. Safran, Kardamom, Zimt, Pippali, Bambu Manna-Pulver und Honig beifügen und das Ganze gut vermischen. Zur Stärkung sollte man täglich 10–20 g Chyavanaprash einnehmen (am besten mit Milch).

Natürlich können Sie Chyavanaprash auch als fertiges Produkt kaufen oder bestellen. Dies ist weitaus einfacher, als es selbst herzustellen, besonders da viele Zutaten nur in Indien erhältlich sind.

Hingvastaka Churna

Hingvastaka Churna stimuliert das Agni, korrigiert das Vata und ist gut bei Blähungen und Asthma. Es besteht aus:

10 g Steinsalz
10 g Pippali
10 g Hing (Asafoetida)
10 g Ingwer (= Atrak)
10 g Kreuzkümmel
10 g Thymiansamen (gemahlen= Ajwain)

Das Hing mit 1 TL Ghee anrösten, Kreuzkümmel, Pippali, Thymian, Ingwer und Salz unterrühren. In einem geschlossenen Gefäß 1 Jahr lagern.

Mineralien

Auch Mineralien gehören im Ayurveda zu den Rasayanas: Gold wird innerlich in Form von Asche angewendet und korrigiert Agni, verbessert das Immunsystem und die Dhatus. Sila Jatu (Sila = Fels) ist ein Bitum ähnlicher Stoff und kann für alle Krankheiten verwendet werden. Es wirkt hauptsächlich auf den Urintrakt und die Fortpflanzungsorgane.

Teil IV

Saundarya – innere und äußere Schönheit mit Ayurveda

Im Ayurveda ist Schönheit ein innerer und äußerer Ausdruck des ganzen Menschen, der seine persönliche Ausstrahlung, seine innere Liebe und Harmonie umfaßt. Unser Körper drückt mit jeder Zelle und jeder Faser seines Seins die Lebensenergie aus und spiegelt Gefühle und Lebenseinstellung.

Die meisten Menschen, die ich kenne, benötigen stets einen Grund und eine Berechtigung zur Freude und zum Genießen. Das bedeutet, wir glauben, uns Anerkennung, Liebe und Glück immer erst verdienen zu müssen. Diese innere Lebenshaltung wird auch in unserer Einstellung zum eigenen Körper und dessen natürlicher Schönheit sehr deutlich. »Schön« ist für viele von uns gleichbedeutend mit harter Arbeit, strenger Diät, anstrengendem Sport und Fitneßtraining sowie dem täglichen Kampf gegen überflüssige Pfunde, Falten und Pickel.

Um die wahre Schönheit zu entdecken, bedarf es aber lediglich der Zeit und der Liebe zu sich selbst. So wie eine Blume in jedem Stadium ihrer Blüte durch Farbe und Duft betörend wirkt, so leuchtet die innere Schönheit aus einem erfüllten Selbst heraus. Das Leben an sich zu genießen und die eigene Persönlichkeit und deren körperliche Ausdrucksform wirklich mit offenem Herzen anzunehmen und ohne Vorbehalte zu schätzen, ist der erste und wichtigste Schritt zur Entfaltung von Schönheit und Anziehungskraft.

Ich kenne keine Frau, der es gelungen ist, nur aufgrund äußerer Ziele oder rein ästhetischer Gründe ihre Lebensweise wirklich zu ändern – und das, obwohl viele Frauen mich im Laufe der letzten Jahre für eine ayurvedische Ernährungsberatung oder Behandlung konsultiert haben. Diejenigen, die das große Wissen und die heilende Kraft der ayurvedischen Behandlungsweisen wirklich umsetzen, ihr gewünschtes Idealgewicht erreichen (und halten) oder einen echten Regenerations- und Verjüngungserfolg verbuchen konnten, besaßen die Reife, eine neue Perspektive für ihr eigenes Leben und den täglichen Umgang mit den körperlichen und psychischen Bedürfnissen zu gewinnen und anzunehmen.

> Als Anette das erste Mal zu mir in die Praxis kam, war sie 32 Jahre alt, hatte eine unreine Haut, Ränder unter den Augen und Übergewicht. Sie hatte von den großen und schnellen Erfolgen der ayurvedischen Schönheitstherapie gehört und wollte eine effiziente Hautkur machen.
>
> Nach einer gründlichen Diagnose stellte ich fest, daß ihr Kapha- und Pitta-Dosha gestört waren, der gesamte Leber- und Nierenstoffwechsel

Teil IV · Saundarya – innere und äußere Schönheit mit Ayurveda

nicht richtig arbeitete und sich sehr viel Ama im Körper abgelagert hatte. Als ich Anette erklärte, daß ihre äußeren Haut- und Gewichtsprobleme nur die Spitze des Eisbergs darstellten und sie eine wirklich gründliche Reinigungs- und Regenerationskur benötigte, war sie nicht sehr erbaut. Sie erwartete von mir ein paar Ernährungstips, Kräuterpräparate und wirkungsvolle Gesichtsbehandlungen, um nach vier Wochen fit, vital und schön mit ihrem Mann eine wichtige Geschäftsreise zu unternehmen. Natürlich blieb die erhoffte Langzeitwirkung unserer ayurvedischen Behandlungsreihe aus, da Anette nicht wirklich ihr Leben änderte, sondern nur einen äußeren Effekt erhoffte.

Nach einem Jahr konsultierte sie mich erneut. Diesmal hatten sich ihre Hautprobleme zu einer entzündlichen Akne gesteigert, und sie litt unter starken Wassereinlagerungen und gelegentlichem Sodbrennen. »Ich fühle mich leer und ausgebrannt. Mein Leben erscheint mir hoffnungslos, und ich kann nichts von dem, was ich habe oder erlebe, wirklich genießen. Vielleicht kann ich ja jetzt mit Ayurveda wirklich neu anfangen und das finden, wonach ich mich schon so lange innerlich sehne.« Mit diesen Worten beschrieb Anette ihren erneuten Anlauf und war bereit und offen, grundlegende Neuerungen im Umgang mit sich selbst anzunehmen.

Ganz langsam und Schritt für Schritt stellte sie ihre Ernährung auf eine säurearme, entwässernde Kost mit viel bitteren Gemüsen, gekochten Getreiden und agnianregenden Getränken um. Sie gestaltete ihren Tagesablauf neu, integrierte die Morgenroutine und ein tägliches Meditationsprogamm, genoß lange Spaziergänge am Wochenende mit ihrem Mann und wurde eine echte Expertin für Aromaöle und energetisierende Badeerlebnisse. Gezielte Vitamin- und Kräuterpräparate und ein ayurvedisches Kosmetikpflegeprogramm ließen ihre Haut schnell gesund werden. Bereits nach sechs Monaten war sie schlanker, dynamischer und attraktiver als je zuvor. »All dies hätte ich niemals gemacht, nur um schöner zu werden. Erst als aus meiner inneren Not ein wirklicher Lebenswandel anstand – weil ich keine andere Alternative mehr sah – und ich meinen ganzen Frust und die ständig nagende Unzufriedenheit in mir nicht mehr akzeptieren wollte, konnte ich die unglaubliche Veränderung durch Ayurveda in mir zulassen.«

Um schön zu sein, bedarf es der Aufmerksamkeit und Bewußtheit für den eigenen Körper und die inneren Bedürfnisse. Wenn Sie Freude und Lust an der Beschäftigung mit sich selbst empfinden, dann nehmen Sie sich auch die Zeit, sich zu pflegen und zu verwöhnen. Ein tiefes Selbstwertgefühl und vitale Spannkraft werden dann von Ihrer ganzen Erscheinung ausgehen, und Sie werden Ihren Charme und Ihre Kraft auf die Umgebung übertragen.

Für jede Frau ist die persönliche Erscheinung von großer Wichtigkeit. Selbst wenn sie der Ansicht ist, daß die inneren Werte wichtiger sind als die äußeren, so schaut sie doch auf ihre Figur, ihren Teint und ihre eigene Ausstrahlung im Vergleich zu anderen Frauen. Ich kenne viele intelligente, gebildete und erfolgreiche Frauen, die mir in persönlichen Gesprächen ihr geheimes Leid klagen, daß der Busen zu groß oder zu klein ist, sie sich zu dick oder zu dünn finden, die Haare nicht sitzen oder die Nase zu spitz ist.

Wenn wir uns nicht mit dem eigenen Körper identifizieren können, fühlen wir uns unwohl in unserer Haut. Selbst wenn anderen diese Komplexe lächerlich erscheinen mögen, ist es für die betroffene Frau eine große Belastung.

Allem Anschein nach waren Frauen zu keiner Zeit mit ihrem Äußeren zufrieden. Schon im alten Indien und Ägypten finden wir eine große Auswahl an Rezepturen, die der Brustvergrößerung, der Poverkleinerung und der Hautstraffung dienen sollten.

Entgegen den Vorstellungen, die uns die Kosmetikindustrie und die Werbung zu suggerieren versuchen, gibt es im Ayurveda keinen festgelegten Schönheitsmaßstab. Jung, schlank und faltenfrei sind demnach nicht die Kriterien, die über die innere und äußere Schönheit bestimmen. Viel wichtiger ist es, daß eine Frau (oder ein Mann) eine positive und vitale Ausstrahlung hat, sich selbst annimmt und liebevolle Umgangsformen mit sich und anderen pflegt. Der Glanz der Augen, der Schimmer der Haut, aber auch die anziehende Aura, die einen Menschen um-

gibt, machen nach dem Ayurveda die wahre Schönheit aus. Die umfassende und richtige Körperpflege ist im Ayurveda die Grundlage für die eigene Schönheit und ein langes, gesundes und glückliches Leben. Ist der Körper gesund und sind wir auch seelisch-geistig mit allem versorgt, was wir brauchen, so stellt sich eine ausdrucksvolle und liebreizende Schönheit von ganz alleine ein.

Je nach Konstitutionstyp zeichnet sich Schönheit auf andere Weise aus. So macht Vata zart und elfenhaft. Die Schönheit der Vata-Frau ist wie der Morgentau auf einer frischen Knospe – rein und unberührt. Ihr Körper ist mädchenhaft und fein, die Haut durchsichtig, und die gesamte Erscheinung wirkt ätherisch, rein und jugendlich. Diese reizvolle Mischung von Weiblichkeit und inspirierender, sprudelnder Lebendigkeit macht Vata-Frauen unwiderstehlich und löst in jedem Betrachter den Wunsch aus, sie zu halten und zu beschützen.

Pitta macht die weibliche Schönheit feurig, prickelnd und ausdrucksstark. Es wirkt mit seiner lebhaften und extrovertierten Dynamik anziehend und verführerisch. Pitta-Frauen sind voller Glut und faszinieren mit ihrer pulsierenden Anziehungskraft. Sie stehen als strahlende Schönheit im Mittelpunkt der versammelten Aufmerksamkeit. Ihre kräftigen Farben leuchten, ihre verheißungsvollen Augen sprühen Funken, und ihre vibrierende Ausstrahlung bringt das Blut in Wallung. Wie ein in Farbe, Geruch und Leuchtkraft explodierendes Blumenbeet im Sommer hat die Pitta-Frau eine intensive Schönheit von durchdringender und einnehmender Kraft.

Kapha ist die volle weibliche Schönheit, die uns wie ein tiefer Gebirgssee erfüllt und

Teil IV · Saundarya – innere und äußere Schönheit mit Ayurveda

zum Fließen bringt. Hingebungsvolle Blicke aus großen glänzenden Augen, verführerische Rundungen und Formen, samtzarte Lippen und kräftige, glänzende Haare – das sind die bezaubernden Attribute der Kapha-Kraft. Die Schönheit einer Kapha-Frau gleicht einer reifen, saftigen Frucht: Sie ist sehr weiblich, weich und üppig und umfängt die Menschen mit ihrem Charme und Liebreiz. Aus jeder Pore des Kapha-Seins strahlt eine voll erblühte Sinnlichkeit mit Liebe und tragender Stärke. Es geht eine sanft beschienene Aura von der Kapha-Frau aus, die sie in genußvollen Augenblicken unwiderstehlich macht.

Das Geheimnis jeder Schönheit ist die Menge und Qualität der essentiellen Lebensenergie Ojas, dem letzten Körpergewebe, das als feinstoffliches Stoffwechselprodukt aus der Gewebserneuerung entsteht. Ojas heißt übersetzt so viel wie »die feinste Essenz« oder »die feinste Lebensenergie«. Arbeitet der Stoffwechsel in ausgewogener Weise und verfügt der Organismus über alle Vitalstoffe und Bausteine, die er benötigt, dann werden alle Körpergewebe ständig erneuert. Die Haut ist das erste Körpergewebe, das sich bildet und damit eine Art Seismograph für die Harmonie und Gesundheit des einzelnen.

Ojas ist maßgeblich für die persönliche Ausstrahlung und Stimmung. Es bringt die Augen zum Strahlen, die Haut zum Schimmern und bewirkt eine unwiderstehliche Anziehungskraft. Freude, Glück und Liebe sind ebenfalls Gefühle, die mit Ojas einhergehen. Erfahren wir diese Gefühle von außen, so wird Ojas in uns angeregt. Und produziert der eigene Körper viel Ojas, dann erscheint uns das ganze Leben in einem goldenen Glanz: Wir spüren tiefe Liebe und freudiges Glück in unserem Inneren.

Leben wir unter Zeitdruck, Anspannung und Überforderung, so streichen wir unglücklicherweise oft zuerst die Dinge von unserem Tagesplan, die für uns persönlich gut wären. Die Bedürfnisse anderer und die alltäglichen Verpflichtungen von Familie und Beruf versuchen wir als Frauen hingegen meistens so lange wie möglich zu erfüllen, anstatt uns Erholung und Entspannung zu gönnen.

Die ayurvedischen Schönheitsbehandlungen schenken Ihnen alles, was Sie zum Ausgleich für Ihr körperliches und seelisches Wohlbefinden brauchen. Sie sollten sie auch gerade dann anwenden, wenn Sie mit Streß und Überlastung konfrontiert werden, denn in diesem Falle wirken sie besonders wohltuend und ausgleichend. Nehmen Sie sich täglich 15 Minuten mehr Zeit für Ihre Schönheit und Ihren Energieausgleich, so gewinnen Sie ein Vielfaches an innerer Kraft und Gelassenheit, Ihren Anforderungen zu begegnen.

Das ayurvedische Schönheitskonzept beruht auf den drei Säulen *Snehana* (Behandlung/Ölung), *Yoga* (Bewegung) und *Annavijanna* (Ernährung). Durch Snehana, die äußeren Ölbehandlungen und Massagen, wird der Körper bis tief in die einzelnen Körpergewebe gereinigt und genährt. Über die Haut wird der ganze Organismus tief entspannt. Besonders das Kapha-Prinzip erfährt wirkungsvolle Regeneration, Streicheleinheiten und neue Fülle.

Yoga oder andere ganzheitliche Bewegungsformen wirken besonders intensiv auf das Vata-Prinzip der inneren und äußeren Bewegung. Der harmonische Energiefluß wird gefördert, Hormon- und Nervensystem werden neu belebt und stabilisiert. Die Ernährung ist ebenfalls ein wichtiger Baustein für die eigene ganzheitliche Gesundheit und Schönheit. Über das Pitta-Prinzip wird der Stoffwechsel aktiviert, der Zellaufbau gestärkt und die Entgiftung gefördert.

Ein komplettes ayurvedisches Schönheitsprogramm besteht aus einer individuell abgestimmten Haut- und Körperpflege, einer konstitutionsgerechten Ernährungs- und Lebensweise sowie aus speziellen Körperübungen, Massagen und Ölbehandlungen zur Tiefenreinigung, Zellerneuerung und Körpermodellierung. Dadurch wird der Organismus rundum mit allem versorgt, was er

braucht, und kann sich aus eigener Kraft regenerieren. Dieser intensive Erneuerungsprozeß stärkt Körper, Geist und Seele und führt uns zu dem in uns liegenden Potential an Schönheit, Jugendlichkeit und Dynamik.

Mit *Saundarya* bezeichnet man eine umfassende Palette von sehr wohltuenden Schönheitsbehandlungen im Ayurveda, die in den folgenden Kapiteln beschrieben werden. Hierzu gehören u.a. entspannende und vitalisierende Gesichtsmassagen, natürliche Kosmetikanwendungen mit Frischfrucht- und Kräutermasken, spezielle Behandlungen für die Augen, Haare, Nägel und Problemzonen des Körpers.

Schöne Haut als Spiegel der Persönlichkeit

Die Haut wird im Ayurveda als Spiegel der Seele betrachtet und ist ein feinfühliges Abbild aller Funktionen und Organe im Körper. Als größtes Körperorgan ist die Haut ein wichtiges Sinnesorgan, dient als Schutzschild und Speicher und gleicht die Körper- und Außentemperatur aus. Über unsere Haut erfahren wir direkt äußere Wahrnehmungen.

Mit einer ausgewogenen Haut- und Körperpflege nach ayurvedischen Prinzipien erhalten wir nicht nur ein schönes Aussehen, sondern unsere persönliche Entwicklung und Lebenskraft erfahren auch wertvolle Impulse zur ganzheitlichen Ausdrucksfähigkeit. Dies geschieht vor allem durch die individuelle und konstitutionsgerechte Auswahl an Pflegeprodukten und Ölen, durch liebevolle und harmonisierende Massagen und den Kontakt zu den einzelnen Doshas, Dhatus und emotionalen Speicherungen in der Haut.

	Hauptsitz	**Funktionen der Haut**
Vata	Oberhaut (Epidermis) und Lederhaut (Cutis)	Wahrnehmungsorgane und Nervenstrukturen, Stofftransport, Bewegungsvorgänge
Pitta	Lederhaut (Cutis) und Grenze zur Oberhaut (Keimschicht)	Stoffwechsel, Durchblutung, Zellversorgung, Wärmebildung und -regulation
Kapha	Unterhautfettgewebe (Subcutis) und Lederhaut	Flüssigkeiten, Lymphe, Talg- und Fettbildung, Form- und Strukturgebung, Grundsubstanz

Wirkung der Doshas in der Haut

Teil IV · Schöne Haut als Spiegel der Persönlichkeit

Nach der Lehre des Ayurveda finden wir die drei Doshas in unseren Hautfunktionen und deren Beschaffenheit wieder. Je nach Konstitutionstyp unterscheiden sich auch die Hauttypen voneinander. Die Eigenschaften der Haut müssen jedoch nicht mit den typischen Konstitutionsmerkmalen übereinstimmen. So kann eine Vata-Konstitution auch eine empfindliche Pitta-Haut oder eine Pitta-Kapha-Konstitution eine trockene Vata-Haut besitzen. Die Auswahl an Pflegeprodukten und individuellen Behandlungsformen sollte daher immer direkt auf die Bedürfnisse und Eigenschaften der Haut abgestimmt werden, auch wenn dies von den sonstigen konstitutionellen Empfehlungen abweicht.

Unsere Haut besteht aus drei Schichten mit unterschiedlichen Geweben. Als Epidermis bezeichnet man die Oberhaut, als Cutis oder Lederhaut die darunterliegende Keimschicht und als Subcutis das Unterhautfettgewebe. Die gefäßlose Oberhaut dient vor allem als Schutzschicht, und das Vata ist in ihr besonders stark ausgeprägt. Unser größtes Sinnesorgan befindet sich in der Oberhaut. An ihrer Beschaffenheit erkennen wir die Ausprägung und Dominanz unseres Vata-Doshas. Vata-Konstitutionstypen haben normalerweise eine zarte und feinporige Haut, welche eine leicht rosige oder bräunliche Färbung aufweist. Ist das Vata aus dem Gleichgewicht geraten, so spiegelt sich das ebenfalls deutlich in der Haut wider: Bei Streß und innerem Ungleichgewicht reagiert der Körper häufig mit trockener, rauher, schuppiger und kalter Haut.

Pitta zeigt seinen Wirkungsbereich überwiegend in der mittleren Hautschicht, der Lederhaut (Cutis). Hier werden die neuen Hautzellen gebildet, und Pitta steuert die Durchblutung, den Zellstoffwechsel und den Wärmehaushalt mit seiner Schweißbildung. Wir erkennen das Pitta in der Haut an der Wärme und der gelegentlichen Rötung. Je mehr Pitta wir haben, um so schneller reagiert die Haut mit diesen Symptomen auf innere und äußere Faktoren. Im allgemeinen verfügen Pitta-Typen über eine gut durchblutete Haut, welche sich warm, geschmeidig und weich anfühlt. Oft neigt der Pitta-Hauttyp zu allergischen Hautreaktionen, Sonnenempfindlichkeit und Hautunreinheiten.

Das Unterhautfettgewebe und der Flüssigkeitshaushalt sind Ausdruck des Kapha-Prinzips in unserer Haut. Je stärker das Unterhautfettgewebe ausgeprägt ist, um so mehr Kapha haben wir in unserer Konstitution verankert. Kapha-Typen verfügen normalerweise über eine gut gepolsterte und robuste Haut, welche widerstandsfähig, gut durchfeuchtet und leicht fettig ist. Wenn Kapha aus dem Gleichgewicht geraten ist, so wird die Haut fettig und blaß; es können sich Pustel-Akne, Hautpilze, Wasser- und Lymphansammlungen bilden.

	Normalzustand	**bei Störungen**
Vata-Haut	* dünn, feinporig, dunkler Teint mit weißlicher oder gräulicher Tönung * fühlt sich kühl an (insbesondere an Händen und Füßen), klimaempfindlich * trocken, rauh, fleckenweise schuppig	* fehlender Tonus oder Glanz * rauhe Flecken, rissig, aufgesprungen * trockene Ausschläge * Hühneraugen und Verhärtungen * trockene Ekzeme
Pitta-Haut	* heller, pfirsich- oder kupferfarbener Teint, eventuell Sommersprossen * weich, schimmernd, warm * empfindlich gegenüber chemischen Verbindungen	* Ausschläge, Entzündungen, Juckreiz * fettig im T-Bereich des Gesichts * frühzeitige Faltenbildung * gelbe, pustelartige Akne, Mitesser, Hautgrieß, allgemein übermäßig fettige Haut
Kapha-Haut	* dick, feucht, blaß * fühlt sich allgemein weich und kühl an * straffes Gewebe, altert langsam	* matte, träge, unreine Haut * vergrößerte Poren * Mitesser, große weiße Pusteln, zystische Gebilde * zähe, fettige Sekretion

Konstitutionsbezogene Hauteigenschaften

Kleiner Hauttest der konstitutionsbezogenen Hauteigenschaften

Betrachten und fühlen Sie Ihre Haut unter den in der Tabelle aufgeführten Kriterien, und erkennen Sie Ihre typischen Merkmale der konstitutionsbezogenen Hauteigenschaften. Dabei muß nicht immer eindeutig nur ein Dosha die Hauteigenschaften beschreiben, sondern die Konstitutionsmerkmale können sich natürlich auch mischen. Dies sollte dann später bei der Auswahl der Produkte und der Pflege berücksichtigt werden.

Teil IV · Schöne Haut als Spiegel der Persönlichkeit

1. Aussehen

Schauen Sie Ihre Haut im Spiegel an, und bestimmen Sie, welche der folgenden Punkte auf Sie zutreffen.

* Vata: blaß, rauh, trocken, Tendenz zu spröder Haut, feine Poren, ☐
* Pitta: gut durchblutet, leicht fettig, Tendenz zu Sommersprossen und Hautunreinheiten/Irritationen, geplatzte Äderchen, vergrößerte Poren in der T-Zone des Gesichts, ☐
* Kapha: helle Haut, dick, rein, glatt, sanft, fettig, große und offene Poren. ☐

2. Fühlen

Fühlen Sie Ihre Haut, und achten Sie darauf, ob sie sich warm, kalt, weich oder rauh anfühlt.

* Vata: kalt, rauh, etwas hart, ☐
* Pitta: warm, weich, etwas feucht oder ölig, ☐
* Kapha: feucht, kühl, weich. ☐

3. Kälte- und Trockenempfindlichkeit

Wie reagieren Sie auf das äußere Klima und bei Temperaturschwankungen?

* Vata: starke Reaktion auf Kälte und Trockenheit, Neigung zu Schuppenbildung, ☐
* Pitta: kann Kälte gut vertragen und reagiert wenig auf Trockenheit, ☐
* Kapha: starke Empfindlichkeit gegen Kälte und sehr schwache gegen Trockenheit. ☐

4. Sonnen- und Hitzereaktion

Denken Sie an ihren letzten Sommerurlaub zurück, und erinnern Sie sich an Ihre Reaktion auf Hitze und Sonne:

* Vata: wenig empfindlich bei Sonne und nur zeitweise bei Hitze; die Haut bleibt relativ hell, ☐
* Pitta: starke Empfindlichkeit und leichte Sonnenbrandgefahr, die Haut färbt sich rot, ☐
* Kapha: unempfindlich bei Hitze und Sonne, die Haut wird leicht braun. ☐

5. Hautveränderungen

Wenn Sie Hautunreinheiten oder -veränderungen haben, wo treten diese auf und in welcher Form äußern sie sich?

* Vata: wenig Hautunreinheiten und wenn, dann im Stirnbereich, Neigung zu Milien (Grießkörnern), dunkle Pigmentierung an den Wangen oder dunkle Augenringe, ☐
* Pitta: bekommt leicht rote Flecken, Entzündungen, Ausschläge, die Haut brennt und ist heiß, besonders im Nasen- und Wangenbereich, ☐
* Kapha: Pustel, Pickel und Akne, besonders im Mund-, Kinn- und Halsbereich. ☐

6. Haare

Betrachten und fühlen Sie nun Ihre Haare und bestimmen Sie ihre Eigenschaften.
* Vata: trocken, dünn, spärlich, leicht lockig oder kraus, ☐

* Pitta: mitteldick, fein, weich, golden oder rötlich, früh ergraut oder Haarausfall, ☐
* Kapha: dickes Haar, fettig, üppig, wellig. ☐

7. Fingernägel

Wie die Haare, so sind auch die Fingernägel Anhangsgewächse der Haut und verfügen über aufschlußreiche Konstitutionsmerkmale.

* Vata: trocken, klein, gerillt, brüchig, rauh, verfärbt, ☐
* Pitta: rosa, weich, biegsam, ☐
* Kapha: dick, glatt, hell, kräftig. ☐

	Vata	Pitta	Kapha
1. Aussehen			
2. Fühlen			
3. Kälte- / Trockenempfindlichkeit			
4. Sonnen- und Hitzereaktion			
5. Hautveränderungen			
6. Haare			
7. Fingernägel			

Teil IV · Schöne Haut als Spiegel der Persönlichkeit

Gesunde Haut durch gesunde Körpergewebe

Wie schon beschrieben, hängt die Gesundheit unserer Haut vom Gleichgewicht der Doshas und der Neubildung unserer Körpergewebe ab. Im Ayurveda benennt man sieben Körpergewebe, die sogenannten Dhatus, welche sich aufeinander aufbauen. Die Dhatus lauten im einzelnen: Plasma, Blut, Muskeln, Fett, Knochen, Knochenmark, Nervengewebe und Fortpflanzungsgewebe.

Die Bildung des Hautgewebes ist direkt von der Qualität des ersten Körpergewebes, dem Rasa-Dhatu, abhängig, da die Haut ihre gesamten Nährstoffe direkt aus dem Blutplasma bezieht. Im Sanskrit wird die Haut auch als *Rasasara*, »der Rahm, der an die Oberfläche steigt«, bezeichnet. Und genauso wie der Rahm in konzentrierter Form die Bestandteile der Milch enthält, so ist die Haut die Essenz des Rasa-Dhatus. Vorzeitige Alterungsprozesse, Hautbeschwerden und -krankheiten sind eines der ersten sichtbaren Symptome für einen mangelhaften Zellaufbau und zeigen äußerlich die toxischen Funktionsstörungen des individuellen Stoffwechsels.

Mit den täglichen Stoffwechselprozessen werden die drei Doshas genährt, Abfallstoffe ausgeschieden und die gesamte Zellerneuerung gesteuert. Die komplette Assimilation der Nährstoffe durch alle sieben Dhatus dauert etwa 40 Tage, das heißt 5–6 Tage pro Dhatu. Ist das Agni zu schwach und der Stoffwechsel aufgrund einer falschen Ernährungsweise oder körperlich-seelischer Überlastung gestört, so gerät der gesamte Gewebeaufbau ins Ungleichgewicht.

Je nach Hautbeschaffenheit sind die auftretenden Mangelerscheinungen und Dosha-Störungen mit bestimmten Symptomen auf der rein ästhetischen Ebene und im fortgeschrittenen Stadium auf der gesundheitlichen Ebene verbunden. Beachten Sie jedoch die individuellen Gesundheitsempfehlungen für die Erneuerung der einzelnen Körpergewebe, so werden Sie als Lohn nicht nur einen straffen, jugendlichen und schönen Körper erhalten, sondern sich auch vor vielen Krankheiten schützen können. Und dies ist das Ziel von Ayurveda, dem Wissen vom langen Leben.

Bildung und Ernährung der einzelnen Körpergewebe

Rasa, das Plasma

Als erstes Körpergewebe bildet sich Rasa. Es ist das Blutplasma, die Lymphe und die Nährflüssigkeit der Zellen. Ein gesundes Rasa-Dhatu beeinflußt alle anderen Körper-

gewebe positiv und spielt eine Schlüsselrolle im Körperaufbau. Seinen Hauptsitz hat Rasa in der Haut, und somit ist die Haut das erste manifeste Körpergewebe.

Um das Rasa-Dhatu und damit die Hautbeschaffenheit zu stärken, sind frische Luft,

Bewegung und eine frische, vitalstoff- und flüssigkeitshaltige Ernährung die wichtigsten Maßnahmen. Besonders warme Getränke, beruhigende Kräutertees und frisch gepreßte Gemüse- und Obstsäfte stellen dem Organismus alle Bausteine zur Verfügung, die er für ein harmonisches Rasa braucht. Auch Reis, Hülsenfrüchte, eingeweichte Trockenfrüchte (besonders Rosinen und Feigen) und Milch kann das Agni ideal weiterverarbeiten.

Weist die Haut viele Symptome eines erhöhten Vata-Doshas auf, so sollten Sie alle nahrhaften Flüssigkeiten wie Gemüsebrühe, Suppen, Getreidebrei und mit Gewürzen und Ghee angereicherte Linsengerichte (Dal) bevorzugen. Besteht ein Pitta-Überschuß in der Haut, welcher sich durch Irritationen, Rötungen, Entzündungen und andere Empfindlichkeiten bemerkbar macht, so sind alle kühlenden Flüssigkeiten wie Buttermilch, süße Säfte aus Sommerfrüchten und mild gewürzte Gemüsesuppen aus grünen Gemüsen zu empfehlen. Für die dicke und etwas träge Kapha-Haut ist es empfehlenswert, ein bis zwei Trinktage pro Monat einzulegen, um damit die Entgiftung anzuregen und das Rasa-Dhatu in seiner Wirksamkeit zu verstärken. Als sinnvolle Begleitung bieten Trockenmassagen, Schwitzbehandlungen und anregende Peelings die ideale Stoffwechselaktivierung.

Von außen wirken körperliche Aktivitäten im Freien, regelmäßige Öl- und Bürstenmassagen sowie alle feuchtigkeitshaltigen Cremes und Pflegemittel sehr anregend auf den Lymph- und Plasmafluß der Haut.

Rakta, das Blut

Als zweites Körpergewebe wird Rakta, das Blut, gebildet. Die von vielen Blutgefäßen durchzogene Lederhaut ist der Hauptsitz von Rakta im Hautorgan. Ist die mittlere Hautschicht (Cutis) in einem gesunden Zustand, kann man davon ausgehen, daß sich das gesamte Blutsystem des Körpers im Gleichgewicht befindet. Dies zeigt sich an einer warmen, rosigen Haut. Ist das Hautgewebe hingegen schlecht durchblutet, blaß, unrein oder mit rötlichen, bläulichen oder bräunlichen Flecken ausgestattet, so signalisiert dies eine Störung des Rakta-Dhatus. Ist die Leber von dieser Störung mit beeinträchtigt, so zeigt sich dies durch eine gelblich-grünliche Färbung der Haut und Schleimhäute.

Um das Rakta-Dhatu und damit die Lederhaut zu verbessern, werden im Ayurveda alle Nahrungsmittel und Heilpflanzen mit bitteren, kühlenden und natürlich süßen Eigenschaften empfohlen. Besonders eignen sich alle grünen Blattgemüse wie Mangold, Spinat, Blattsalate und Artischocken.

Da Rakta sehr eng mit dem Pitta-Prinzip im Körper verbunden ist, sollten alle pittastörenden Nahrungsmittel wie Fleisch, Kaffee, saure Früchte und scharfe Gewürze innerhalb einer Hautkur vermieden werden. Auch Schwitzkuren, Sonnenbäder und fetthaltige Pflegeprodukte wirken wenig zuträglich.

Mamsa, das Muskelgewebe

Mamsa verkörpert das Muskelgewebe im Körper. Dies ist ausschlaggebend für einen jugendlichen und frischen Tonus der Haut

Teil IV · Schöne Haut als Spiegel der Persönlichkeit

und die Beschaffenheit des Körpergewebes. Um das Mamsa-Dhatu im Gleichgewicht zu halten, sind ein typgerechtes Gymnastik- und Sportprogramm sowie eine proteinhaltige Ernährung notwendig.

Vata-Typen sollten täglich eine meditative Bewegungsart wie Yoga oder Tai-Chi praktizieren und warme Milch mit Safran und Kardamom, Dal, Mandeln, Nüsse und gedünsteten Fisch in die persönlichen Ernährungsgewohnheiten einbauen.

Pitta-Frauen lieben sportliche Aktivitäten und werden von Natur aus ein aufbauendes Körperprogramm betreiben. Dies sollte durch eine eiweißreiche Ernährung mit Hülsenfrüchten, Eiern, Lassi, Nüssen, Fisch und Geflügel unterstützt werden.

Kapha-Typen sollten darauf achten, einmal am Tag durch körperliche Bewegung ins Schwitzen zu kommen. Hierzu eignen sich Yoga-Übungen, Radfahren, Schwimmen und Laufen sehr gut. Die Ernährung sollte leicht sein, und die Proteine aus Hülsenfrüchten, Mandeln, Sonnenblumenkernen und frischen Sprossen stammen. Wichtig für einen optimalen Gewebeaufbau des Mamsa-Dhatus ist, daß Eiweiße und Kohlenhydrate nicht innerhalb einer Mahlzeit zusammen verspeist werden (Trennkost). Dies verschlackt den Körper, belastet die Lymphe und behindert die effiziente Muskelbildung.

Meda, das Fettgewebe

Meda ist das Fettgewebe, das als Wärmeschutz und Nährstoffspeicher am ganzen Körper dient. Als Hauptsitz in der Haut stellt es das Unterhautfettgewebe, die sogenannte Subcutis, dar. Hier wirkt es als Speicher und

Schutzpolster gegen Verletzungen und Stöße. Ist das Meda-Dhatu im Körper gestört, so macht sich dies durch Übergewicht, Fettsucht und zu hohe Blutfettwerte bemerkbar. Abmagerung, Unterernährung und Anämie sind als Meda-Mangel bekannt.

Das Fettgewebe ist eines der wichtigsten Dhatus für den menschlichen Organismus. Es dient als Reserve- und Energiespeicher, schützt die Nerven und Knochen und ist durch die Lipidstrukturen in jeder Zelle enthalten. Für ein angemessenes und gesundes Fettgewebe sind drei regelmäßige Mahlzeiten, der Genuß von gesunden und leicht verdaulichen Fetten wie Ghee und kaltgepreßten Speiseölen sowie ayurvedische Ölmassagen notwendig. Bei einem Übermaß an Meda werden scharfe Gewürze, regelmäßiger Sport, Trockenmassagen mit Seidenhandschuhen und die Panchakarma-Reinigungsbehandlungen empfohlen. Wichtig ist, daß der Magen niemals überfüllt wird und nach jeder Mahlzeit mindestens eine Pause von drei bis fünf Stunden bis zur nächsten Mahlzeit eingelegt wird.

Asthi, das Knochen- und Bindegewebe

Das Asthi-Dhatu wird durch Knochengewebe, Bindegewebe, Haare und Nägel repräsentiert. Asthi ist ein besonders wichtiges Körpergewebe, es liefert sozusagen das tragende Gerüst des Körpers. Die elastischen Fasern der Haut und die Anhangsgebilde Haare und Nägel sind die Entsprechung des Asthi in unserer Haut.

Ist Asthi krankhaft verändert, so äußert sich dies in gesundheitlichen Störungen wie

Osteoporose, Skoliosen und Abnutzungserscheinungen. Brüchige Nägel, eine unelastische Haut, Haarspliß und Haarausfall sind die ersten Anzeichen, daß das Asthi-Gewebe aus dem Gleichgewicht geraten ist und Mangelerscheinungen aufweist.

Hier helfen vor allem calciumhaltige Nahrungsmittel, Vitamin D und Rasayanas. Als besonders wirkungsvolle Nährsubstanzen haben sich Datteln, Feigen, Mandeln, frische Keimlinge von Mungo-Bohnen, warme Milch mit etwas Safran und Weizenkeime bewährt. Lange Spaziergänge an der frischen Luft und Sonnenbäder sind ebenfalls eine sehr gute Anregung für den Calcium- und Vitamin-D-Stoffwechsel. Auf der emotionalen Ebene sind Tatkraft, Optimismus und Lebensfreude die wichtigsten Lebensimpulse für ein gesundes und stabiles Asthi-Dhatu.

Majja, Knochenmark, Nervensystem und Nervengewebe

Kein anderes Dhatu wird so stark wie Majja von geistigen und körperlichen Impulsen beeinflußt wie unser Nervengewebe. Die ausgewogene Mischung an pulsierenden Reizen, welche Kreativität und geistige Fitneß anregen, und entspannender Ruhe ist das Geheimnis für andauernde Gesundheit und Jugendlichkeit des Majja.

Sind wir überlastet und gestreßt, gerät Majja sehr leicht aus dem Gleichgewicht und bewirkt damit eine unzulängliche Zellerneuerung und einen beschleunigten Alterungsprozeß. In unserer Haut können wir Majja sehr gut durch Nervenimpulse der Sinneswahrnehmung spüren. Nervöses Kribbeln, Jucken und Zucken der Haut zeigen

uns ebenso die Belastungen von Majja an wie eine hypersensible Wahrnehmung von Gerüchen, Berührungen und Geräuschen.

Vata-Menschen haben von Natur aus ein empfindlicheres Nervengerüst als andere, weshalb sie auch sehr reizbar auf alle übersteigerten Sinneseindrücke reagieren. So sind das Tragen von natürlicher Kleidung aus unbehandelten Stoffen, die Vermeidung von extremer Parfümierung und das Zulassen natürlicher Bedürfnisse (wie Ablassen von Gasen, Aufstoßen, Urinieren) wichtige Verhaltensmaßnahmen für ein entspanntes und gesundes Nervensystem.

Eine kosmetische Gesichtsbehandlung oder Ganzkörpermassage hat durch sanfte Berührung und beruhigende Bewegungen immer einen sehr wohltuenden und ausgleichenden Charakter für das Majja-Dhatu. Eine nervenstärkende Ernährung mit vitamin- und mineralstoffhaltigen Nahrungsmitteln (insbesondere Lezithin, Vitamin B und Vitamin E) sind ebenfalls sehr empfehlenswert. Durch den regelmäßigen Verzehr von Ghee, Nüssen, Birnen, Rosinen, Datteln und Karotten wird der notwendige Bedarf an den Vitalstoffen normalerweise gedeckt.

Shukra, das Fortpflanzungsgewebe

Das Shukra-Dhatu ist das entscheidende Dhatu für die persönliche Ausstrahlung und Schönheit eines Menschen. Es repräsentiert die Keimdrüsen und Sexualorgane und besitzt somit die Fähigkeit, neues Leben zu schaffen. Durch ein ausgeglichenes Shukra wirkt eine Persönlichkeit auf uns attraktiv, anziehend und jugendlich. Die Hormone arbeiten ausgeglichen, und man ist liebevoll,

Teil IV · Schöne Haut als Spiegel der Persönlichkeit

erotisch und besitzt einen angenehmen, reinen Körpergeruch.

Fehlt das Shukra, so mag ein Mensch einen noch so schönen Körper haben, er wirkt wie eine leblose Hülle und besitzt wenig persönliche Ausstrahlung. Ein unangenehmer Körpergeruch zeigt die Schlacken des Stoffwechsels und seelisch-geistigen Belastungen an, welche das Shukra negativ beeinträchtigen.

Neben schönen sinnlichen Eindrücken (wie z.B. der Betrachtung der Natur und angenehmen Düften), Meditation und kreativer Beschäftigung wirken auch Milch, Honig, Rosinen, Datteln und Nüsse als besonders shukraaufbauend.

Ojas, die feinste Lebensenergie

Ojas ist eigentlich kein Körpergewebe, denn man kann es nicht sehen und messen. Es ist die feinstoffliche Essenz, die Lebensenergie, die der Organismus als Resultat seines gesamten Assimilationsprozesses bildet. Was im Shukra-Dhatu gebildet wird, kommt durch Ojas zu seiner vollen Ausdrucks- und Wirkungsweise. Es ist die spirituelle Kraft im Menschen, die zum kosmischen Lebensatem Kontakt hat und uns mit der göttlichen Liebe und Kraft verbindet. Ojas läßt uns fein, lichtvoll und in innerer Harmonie und Liebe sein. Es ist die Erfüllung der feinsten Lebenskraft, nach der in jeder Religion und Gott zugewendeten Lebensweise gestrebt wird.

Dhatu	emotionale Auswirkungen bei gesundem Dhatu	emotionale Auswirkungen bei gestörtem Dhatu
Rasa	Freude, Gelassenheit, Zufriedenheit, Aufbau	Depression, Fehlen von Energie, Fehlernährung, Unruhe, Eßstörungen
Rakta	Anregung, Heiterkeit, Ehrgeiz	kein Spaß am Leben, keine Aufregung, kein Ehrgeiz, Haß, Wut, Eifersucht
Mamsa	ermittelnd, hegt und pflegt, vergebend, mutig, sicher	Hilflosigkeit, Unsicherheit, vermehrte Passivität und Anhänglichkeit
Meda	Zufriedenheit, Liebe, Hingabe, Gleitfähigkeit	Einsamkeit, fehlende Liebe, mangelnde Gleitfähigkeit und Trockenheit der Schleimhäute
Ashti	Unterstützung, Mut, Kreativität, Aktivität	Unentschlossenheit, kann sich nicht stellen oder eigenen Standpunkt vertreten, fehlende Kreativität, Mutlosigkeit, Selbstzweifel
Majja	Fülle, Selbstsicherheit	Verlust von Kraft und Selbstvertrauen, das Gefühl, alt zu werden, Festhalten an der Vergangenheit
Shukra	lebhaft, romantisch, kreativ und fruchtbar, zielbewußt	keine Freude, keine Romantik, das Leben verdorrt, Ojas geht zur Neige

Dhatus und Emotionen

Das ganzheitliche Ayurveda-Kosmetikkonzept für die Haut

Das ayurvedische Kosmetikkonzept ist sehr einfach: Wir geben dem Körper durch unsere tägliche Nahrung und Pflege alles, was er braucht, und zwar in einer Form, die er optimal verwerten kann, und unterstützen damit den eigenen Selbsterneuerungsprozeß.

Ayurvedische Kosmetikprodukte werden unter den gleichen Kriterien betrachtet wie Nahrungsmittel, da der Stoffwechsel sie unmittelbar über die Haut aufnimmt und assimiliert. Unsere Haut »ißt« direkt alle Nährstoffe, aber auch chemischen Zusätze wie Konservierungsmittel und Emulgatoren, die wir ihr von außen zuführen. Mit hochwertigen Ölen, Frischfruchtmasken und Pflanzenelixieren wird im Ayurveda die Haut gesalbt und gepflegt und mit einer individuell ausgerichteten Ernährungsweise von innen gestärkt. Dies ergibt zusammen mit entspannenden Gesichtsmassagen und regenerierenden Schwitzbehandlungen ein umfassendes und wirkungsvolles Pflegekonzept, das jede Frau zu Hause mit viel Freude, Leichtigkeit und Kreativität umsetzen kann.

Konstitutionsbezogene Ernährungsempfehlungen für eine schöne und gesunde Haut

Im Ayurveda gibt es viele praktische Ernährungs- und Gesundheitsempfehlungen, welche Ihnen zu einer schönen, strahlenden und gesunden Haut verhelfen. Die richtige, auf die individuellen Bedürfnisse und die Hautbeschaffenheit abgestimmte Ernährung ist das Fundament für ein gepflegtes und jugendliches Aussehen. Das regelmäßige Trinken von warmem Wasser ist die beste Kur, die Sie dem Feuchtigkeitshaushalt und Stoffwechsel Ihrer Haut angedeihen lassen können. Bereits mit einer dreitägigen Trinkkur werden Stirnfalten sichtbar weniger, und die Haut wird straff und zart. Geben Sie in das warme Wasser noch einen kleinen Spritzer Zitronensaft oder Ingwerpulver, so wird auch die Durchblutung und Zellerneuerung gefördert. Ist Ihre Haut jedoch eher gerötet und heiß, so sollten Sie dem Wasser ein bis zwei Tropfen Rosenwasser hinzufügen.

Sehr wichtig und wohltuend für die Haut sind alle frischen, vitamin- und enzymreichen Speisen. Besonders Vitamin A- und -E-haltige Nahrungsmittel, wie alle grünen Gemüse, Karotten, Weizenkeime, Weizenkeimöl, Olivenöl und frische Keimlinge wir-

Teil IV · Das ganzheitliche Ayurveda-Kosmetikkonzept für die Haut

ken erneuernd und regenerierend. Die reife Haut benötigt zudem einen hohen Gehalt an Vitamin C und essentiellen Fettsäuren. Der tägliche Genuß von 1–2 Orangen oder etwas Ananas, Kirschen, gekochte Zwiebeln, Weißkraut, Ghee und Olivenöl sind dafür sehr empfehlenswert. Trockene und kalte Speisen, wie z.B. Kichererbsen oder andere Hülsenfrüchte, Rohkost ohne Öl sowie trockenes Brot verstärken die Alterung und Austrocknung der Haut. Ist die Haut sehr fettig oder unrein, so sollten alle sehr süßen, sauren und scharfen Speisen gemieden werden. Bittere Gemüse, Salate, Rohkost und gekochte Getreide hingegen wirken beruhigend und heilend auf die Haut.

Ernährungsempfehlungen für die Vata-Haut

Haben Sie eine Vata-Haut, so sollten Sie alle warmen, saftigen und mild zubereiteten Speisen bevorzugen. Sehr gut geeignet sind Suppen und Eintöpfe mit Reis, Dinkel, Kartoffeln, Karotten, Fenchel und Spargel. Vermeiden Sie bittere Gemüse (Spinat, Chicorée, Radiccio), und essen Sie ab 16.00 Uhr keine kalten und ungekochten Speisen mehr (z.B. Salat und Rohkost).

Da Ihr Körper von Natur aus zu Trockenheit und Auszehrung neigt, sollten Sie auf eine ausreichende Fettzufuhr achten. Nehmen Sie täglich mindestens 4 EL Olivenöl und/oder 1 EL Butterfett mit Ihrer Nahrung zu sich, und achten Sie auf eine geregelte Flüssigkeitszufuhr. Auch regelmäßige Massagen mit Sesam- oder Mandelöl können Ihrer Haut Wärme, Schutz und Geschmeidigkeit verleihen.

Wenn Sie Milch gut vertragen, so sollten Sie einmal am Tag eine Tasse warme Milch mit Safran und etwas Kardamom zu sich nehmen. Dies nährt Ihre Körpergewebe und verleiht Ihnen neue Energie. Der regelmäßige Genuß von 4–5 Mandeln, Cashewnüssen und Pinienkernen versorgt Sie mit allen notwendigen Mineralien und B-Vitaminen.

Gewürze wie Fenchel, Muskat, Nelke, Ingwer, Safran und Basilikum gleichen Ihren Hautstoffwechsel aus und schenken vitale Spannkraft.

Ernährungsempfehlungen für die Pitta-Haut

Als Pitta-Typ neigt Ihre rosige und oft sommersprossige Haut zu empfindlichen Reaktionen und leichter Reizung. Zuviel Sonne, scharfes Essen oder Streß ziehen sofort Hautrötungen, -jucken und -entzündungen nach sich. Für Sie ist es sehr wichtig, auf einen ausgeglichenen Säure-Basenhaushalt zu achten. Vermeiden Sie deshalb alle sauren und scharfen Speisen. Als besonders störend können sich Zitrusfrüchte, Tomaten, saure Milchprodukte, Fleisch, Kaffee und Essig auswirken.

Empfehlenswert ist hingegen der Genuß von grünen und leicht bitteren Gemüsesorten wie Artischocken, Mangold, Endivien und Chicorée. Auch Äpfel, Hirse, Reis, Kartoffeln und Gewürze wie Zimt, Kardamom, Kurkuma, Petersilie und Koriander sind sehr wohltuend für den gesamten Organismus und die Haut.

Generell sollte Ihr Essen nicht zu weich gekocht werden und immer einen größeren Rohkostanteil enthalten. Das heißt, mindestens ein Drittel der Mahlzeit sollte aus Salat oder rohem Gemüse bestehen. Achten Sie darauf, Ihr Essen gut zu kauen, denn der Magen hat keine Zähne. Etwas Obst am Vormittag gibt Ihnen immer wieder einen neuen Energieschub; Melone, Birne, Banane und Äpfel sind für Sie besonders bekömmlich.

Da fleischliche Kost den Organismus leicht übersäuert und Ihre Haut sehr empfindlich auf Säure reagiert, sollten Sie höchstens ein- bis zweimal pro Woche etwas Fisch oder Huhn verzehren. Besser ist es jedoch, wenn Sie Ihren Eiweißbedarf mit Hülsenfrüchten decken. Das typische indische Nationalgericht Reis mit Dal und Gemüse ist die optimale Aufbaukost für Ihren Stoffwechsel und die Haut.

Ernährungsempfehlungen für die Kapha-Haut

Die Kapha-Haut ist in der Regel unempfindlich und belastbar. Bei feucht-kaltem Klima, Bewegungsmangel und sehr unreiner (künstlicher) Nahrung kommt sie jedoch aus dem Gleichgewicht und reagiert mit übermäßiger Fettbildung, Pustel-Akne und Aufschwemmungen.

In diesem Fall sollten Sie alle fettigen, schweren, gebratenen und salzigen Speisen meiden. Am besten reagiert Ihr Körper auf

frische und anregende Gemüse- und Salatgerichte. Bevorzugen Sie scharfe und stoffwechselanregende Gewürze wie Pfeffer, Knoblauch, Ingwer, Chili, Kurkuma und Kreuzkümmel zur Zubereitung Ihrer Hauptmahlzeit. Optimal ist es, wenn Sie mittags Ihre Hauptmahlzeit einnehmen können und ab 19.30 Uhr nichts mehr essen. Meiden Sie Zwischenmahlzeiten, und begnügen Sie sich statt dessen mit etwas Obst, Saft oder Rohkost.

Der Genuß von Käse, Süßigkeiten und fetten, gebratenen Speisen wirkt sich besonders ungünstig auf das Kapha-Hautbild aus und sollte möglichst gemieden werden. Statt dessen können Sie geröstete Nüsse, Reiscracker mit einem würzigen Brotaufstrich und Kräutertees unbedenklich genießen.

Alle Gemüsesorten außer Gurken wirken entwässernd und klärend auf das Hautbild. Besonders wohltuend sind Spargel, gedünsteter Chicorée, Radiccio, Spinat, Rosenkohl und grüne Bohnen. Ist das Gewebe lymphatisch und geschwollen, so sollte der Salzkonsum drastisch reduziert werden, da Salz Wasser anzieht und bindet. Statt mit Salz können Sie die Speisen mit bitteren Kräutern und anregenden Gewürzen wie Knoblauch, Pfeffer, Ingwer, Kümmel oder Curry abschmecken. Joghurt, Käse und Milchprodukte aller Art wirken sehr verschleimend und fördern die übermäßige Talgproduktion.

Teil IV · Das ganzheitliche Ayurveda-Kosmetikkonzept für die Haut

Die ayurvedische Hautpflege

Genauso wie die ayurvedische Ernährung individuell auf den Stoffwechsel des einzelnen abgestimmt wird, so wird auch die äußere Nahrung der Haut – die pflegenden Öle, Masken, Packungen und Tonika – auf die Konstitution und Bedürfnisse der betreffenden Person abgestimmt. Der wichtigste Teil der Hauternährung wird über die täglichen Speisen und den Verdauungstrakt gesteuert. Hautpflegeprodukte dienen dem Körper ebenfalls als Nahrung. Sie umgehen den Verdauungsapparat und gelangen mit voller Kraft direkt ins Blut, wo sie wie alle aufgenommenen Substanzen als Rohmaterial für den Aufbau neuen Körpergewebes verwendet werden.

Ölmassage für das Gesicht (Mukabhyanga)

Das Herz der ayurvedischen Kosmetik ist die Ölmassage für das Gesicht Mukabhyanga mit ihren reinigenden und nährenden Massageölen. Als Basisöl wird eine individuelle Mischung mit einem Grundöl (Sonnenblumen-, Sesam-, oder Mandelöl), etwas Weizenkeimöl und ätherischen Ölen oder Kräuterauszügen nach Wunsch empfohlen.

Für die trockene Vata-Haut sind Sesam-, Avocado-, Oliven-, Mandel-, Walnuß-, Erdnuß- und Rizinusöl zu empfehlen. Als ätherische Zusätze eignen sich Muskat, Ingwer, Zimt, Safran, Champaca, Jasmin, Geranie, rote Rose, rotes Sandelholz, Zitrone, Neroli und Vanille. Generell sollten dem Vata-Öl nur sehr fein dosierte Aromaöle zugesetzt werden, da die Vata-Nase leicht zu irritieren ist.

Für die empfindliche Pitta-Haut eignen sich Mandel-, Kokos-, Sonnenblumen-, Aprikosenkern- und Olivenöl hervorragend für die tägliche Massage und Gesichtspflege. Weiße Rose, Sandelholz, Zitrone, Vetiver, Koriander, Cumin, Minze, Ylang-Ylang und Kampfer sind, richtig dosiert, eine wertvolle Unterstützung zum Beruhigen und Abkühlen der hitzigen Pitta-Haut.

Für die oft fettige Kapha-Haut sollte Raps-, Mais-, Distel-, Traubenkern-, Mandel- oder Aprikosenkernöl verwendet werden. Ätherische Zusätze wie Zitrone, Zypresse, Wacholder, Patchoulie, Eukalyptus, Kampfer, Nelke, Lavendel und Bergamotte bewirken neben der manuellen Massage und Lymphdrainage eine weitere Aktivierung des Hautstoffwechsels und die Ausleitung von Schlacken.

Um die empfindliche und strapazierte Gesichtshaut optimal zu nähren und zu pflegen, eignen sich auch die kosmetisch gesehen hochwertigsten Öle der Wildrose oder eine Mischung aus Jojoba- und Nachtkerzenöl.

Schwitzen (Svedana) mit Heilpflanzen

Dampfbäder sind eine klassische Methode des Ayurveda, um die Haut zu reinigen, die Poren zu öffnen und die Ausleitung von Schlackenstoffen zu stimulieren. Durch Hitze und Feuchtigkeit wird die Durchblutung angeregt, Hauträuder gelöst und der Teint erfrischt und ausgeglichen. Besonders wirkungsvoll ist ein Dampfbad bei unreiner und bei Akne-Haut. Trockener, reifer und vatabetonter Haut sollte man nicht öfter als zweimal im Monat ein Gesichtsdampfbad verabreichen.

Jeder Dampfanwendung können durchblutungsfördernde, entschlackende, beruhigende und heilende Essenzen zugefügt werden. Besonders hervorzuheben sind hierbei die ätherischen Öle des Lorbeer (durchblutungsfördernd) und des Süßholzes (entschlackend).

Für die Vata-Haut ist eine Mischung aus Lorbeer, Süßholz, Kamille, Beinwell, Dashmula, Löwenzahn, Rose, Sandelholz, Eibisch und/oder Orangenschale zu empfehlen. Für die Pitta-Haut sind Lorbeer, Süßholz, Löwenzahnwurzel, Lemongras, Schafgarbe und Minze zu empfehlen. Das Dampfbad sollte nur für max. zwei bis drei Minuten und bei einer Entfernung des Kopfes von mindestens 50 Zentimetern angewendet werden.

Für die Kapha-Haut sind Lorbeer, Süßholz, Beinwell, Fenchel, Lavendel, Melisse, Lemongras, Zitronenschalen, Zitronenverbene, Rose, Rosmarin und Sandelholz angebracht. Die dicke und etwas träge Kapha-Haut verträgt Dampfbäder am besten, um die Durchblutung, Entgiftung und Erneuerung anzuregen.

Statt eines Dampfbades können Sie auch heiße Kompressen zur Anregung des Hautstoffwechsels und zur Reinigung verwenden. Diese sind viel leichter zu handhaben und oft auch besser verträglich. Sie öffnen ebenfalls die Hautporen, sind sehr wohltuend, trocknen aber die Haut nicht aus. In ihrer sanften Wirkung machen sie die Haut weich, geschmeidig und empfänglich für

weitere Anwendungen. Kompressen eignen sich auch bei trockener, empfindlicher oder geröteter Haut mit Neigung zu erweiterten Äderchen. Für die individuelle Anwendung wird aus den oben genannten Kräutern der Dampfanwendungen ein Sud gekocht, in den die Kompresse getränkt wird. Das heiße oder warme Tuch mindestens zwei bis drei Minuten auf die Haut legen, dabei Nase und Augen freilassen.

Ubatanas, die ayurvedischen Schälkuren

Als Schälkuren werden im Ayurveda Heilerde, Sandelholzpulver sowie Bohnen-, Getreide- oder Linsenmehl verwendet (siehe Bezugsadressen im Anhang). Versetzt mit pulverisierten Kräutern und Blütenblättern befreien sie die Haut von Hornschüppchen und verfeinern das Hautrelief. Von groben, rauhen oder aggressiven Peelings mit Nußschalen oder zerstoßenen Aprikosenkernen sollten Sie lieber Abstand nehmen, da sie die Haut auf Dauer zu sehr reizen.

Das Mehl wird mit Wasser, Kräutertee, Sahne, Milch oder etwas Öl angerührt bzw. angereichert und anschließend mit kleinen kreisenden Bewegungen auf die Gesichtshaut aufgetragen. Anschließend mit etwas tonisiertem Wasser abwaschen oder als Maske antrocknen lassen und abrubbeln. Mit einer Kompresse nachreinigen. Für die normale Haut eignen sich Hafermehl mit einem Anteil von Sandelholz- und Rosenholzpulver, vermischt mit Quellwasser, Beinwelltee oder Rohmilch am besten.

Für die Vata-Haut können Kichererbsenmehl, feines Linsenmehl mit Weizenkeimen,

Teil IV · Das ganzheitliche Ayurveda-Kosmetikkonzept für die Haut

Mandelpulver, Agar-Agar, Ashvagandha, Bockshornklee, Tulsi, Holunder und Rosenblüten als Ubatana verwendet werden. Gemischt mit Milch, Sahne oder Aloe-Vera-Saft ergeben sie einen wunderbaren Breiumschlag, der eine weiche und gut versorgte Haut hinterläßt.

Für die Pitta-Haut sind Hafermehl und Heilerde mit Koriander, Ashvagandha, Bibitaki, Bockshornklee, Ingwer, Neem, einer Prise Kurkuma und Joghurt ein idealer Ausgleich und Beruhigung.

Für die Kapha-Haut empfiehlt sich die Verwendung von Gerstenmehl mit Reiskleie, Koriander, Neem, Sandelholz und Lavendelpulver. Dies vermischt mit Quellwasser, Zitronensaft oder Aloe Vera reinigt und belebt die Haut.

Masken

Die ayurvedischen Tonmasken, Frischfrucht- und Kräuterpackungen nähren die Haut von außen mit allen Mineralien, Vitaminen und Nährstoffen, die sie braucht. Zudem entziehen sie den tieferen Hautschichten Schmutzstoffe, beseitigen Mitesser und stimulieren die Neubildung der Epidermis.

Masken mit Ton- oder Heilerde

Zur Reinigung ist Ton als Masken-Grundlage sehr gut geeignet, da er wie ein Magnet Toxine aus der Haut zieht. Zudem ist er sehr mineralreich und verändert seine Wirkungsweise je nach Rezeptur.

Für die Vata-Haut sollte die Maske aus 6 Teilen Tonpulver, 2 Teilen Aloe-Vera-Saft, 1 Teil Honig und etwas Quellwasser bestehen.

Für die Pitta-Haut sind 6 Teile Tonerde, 2 Teile Jojobaöl und 1 Teil Joghurt empfehlenswert. Für die Kapha-Haut eignen sich 5 Teile Tonerde, 1 Teil Honig, 1 Teil Aloe-Vera-Saft und etwas Fencheltee und/oder Zitronensaft.

Frischfrucht- und Gemüsepackungen

Die ayurvedische Kosmetik stammt aus einem reichen Garten an vitalstoffreichen Pürees, die man innerlich wie äußerlich einnehmen und genießen kann. Die Frischfrucht- und Gemüsepackungen versorgen die Haut mit wertvollen Enzymen, beleben, erfrischen und reinigen. Als Werkzeug benötigen Sie einen guten Mixer oder Pürierstab, um die exotischen und wohlschmeckenden Pasten herzustellen.

Für jeden Hauttyp sind Rezepturen mit Avocado, Banane, Pfirsich oder Zucchini sehr geeignet. Besonders ausgleichend und verjüngend wirkt eine Mischung aus Banane, Avocado, Apfel und Quark (je zu gleichen Teilen). Je empfindlicher die Haut, um so größer sollte der Quarkanteil sein, da so der Fruchtsäuregehalt der frischen Früchte verringert wird.

Für die Vata-Haut sollte der Hauptbestandteil der Packung aus Avocado mit einem Anteil Birne, Apfel, Karotte und Melone bestehen. Für die Pitta-Haut sind Traube, Apfel, Kohl und Joghurt sehr zu empfehlen. Die Kapha-Haut sollte mit einer Mischung aus Gurke, Zitrone, Tomate und Erdbeeren bedeckt werden.

Grundrezept

½ Avocado, ½ Banane und 30 g Quark im Mixer zu einer cremigen Masse pürieren und auf das vorbehandelte Gesicht auftragen. Je nach Hauttyp können auch andere Zutaten verwendet werden.

Zitronen-Pinda

Ganze Zitronen vierteln, mit Schale lange einkochen, Honig hinzufügen. Masse in kleine Stoffsäckchen füllen (Pinda) und das ganze Gesicht mit den warmen Svedas abtupfen und ausstreichen. Strafft die Haut, belebt, reinigt und wirkt verjüngend.

Papaya-Enzympeeling

Papaya pürieren, etwas weiße Tonerde hinzumischen, auf die Haut geben, einwirken lassen und mit einem Peelingeffekt abrubbeln. Dies ist für das Gesicht und/oder den ganzen Körper eine erfrischende, aufbauende und glättende Verjüngungskur. Statt Papaya kann auch Ananassaft verwendet werden. Falls Bedenken bezüglich der Verträglichkeit bestehen, können die Früchte und Säfte auch eingekocht werden.

Alle Masken und Packungen für ca. 10 Minuten auf dem Gesicht wirken lassen und anschließend mit einer Kompresse, klarem Wasser und etwas Tonikum abnehmen und nachreinigen. Als Tonika sind Rosenwasser, Orangenblütenwasser und Zaubernuß besonders geeignet.

Praxisanleitung für die tägliche Gesichtspflege

Die frühen Morgenstunden sind die ideale Zeit, unsere Schönheit zu pflegen. Am Morgen ist unser ganzer Stoffwechsel auf Ausscheiden und Reinigen ausgerichtet. Über Nacht laufen die Erneuerungsprozesse im Körper ab, und am Morgen werden die Restprodukte und Stoffwechselschlacken abtransportiert. So scheiden wir zwischen 5.00 Uhr und 8.00 Uhr überschüssige Säuren über den Harn und den Schweiß aus. Die Zunge ist dann oft etwas belegt und der ganze Verdauungstrakt aktiv.

Die Gesichtsmassage

Wir beginnen unsere Gesichtspflege mit einer kleinen Ölmassage, die nur das Gesicht, Hals und Dekolleté – oder auch den ganzen Körper umfassen kann. Für das Gesicht dürfen Sie sich ruhig ein wertvolles Öl, wie z.B. Wildrose oder eine Mischung aus Jojobaöl und Nachtkerzenöl, gönnen. Sie können Ihrem Gesichtsöl natürlich auch ätherische Öle zusetzen, um es noch wirkungsvoller zu machen (siehe Tabelle).

Durch die sanfte Gesichtsmassage können wir die Haut erfrischen und unsere Schönheit neu erstrahlen lassen. Die Berührung mit den Händen spielt in der ayurvedischen Massage eine entscheidende Rolle für Schönheit, Wohlbefinden und natürliche Ausstrahlung. Gerade die Zeit, die wir uns selbst widmen, ist besonders wertvoll und kann uns viel Anspannung, Streß und Sorgen ersparen.

Unsere Sinnesorgane, durch die wir die Welt wahrnehmen und uns selbst der Welt mitteilen, befinden sich fast alle im Gesicht. Eine Massage des Gesichts schärft daher unsere Sinne, stärkt die Sehkraft und harmonisiert alle übrigen Körperorgane durch die indirekte Wirkung auf das Gehirn.

Verteilen Sie das warme Gesichtsöl in den Händen, und tragen Sie es behutsam auf das Gesicht auf. Beginnen Sie Ihre Gesichtsmassage rund um die Augen, und gehen Sie dann fließend über zu den Schläfen, umkreisen diese mit den Fingerspitzen: mal mit mehr Druck, mal mit weniger, mal nur hauchzart.

An der unteren Seite der Schläfen können Sie einen Knochen spüren. Lassen Sie sich von ihm führen, dann gelangen Sie automatisch zum Wangenknochen, an dem Sie kreisend entlangfahren. Sie kommen bei der Nasenwurzel an und streichen mit drei Fingerspitzen einer Hand auf dem Nasenrücken entlang bis zur Nasenspitze und wieder zurück.

Nun sind Sie bei den Augenbrauen, an denen Sie beidseitig entlangstreichen, diese dann zwischen Daumen und Zeigefinger nehmen und leicht kneten. Gerade da sitzen viele Marma-Punkte, die Vitalpunkte der ayurvedischen Massage.

Nochmals die Schläfen umkreisen und dann direkt am Ohr entlang hinunterstreichen, bis Sie die verschiedenen Knochen spüren. Öffnen Sie leicht den Mund, und erfühlen Sie die Bewegung des Kiefergelenks unter Ihren Fingerspitzen. Nun fahren Ihre kreisenden Bewegungen am Unterkieferknochen entlang, bis Sie am Kinn ankom-

Gesichtsmassage

men. Das Kinn mit einem Handteller kreisend massieren. Dann mit den Fingerspitzen zum Oberkiefer streichen und auch den Oberkiefer kreisend massieren, an der Nase beginnend Richtung Ohren, und schließlich die weichen Wangen entlang streichen. Zum Abschluß mit den Fingerspitzen leicht auf dem ganzen Gesicht klopfen.

Da die Gesichtsöle sehr gehaltvoll und wirkungsvoll sind, sollten sie mindestens für 15 Minuten auf der Haut bleiben. In dieser Zeit können Sie einen Teil der ayurvedischen Morgenroutine absolvieren, indem Sie mit einem Kaffeelöffel die Zunge von ihrem Belag befreien oder ein kleines Gymnastikprogramm praktizieren.

Die heiße Kompresse

Anschließend legen Sie eine heiße Kompresse auf Ihr Gesicht (einfach ein Gästehandtuch oder Gazetuch in heißem Wasser oder einem Kräutersud tränken und auf das Gesicht legen) und atmen dreimal tief durch. Mit dem Tuch das Öl entfernen und die Haut mit etwas Gesichtswasser, Rosenwasser oder Hydrolat nachreinigen.

Die Maske

Je nach zur Verfügung stehender Zeit tragen Sie jetzt entweder direkt die Gesichtscreme auf, oder Sie machen vorher noch eine Maske. Als Masken und Peeling zugleich praktiziert man im Ayurveda ein *Ubatana*. Ubatanas sind Mischungen aus Heilerde, Tonerde, Sandelholzpulver und Kichererbsenmehl, die die Haut nähren und verfeinern. Sie werden mit Wasser oder Sahne angerührt, nach der Ölmassage auf die Haut aufgetragen und nach dem Antrocknen wieder abgerubbelt. So wird die Haut auf optimale Weise genährt, beruhigt und das Hautrelief verfeinert. Natürlich können statt eines Ubatana auch Frischfruchtmasken oder Kräuterpackungen als Hautpflege aufgelegt werden.

Mit der Kompresse nachreinigen und Gesichtscreme auftragen

Anschließend nochmals mit einer Kompresse nachreinigen, die Haut mit Rosenwasser abtupfen und die Gesichtscreme auftragen.

Die folgenden Pflegeprodukte sind für jede Haut geeignet und generell verträglich und wirkungsvoll:

* Öl für die Gesichtsmassage: Wildrose, Jojobaöl, Nachtkerzenöl (auch als Mischung sehr zu empfehlen),
* Kompresse oder Dampfbad: Sud aus Lorbeer oder Süßholz, Rosenwasser,
* Ubatana: Sandelholzpulver oder Hafermehl, angerührt mit Rosenwasser, Beinwelltee oder Quellwasser,
* Ätherische Öle: Rose, Jasmin, Sandelholz, Neroli zur Anreicherung.

Teil IV · Das ganzheitliche Ayurveda-Kosmetikkonzept für die Haut

	Vata	Pitta	Kapha
Massageöl	Sesam-, Mandel- oder Avocadoöl	Sonnenblumen-, Mandel- oder Kokosöl	Jojoba-, Mais- oder Aprikosenkernöl
Kompresse	Rosenwasser oder Sud aus Kamille, Rose oder Sandelholz	Rosenwasser oder Sud aus Neroli, Schafgarbe	Cystrosenwasser oder Sud aus Fenchel, Beinwell, Rosmarin
Ubatana	Kichererbsenmehl, Mandelpulver, Sandelholzpulver, Weizenkeime vermischt mit Sahne	Hafermehl, Heilerde, 1 Msp. Kurkuma vermischt mit Joghurt oder Rosenwasser	Gerstenmehl, Sandelholzpulver, 1 Spritzer Zitronensaft vermischt mit Beinwelltee oder Cystrosenwasser
ätherische Öle als Zusatz	Ylang-Ylang, Sandelholz, Zimt, Yasmin, Muskat	Venviter, Minze, Neroli, Rose	Zitrone, Lavendel, Zypresse, Bergamotte

Auswahl der wichtigsten Produkte für die konstitutionelle Hautpflege

Praktische Empfehlungen bei Hautbeschwerden

Für eine gesunde Haut bedarf es einer ausgewogenen Ernährung, einer harmonischen Lebensgestaltung und einer ganzheitlichen Pflege. Ich möchte Ihnen nun in diesem Kapitel die wichtigsten praktischen Kosmetik- und Ernährungsregeln des Ayurveda zur Selbstanwendung weitergeben.

Hautbeschwerden hängen immer mit einem gestörten Dosha-Gleichgewicht und einem überlasteten Stoffwechsel zusammen. Um all dies wieder in sein natürliches Gleichgewicht zu bringen, bedarf es vieler kleiner Therapieschritte, die die Haut von innen und von außen mit allem versorgen, was sie braucht. Psychische Elemente können hier genauso förderlich für den Heilungsprozeß sein wie spezielle Diätempfehlungen, Heilpflanzen und Behandlungsweisen. Auf eine ganzheitliche Entsäuerung der Haut und des Stoffwechsels ist besonders zu achten, da diese die Leberfunktionen und Aufbauprozesse des Körpers beeinflußt.

Wichtig ist, Hautbeschwerden immer als Hilferuf und Warnsignal des Körpers zu verstehen: Grundlegende Funktionen im Organismus sind überlastet! Bevor er darauf mit inneren Krankheiten und Immunschwäche reagiert, zeigt er zuerst Symptome der Haut. So dient eine gezielte Hautkur zur Beseitigung kosmetischer Probleme der Regeneration und Heilung des *ganzen* Körpers und des Stoffwechsels.

Akne

Aus ayurvedischer Sicht ist Akne eine Dosha-Störung, welche durch Verschlackung, Übersäuerung und Kapha-Ansammlung im Blut verursacht wird. Eine Akne kann alle drei Doshas betreffen und zeigt dies durch die doshatypischen Eigenschaften.

Die Kapha-Akne verstärkt sich besonders bei feucht-kaltem Wetter, durch schweres, fetthaltiges Essen und durch Süßigkeiten. Die betroffene Person fühlt sich oft müde, schwer und antriebslos, und die Haut ist ölig, talgig und kühl.

Die Pitta-Akne ist sehr viel entzündlicher und aggressiver. Die Haut hat rote und eitrige Akne-Pusteln, welche sich durch scharfe Gewürze, saure Lebensmittel und Hitze noch vermehren.

Die Vata-Akne läßt die Haut sehr trocken und auch rauh werden, sie spannt und vernarbt sogar. Bei kaltem und trocken-windigem Wetter, Streß und einer unregelmäßigen Lebensweise verstärkt sich dieses Hautbild deutlich.

Teil IV · Praktische Empfehlungen bei Hautbeschwerden

Behandlungsempfehlungen für alle Akne-Hautbilder

* Alle öligen, fettigen und unreinen bzw. künstlichen Nahrungsmittel meiden.
* Alle Milchprodukte, insbesondere Käse, meiden.
* Alle sauren Speisen wie Zitrusfrüchte, Tomaten, Fleisch, Alkohol und Kaffee meiden.
* Bittere Gemüse und Salate bevorzugen.
* Bittere Kräutertees aus Brennessel, Beifuß, Quendel oder Wermut mehrmals täglich trinken.
* Mit Kurkuma gewürzte Milch trinken.
* Tinktur aus frischem Grünkohlsaft auf die Pusteln auftragen. Hierzu den Grünkohl aufschneiden, auspressen und mit etwas Zitronensaft beträufeln. Den Saft auf die akuten Hautstellen auftupfen.
* Die betroffenen Hautstellen mit einer Scheibe frischem Knoblauch sanft massieren. (Vorsicht, nicht bei Vata-Akne!).
* Koriander-Kalmus-Paste auftragen. Hierzu Koriandersamen und Kalmuswurzeln zu gleichen Teilen mahlen und mit frischer Buttermilch zu einer festen Paste verrühren. Die Haut mit Sesamöl einreiben und anschließend die Koriander-Kalmus-Paste auftragen. Nach ca. zehn Minuten mit warmen Wasser abwaschen.
* Vitamin A und E in Form von Nachtkerzenöl innerlich einnehmen und äußerlich auftragen.

Couperose

Couperose ist eine häufig auftretende Alterserscheinung der Haut, welche eine nachlassende Gefäßspannung mit leicht entzündlichen Äderchen anzeigt. Das erhöhte Vata- und das Pitta-Dosha machen die Haut sehr sensibel und empfindlich.

Empfehlenswert sind alle vata- und pittasenkenden Nahrungsmittel und eine ruhige Lebensweise. Die Haut sollte mit milden, feuchtigkeitshaltigen, aber nicht fettigen Produkten auf der Basis von Hafermehlextrakten, Lassi oder Aloe-Vera gepflegt werden. Für eine Gesichtsmassage eignet sich Ghee, welches an den betroffenen Hautstellen in geringer Menge ganz sanft mit den Fingerspitzen einmassiert werden kann. Alle Wärmebehandlungen und starke Temperaturschwankungen (z.B. aus der Sauna oder warmen Räumen direkt in die Kälte gehen) sollten gemieden werden.

Die Einnahme von Vitamin E-haltigen Nahrungsergänzungen (Lebertran, Nachtkerzenöl), Amla-Pulver, Cheyawanbrush und Shatavari-Kapseln können die Couperose mildern.

Hautentzündungen und Ekzeme

Die Ursache für Ekzeme sowie toxische und allergische Hautentzündungen sind ein stark erhöhtes Kapha, ein schwaches Agni, eine übermäßige Ansammlung von Ama und der Genuß von saurer, schwerer, unverdaulicher Nahrung. Der Aufbau der Dhatus wird gestört, und in der Regel sammeln sich alle drei Doshas krankhaft in der Haut, im Blut, in der Lymphflüssigkeit und im Muskelgewebe an. Mit der richtigen Ernährung kann man schnelle Abhilfe erreichen: Alle sauren Früchte und Milchprodukte müssen streng gemieden werden, ebenso sehr süße, schwere und fettige Nahrungsmittel.

Um Kapha zu reduzieren und Agni anzuregen, sollte eine Mahlzeit erst eingenommen werden, wenn die vorherige bereits vollständig verdaut ist. Auch zu viel Essen und der Genuß von kalten Speisen schaden dem Körper. Um den Juckreiz zu mindern, sind sanfte Massagen mit Ghee oder Jojobaöl sehr hilfreich. Anschließend etwas Aloe-Vera-Gel (in erbsengroßer Menge) mit Kurkuma auf die betroffenen Hautstellen auftragen.

Eine Paste aus gemahlenen Senfkörnern wirkt ebenfalls beruhigend und lindernd. Hierzu 1 EL Senfkörner mit dem Mörser zermalmen und anschließend mit etwas Wasser in einem geschlossenen Tontopf (oder Metall) zu einem Brei aufkochen. Die Paste auf die betroffenen Hautstellen auftragen und antrocknen lassen.

Herpes

Die Virusinfektion Herpes simplex ist nicht nur sehr unangenehm, sondern auch äußerst ansteckend. Besonders in emotionalen Streßsituationen, bei Aufregung oder einer psychisch bedingten Immunschwäche (z.B. Depression) werden durch eine akute Pitta-Störung mit Vata-Anteilen die Herpes-Viren aktiv, die die Bläschen am Mund (oder Genitalbereich) auslösen.

Als Behandlungsmethode werden im Ayurveda regelmäßige Entspannung, Meditation und Yoga empfohlen. Die Ernährung sollte stark pittareduzierend sein, d.h., alle sauren und scharfen Speisen sind zu meiden. Auch Fett ist schwer verdaulich und hier nicht geeignet.

Sehr hilfreich ist die Einnahme von Süßholztee, Lebertran-Kapseln und Triphala-Kapseln. Zur äußeren Behandlung eignen sich Pasten aus gemahlener Kalmuswurzel mit etwas Zitrone, rotem Sandelholz oder aus frischer Gurke mit pulverisiertem oder gepreßtem Wiesengras (Bezugsquellen siehe im Adressenverzeichnis).

Teil IV · Praktische Empfehlungen bei Hautbeschwerden

Krampfadern

Krampfadern sind eine Bindegewebsschwäche, die zu einer Verengung der Venen führt. Bewegungsmangel, Haltungsfehler, Übergewicht, zu enge Kleidung und die Einnahme von Hormonpräparaten (z.B. der Anti-Baby-Pille) sind äußere Einflüsse, welche zu Krampfadern führen können. Im Ayurveda wird eine übermäßige Ansammlung von Vata und Kapha sowie eine Störung des Rasa- und Rakta-Dhatus als Ursache angesehen.

Auch durch altersbedingte Gewebeschwäche (verursacht durch Vata) und schwere, schlecht verdaute Nahrung sammeln sich Toxine im Blut an, die sich dann in den Krampfadern ausbreiten.

Durch ein regelmäßiges Yogaprogramm mit speziellen Übungen (Umkehrhaltungen und Standübungen) wird die Zirkulation angeregt und das Gewebe gestärkt. Ebenso kann ein leichtes Schwitzbad (max. 40 °C) den Linderungsprozeß fördern. Eine sanfte Ölmassage mit einem medizinischen Kräuteröl hilft, Blutstauungen vorzubeugen und zu lindern:

Medizinisches Kräuteröl

250 ml Sesamöl
1 Liter Wasser
50 g Salbei
50 g Beinwell

Alles zusammen so lange köcheln lassen, bis das gesamte Wasser verdampft ist und sich die Flüssigkeit wieder auf 250 ml reduziert hat. Die Kräuter absieben und das Öl in eine Flasche füllen. Es kann bedenkenlos 4—6 Monate aufbewahrt werden.

Eine der intensivsten Behandlungsformen sind Einläufe mit Sesamöl, welche das überschüssige Vata und die Schlackenstoffe in den Dhatus und Shrotas ausgleichen.

Als bewährte Hausmittel empfehlen sich im Ayurveda Kräutertees mit Basilikum oder Himbeerblättern und Sitzbäder mit Salbei.

Nesselsucht

Bei Nesselsucht bilden sich hellrote, stark juckende und mit Wasser gefüllte Quaddeln am ganzen Körper. Meist werden sie durch verschiedene Allergene, unverträgliche Nahrungsmittel, Hitze, Kälte, extreme Temperaturwechsel und psychische Überlastung verursacht. Vata und Kapha sammeln sich an und verbinden sich in der Haut mit Pitta. Dies führt zu starkem Juckreiz, Brennen der Haut, Fieber und Erbrechen.

Bei einer Nesselsucht sollten alle salzigen und sauren Nahrungsmittel gemieden werden. Besonders Zitrusfrüchte, Tomaten und Essig können die Hautreizungen verstärken. Fleisch, Kaffee und Milchprodukte wirken ebenfalls sehr störend.

Als heilende Nahrungsmittel werden besonders alle bitteren Gemüse wie Spinat, Rosenkohl, Brokkoli, Chicorée und Artischocken empfohlen. Auch Fenchel, Stangensellerie, Spargel, gekochte Zwiebeln und Knoblauch gleichen die Doshas aus.

Gegen den Juckreiz direkt wirkt die äußere Anwendung von Jojobaöl, Nachtkerzenöl oder Senföl. Diese können an den betroffenen Stellen aufgetragen und sanft einmassiert werden. Senföl sollte jedoch nicht in der Kopfpartie eingesetzt werden, da es stark erhitzend wirkt.

Ein bewährtes Rezept gegen Nesselsucht ist eine Paste aus den Gewürzen Kurkuma, Ingwer und Adjwain, welche gemahlen, vermischt und dreimal täglich mit etwas Wasser vermengt eingenommen werden.

Neurodermitis

Neurodermitis ist eine genetisch bedingte Ekzemerkrankung, welche sich charakteristisch mit starkem Juckreiz sowie trockener und geröteter Haut mit kleinen Bläschen äußert. Als Ursache für Neurodermitis werden ein schwaches Verdauungssystem und Nahrungsmittelunverträglichkeiten genannt. Auch psychische Belastungen, Streß und Allergien (besonders Hausstaub, Tierhaare und Pollen) können Auslöser oder Verstärker von Neurodermitis sein. Aus ayurvedischer Sicht sind bei Menschen mit Neurodermitis das Vata- und das Kapha-Dosha stark erhöht und Agni sehr geschwächt. In der Haut äußern sich die Dosha-Störungen durch Trockenheit (Vata) und Jucken (Kapha).

Das Hauptmerkmal der ayurvedischen Behandlungsweise liegt in der Stärkung des Verdauungsfeuers und der Linderung der oft psychosomatisch bedingten Vata-Störungen. Hierzu sollten alle trockenen und schweren Nahrungsmittel (wie z.B. Knäckebrot, ungekochtes Getreide, scharfe Gewürze und zuviel Öl) gemieden werden. Auch Zucker, Nahrungsmittelzusätze (wie Emulgatoren, Konservierungsmittel und Glutamat) und Hefeprodukte schaden dem Körper und verstärken das Krankheitsbild. Alle rohen, ungekochten und schweren Nahrungsmittel sollten gemieden werden.

Als sinnvolle Ernährungstherapie empfiehlt sich der Verzehr von ausschließlich frischen und direkt zubereiteten Speisen. Die Einnahme von ungesättigten Fettsäuren (insbesondere Gamma-Linolensäure) in Form von Nachtkerzenöl oder Borretschöl ist ebenfalls eine sinnvolle Unterstützung der Stoffwechselaktivität. Zur äußeren Anwendung eignen sich Nachtkerzenöl, Jojobaöl und Ghee.

Für Neurodermitiker sind Hautkontakt und liebevolle Berührung oder Massage die wichtigsten Elemente, um die psychosomatischen Beschwerden der Selbstablehnung zu überwinden. Bei juckender Haut mit Schuppen und klebrigen Absonderungen wirkt Jojobaöl sehr beruhigend. Bei sehr trockener, rauher und rissiger Haut zeigen Avocado- und Mandelöl eine wohltuende vataausglei-

Teil IV · Praktische Empfehlungen bei Hautbeschwerden

chende Wirkung. Ist die Haut sehr rot und entzündet, so sind Ghee oder Kokosöl die besten Pflegemittel. Bei nässenden Ekzemen können Aloe Vera, Kurkuma-Pulver und der Absud von Neemblättern eine direkte Linderung verschaffen.

Schuppenflechte

Schuppenflechte (Psoriasis) zeigt sich an einer geröteten, silbrig-schuppigen Flechte auf der Haut. Meist tritt diese in den Innenseiten von Armen und Beinen, auf der Kopfhaut, dem Rücken und den Nägeln auf. Als Ursache für Schuppenflechte wird im Ayurveda verunreinigtes Blut, bedingt durch falsche Ernährung und ungesunde Lebensweise, angesehen. Auch übermäßiger Alkoholgenuß, Übergewicht, psychische Streßsituationen und akute Infekte können die Schuppenflechte auslösen oder verstärken.

Um eine Schuppenflechte zu lindern, sollten alle scharfen, salzigen und fermentierten Nahrungsmittel vermieden werden. Ganz besonders aggressiv reagiert die Haut auf roten Chili, Meersalz, Joghurt, Quark, Käse, Tomaten und alle sauren Früchte.

Sehr wohltuend hingegen wirken alle grünen und bitteren Gemüsesorten wie Spinat, Mangold, Kohl, Brokkoli, Chicorée, Zwiebeln, Knoblauch, Spargel, Blumenkohl und Stangensellerie. Sie sollten so oft wie möglich gedünstet gegessen werden. Werden rohe Kohlblätter äußerlich auf die betroffenen Hautstellen gelegt, so wirken sie ausgleichend und kühlend.

Um das Blut zu reinigen, empfiehlt sich die regelmäßige Einnahme von Ghee (1–2 EL pro Tag), Kurkumawasser (1 TL Kurkuma in einem halben Glas Wasser auflösen und einmal täglich trinken), Ingwerwasser und Tees mit blutreinigenden Kräutern wie Brennessel, Wermut oder Kardamom. Der Saft einer halben Zitrone täglich regt die Leber in ihren Entgiftungs- und Aufbaufunktionen an; er kann einfach in einer Tasse warmem Ingwerwasser mitgetrunken werden.

Eine ebenfalls sehr wirkungsvolle Anwendung bei Schuppenflechte ist die Einnahme und Einreibung mit Weizengrassaft. Täglich 1–2 TL Weizengrasextrakt mit Wasser lösen und einnehmen oder frisches Weizengras mit Wasser in einem Mixer pürieren. Zur äußeren Anwendung sollte das Weizengraswasser mit Ghee zusammen aufgekocht werden und so lange köcheln, bis der gesamte Wasseranteil im Ghee verkocht ist.

Zellulite

Zellulite, die sogenannte Orangenhaut, ist eine Störung der Fettverteilung im Unterhautfettgewebe, wobei sich die Fettzellen vergrößern und durch das elastische Bindegewebe sichtbar an die Hautoberfläche dringen. Durch genetische Veranlagung zu schwachem Bindegewebe, mangelnde Bewegung und zu fette, süße, schwere und vitalstoffarme Ernährung vergrößern sich die im Unterhautfettgewebe liegenden Fettzellen und dringen durch das elastische Bindegewebe sichtbar nach außen.

Da wir Frauen eine andere Struktur des Unterhautfettgewebes als Männer besitzen, sind wir von Zellulite weitaus mehr betroffen. Begünstigt durch Gewichtszunahme und erbliche Veranlagung läßt sich Zellulite meist nicht ganz vermeiden. Sie zeigt sich besonders an den Problemzonen Oberschenkel, Hüften und Po sowie nach einer drastischen Gewichtsreduzierung an den Armen. Als Ursache für Zellulite wird im Ayurveda ein zu schwaches Lymphsystem angesehen, das für Kapha typisch ist.

Sehr viel sinnvoller und effektiver als alle Kosmetikpräparate, Massagen und Rezepturen sind ein konsequentes Körpertraining mit speziellen Übungen für den Beckenboden und die Körperstraffung. Hier eignen sich besonders die Übungen des Callanetics und des Yoga.

Eine stoffwechselanregende Ernährung mit viel bitterem Gemüse, frischen Früchten und Salaten sowie agniaktivierenden Gewürzen wie Cumin, Ingwer, Pfeffer und Senfkörnern helfen ebenso wie ein ausgewogen zusammengestelltes Behandlungsprogramm mit speziellen Bindegewebsmassagen und Schwitzkuren.

Als eine der sichtbar erfolgreichsten Behandlungsmethoden werden im Ayurveda *Garshan-* (Seidenhandschuh-Massage) und *Pinda Sweda*-Behandlungen angewandt. Pinda Sweda ist eine recht zeitaufwendige (und Schmutz verursachende) Wärmebehandlung mit zitronengefüllten Gazesäckchen. Da sie jedoch keine direkten Massagegriffe benötigt, ist sie auch für Laien praktizierbar. Als spezielle Zellulite-Behandlung wird außerdem *Jambira Pinda Sweda* empfohlen, eine lokale Anwendung mit erhitzten Zitronenstückchen. Durch die zusammenziehende Wirkung der Zitrone hilft Jambira Pinda Sweda, überflüssiges Fett abzubauen und die Haut zu glätten.

Praxis-Anleitung für Jambira Pinda Sweda

* Schneiden Sie 2 kg unbehandelte ganze Zitronen mit Schale in daumengroße Stücke.
* In einer schweren Pfanne Senföl erhitzen und leicht anbräunen, 200 g Kokosraspel hinzufügen und diese ebenfalls anbräunen. (Falls Sie Senföl nicht vertragen oder es nicht erhältlich ist, können Sie auch sehr gut Sonnenblumenöl mit $1/3$ Anteil Weizenkeimöl verwenden.)
* Die Zitronenstücke zufügen und alles zusammen ca. 3–4 Minuten köcheln lassen.
* Die Masse vom Herd nehmen, in vier Gazesäckchen füllen und zubinden.

Teil IV · Praktische Empfehlungen bei Hautbeschwerden

* Die Bratpfanne auswischen, den Boden mit neuem Senföl bedecken. Die Pinda Sweda-Säckchen zum Warmhalten hineinlegen.

* Jetzt jeweils mit zwei Gazesäckchen den vorher eingeölten Körper an den betroffenen Stellen massieren. Hierzu immer beide Seiten (z.B. rechter und linker Oberschenkel) gleichzeitig in abwärtsgerichteten Kreisbewegungen mit den Säckchen benetzen. Wichtig ist, daß immer vom Herzen weg massiert wird.

* Sobald die ersten beiden Packungen erkalten, die Anwendung mit den anderen zwei warmgehaltenen Pindas wiederholen.

* Nach der Behandlung die massierten Körperzonen mit warmem Wasser abwaschen.

* Spüren Sie nun den wohltuenden Effekt der Pinda-Sweda-Wärmebehandlung. Diese Anwendung unterstützt Sie wirkungsvoll bei der Straffung des Zellulite-Gewebes.

Mit der ayurvedischen Haarpflege einen klaren Kopf bewahren

Gesundes, glänzendes und geschmeidiges Haar sind ein Merkmal guter Körpergewebe, besonders des Majja. Es bedarf einer gut versorgten Kopfhaut und kräftiger Haarwurzeln. Im Ayurveda werden die Haare, die Haarwurzeln und die Kopfhaut zur Entspannung möglichst oft geölt und massiert, da sich am Kopf viele Nervenenden befinden. Wir raufen uns nicht umsonst die Haare, wenn wir müde oder überanstrengt sind. Eine regelmäßige Massage des oberen Kopfbereichs ist äußerst wohltuend für das gesamte Nervensystem, verstärkt die Konzentrationsfähigkeit und kräftigt die Haarwurzeln.

Bei jedem Konstitutionstyp bilden die individuellen Anlagen besondere Eigenschaften des Haarwuchses und der Haarbeschaffenheit. Menschen mit einem hohen Vata-Anteil haben meist feines, helles und sprödes Haar. Die Kopfhaut neigt zu Trockenheit und Schuppenbildung. Ein vorrangiger Pitta-Anteil im Menschen äußert sich durch blonde oder rötliche Haare, welche frühzeitig ergrauen oder ausfallen können. Kapha-Menschen verfügen über dicke, feste und oft etwas fettige Haare sowie eine robuste Kopfhaut.

Besonders schädlich auf jedes Haar wirken sich übermäßige Trockenheit und Hitze aus. Durch zuviel Sonne wird das Haar ausgetrocknet; Kopfhaut sowie Haarwurzeln werden geschwächt. Die Haare werden dünn, schütter und fallen aus. Auch übermäßige Pitta-Hitze im Körper steigt nach oben und verläßt ihn durch die Haarkrone. Da Pitta-Typen von Natur aus größere Körperhitze besitzen, sind sie besonders anfällig für frühzeitiges Haarergrauen und Kahlköpfigkeit.

Sowohl das Gehirn wie auch die Kopfhaut bevorzugen angenehme Kühle. Aus diesem Grunde sollte man nach dem Haarewaschen den Kopf mit etwas kühlem Wasser nachspülen. Dies belebt die Kopfhaut, stärkt das Nervengewebe und eignet sich sehr gut zum Ausspülen von Seifenresten.

Ebenso können Sie eine kleine Pflegespülung statt Wasser verwenden. Als natürliche Haarspülung oder Pflegepackung werden Zitronensaft, Essig, Eigelb oder Joghurt verwendet. Sie beseitigen Seifenreste und machen die Haare weich und geschmeidig. Spült man die Haare nach dem Waschen mit etwas Kamillentee oder Ringelblumentee nach, so hellen sie auf; Rosmarin, Salbei und Bhringaraj hingegen dunkeln ab. Verwenden Sie schwarzen Tee, erhalten die Haare einen goldenen Glanz.

Eine vitalstoffreiche Ernährung mit ausreichenden Anteilen an Eiweiß, Mineralstoffen, Vitamin B, Vitamin C und essentiellen Fettsäuren ist ein wichtiges Fundament für gesundes Haar. Ist jedoch die Durchblutung der Kopfhaut durch Verspannungen oder Fettablagerungen blockiert, so erreichen die Nährstoffe nicht die Haarwurzeln. Stoffwechselstörungen, Mineralstoffmangel sowie Ama- und Dosha-Ansammlungen lassen

Teil IV · Mit der ayurvedischen Haarpflege einen klaren Kopf bewahren

sich an den Haaren diagnostizieren. Durch eine ayurvedische Kopfmassage werden Spannungen gelöst, die Durchblutung gefördert und die Haarwurzeln von ausgetrockneten Talgschichten befreit. Für die Kopfmassage werden traditionell warmes Sesamöl (wärmend, nährend) und Kokosöl (kühlend, ausgleichend) empfohlen. Aber auch Mandel- oder Kürbiskernöl sind sehr geeignet.

Praktische Empfehlungen bei Haarproblemen

Trockenes Haar

* Alle vataerhöhenden Faktoren in Ernährungs- und Lebensweise reduzieren.
* Regelmäßige Kopfmassage mit Sesamöl, angereichert mit ätherischem Lavendel-, Geranien- und Wacholderöl.

Fettiges Haar

* Alle pittaerhöhenden Faktoren in der Ernährungs- und Lebensweise reduzieren.
* Regelmäßige Kopfmassagen mit Jojoba- oder Neemöl, angereichert mit ätherischem Bergamott-, Zedernholz-, Zypressen-, Zitronen- und Lavendelöl.
* Regelmäßige Haarwäsche mit zitronenhaltigen Spülungen.

Schuppen

* Empfohlen wird jede Ernährung, die das Agni verstärkt.
* Milch, Milchprodukte, Erdnußbutter und fettes Fleisch meiden.
* Kopfmassage mit Jojobaöl, angereichert mit ätherischem Eukalyptusöl (stimulie-

rend, reinigend) und Rosenöl (kräftigend, macht die Kopfhaut geschmeidig).

Juckende Schuppen

* Die Kopfhaut am Abend mit Jojobaöl und Geranium-, Lavendel-, Wacholder- und Sandelholzöl einmassieren, über Nacht wirken lassen und am nächsten Morgen auswaschen.

Fettige, trockene Kopfhaut

* In die Kopfhaut etwas Jojobaöl mit Zedernholz-, Rosmarin- und Zitronenöl einmassieren.
* Petersilie in der Nahrung und als intensiven Sud wie eine Pflegespülung verwenden.

Haarausfall

Nach ayurvedischer Ansicht liegt Haarausfall immer eine Pitta-Störung zugrunde. Das Pitta sammelt sich an den Haarwurzeln und verbindet sich dort mit Vata, was wiederum die Ansammlung von Kapha im Blut bewirkt. Daraufhin verstopfen die Follikel, und die Haare können nicht nachwachsen.

Neben den erblich bedingten Faktoren werden Hormonstörungen, Mineralstoffmangel, Infektionskrankheiten und konstitutions- oder streßbedingte Pitta-Störungen verantwortlich gemacht. Diese Auslöser wirken nach einer Schwangerschaft, während der Wechseljahre, im Frühjahr oder im Herbst besonders intensiv.

Um Haarausfall ganzheitlich zu behandeln, bedarf es einer umfassenden Diagnose und einer individuell darauf abgestimmten Behandlungsstrategie mit speziellen Ernährungsempfehlungen, Pflanzenheilmitteln, Massagen und Reinigungstechniken.

Als wirkungsvolle Behandlungsweise empfehle ich Kopfmassagen, Shirodara, Shirobasti und die Einnahme von Triphala und Ashvagandha. Auch alle dhatuaufbauenden Nahrungsmittel und frischen Gemüse können das Haarwachstum unterstützen. Um die strapazierte Leber zu entlasten, sollten sehr schwere, saure, fetthaltige und falsch kombinierte Mahlzeiten vermieden werden.

Zusätzlich wird im allgemeinen folgende Kräutermixtur empfohlen: 60 g Rosmarinspitzen und 40 g Schafgarbe in 1 Liter hochprozentigem Alkohol ansetzen und 2 Wochen stehen lassen. Dann abseihen, den Rückstand in 1 Liter Wasser geben und diesen nach 2–3 Stunden ebenfalls abseihen.

Ayurvedische Kopfmassage und Marma-Behandlung

Auf unserer Kopfhaut liegen viele Marma-Vital-Punkte, deren Berührung und Massage uns tief entspannen, ausgleichen und harmonisieren. Eine Kopfmassage mit warmen Ölen stärkt daher den Haarwuchs, pflegt die Kopfhaut und regeneriert das gesamte Nervensystem. Es gibt nichts Besseres als eine beruhigende Massage mit Kokosöl zum Pitta-Ausgleich oder mit Johanniskraut zur Vata-Regeneration. Bei Haarausfall, frühzeitigem Ergrauen und Kopfschmerzen erfahren wir eine wertvolle Hilfe mit regelmäßigen Selbstbehandlungen des Kopfes. Massieren Sie sich regelmäßig am Abend oder Morgen Ihren Kopf, und lassen Sie das Öl für mindestens eine Stunde auf der Kopfhaut wirken. Gehen Sie dabei folgendermaßen vor:

* Benetzen Sie Ihre Hände mit Öl, und verteilen Sie das Öl von der Stirn ausgehend auf dem Kopf. Beginnen Sie Ihre Massage, indem Sie Ihre Kopfhaut wie beim Haarewaschen mit den Fingerkuppen lockern. Gehen Sie immer vom Haaransatz aus nach hinten, und streichen Sie die Finger über den Hinterkopf aus.
* Massieren Sie am Haaransatz entlang mit kleinen kreisenden Bewegungen von der Stirn zu den Ohren, am Ohransatz entlang bis zum Hinterkopf.
* Verschränken Sie die Hände hinter dem Nacken, und bewegen Sie den Kopf nach hinten. Spüren Sie den Druck des Halses gegen die Hände.
* Nun von hinten nach vorne massieren,

Teil IV · Mit der ayurvedischen Haarpflege einen klaren Kopf bewahren

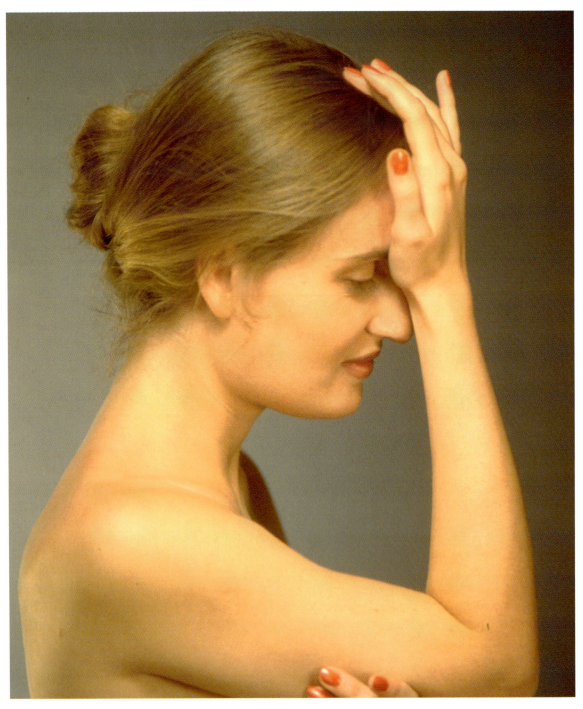

Marma-Massage des Mardhi Marma

indem Sie mit den Fingerspitzen Zickzack-Bewegungen auf der Kopfhaut machen.

* Schließen Sie Ihre Kopfmassage mit einer kleinen Marma-Behandlung ab. Diese wirkt besonders entspannend und fördert die Konzentrationsfähigkeit und einen guten Schlaf. Auf der Scheitellinie befinden sich drei Marma-Punkte, die nacheinander gedrückt werden sollten:

* Das erste Marma ist der Scheitelpunkt, und es liegt auf der Mittellinie des Kopfes. Legen Sie Ihren Handballen auf die Nasenwurzel, und strecken Sie Ihren Mittelfinger nach oben aus. Der Punkt, an dem der Mittelfinger den Scheitel berührt, ist *Mardhi Marma* (siehe Abbildung links). Geben Sie ein bißchen Öl auf Ihren Mittelfinger, und machen Sie 20 kleine Kreise im Uhrzeigersinn am Mardhi Marma.

* Der zweite Punkt wird *Brahma Randra* genannt und liegt direkt über der vorderen Fontanelle. Gehen Sie vom ersten Punkt drei Querfinger nach vorne, so sind Sie beim Brahma Randra. Geben Sie ein bißchen Öl auf Ihren Mittelfinger, und machen Sie 20 kleine Kreise im Uhrzeigersinn am Brahma Randra.

* Der dritte Punkt befindet sich vier Finger breit hinter dem Scheitelpunkt und liegt direkt über der hinteren Fontanelle. *Shiva Randra* ist der höchste Punkt Ihres Scheitels, und hier liegt das Zentrum der Konzentration und Gedächniskraft. Geben Sie ein bißchen Öl auf Ihren Mittelfinger, und machen Sie 20 kleine Kreise im Uhrzeigersinn am Shiva Randra.

Baden in einem Meer von warmem Öl

Warmes Öl ist ideal zum Genießen, Massieren und Dosha-Ausgleichen. Ein Strahl duftendes Planzenöl rinnt über den Rücken, tröpfelt auf die Stirn und salbt jedes Körperteil. Mit jeder Ölmassage empfangen wir wohlige Wärme, tiefe Kraft und inneren Frieden in jeder Faser unseres Seins. Durch regelmäßige Selbstmassage verstärken wir den intensiven Kontakt mit unserem eigenen Körper und gewinnen neue Dimensionen im sinnlichen Erleben von Berührung, Nähe und Selbstliebe.

Die sanfte Massage mit warmem Öl bezeichnet man im Ayurveda als Snehana, was übersetzt soviel wie »Liebestherapie mit fettiger Substanz« bedeutet. In der ayurvedischen Massage sprechen die Hände über liebevolle Berührungen und zarte Ausstreichungen zum Körper und öffnen sanft die Türen zum Herzen. Wenn Sie in einem Meer von warmem Öl baden, verbinden Sie sich mit der Quelle der eigenen Kraft. Damit tauchen Sie in Ihren inneren Raum der Fülle und der Liebe ein.

Für die Ölbäder werden hochwertige Pflanzenöle und medizinische Kräuteröle verwendet, mit denen Sie sich vor dem Bad die Haut einsalben. Sie sollten den ganzen Körper so lange einölen, bis sich auf der Haut eine Ölschicht gebildet hat. Diese lassen Sie 10 Minuten einwirken und spülen sie anschließend in der warmen Wanne im Wasser ab. Diese Badebehandlung wirkt äußerst reinigend und regenerierend für jeden Organismus. Der Körper erhält eine wertvolle Unterstützung in seiner Entgiftung, Verjüngung und dem Zellaufbau.

Falls es Ihnen nicht möglich ist, eine Abhyanga unter den liebevollen Händen zweier erfahrener Ayurveda-Therapeuten zu genießen, so können Sie die Wirkung dieser heilsamen Ölmassage annähernd durch eine Selbstmassage erreichen. Sie sollten sich dafür eine halbe Stunde Zeit nehmen und sie in einem warmem Raum durchführen. Massieren Sie sich immer in einem warmem, hellen und sauberen Raum oder Badezimmer, das kurz zuvor gelüftet wurde. Achten Sie darauf, das keine lauten Geräusche, Zugluft oder grelles Licht Sie stören.

Die liebevolle und sanfte Berührung der Hände in der Massage schafft Nähe und das Gefühl von Liebe und Vertrauen. Die innere Einstellung zum Körper und die bewußte und fachgerechte Massagetechnik machen eine Einölung zur Ölmassage, der Behandlung der liebenden Hände.

Vielen meiner Patientinnen empfehle ich, sich regelmäßig selbst einzuölen und dies mit einem kleinen »Selbst-Liebe-Ritual« zu verbinden. Massieren Sie sich hierzu den Körper ein, und sprechen Sie mit jedem einzelnen Körperteil. Üben Sie sich in positiver Selbstrede und wählen Sie zwischen den Aussagen: »ich liebe ...«, »ich mag ...« oder »ich akzeptiere meine ... (Hände, Brust, Oberschenkel, Füße usw.)«. Spüren Sie, wie Ihr Körper die ayurvedische Behandlung als

Teil IV · Baden in einem Meer von warmem Öl

Liebkosung auf körperlicher und seelischer Ebene zugleich erfährt und wie Sie Schritt für Schritt einen intensiven und liebevollen Kontakt zu sich selbst und Ihrem Körper aufnehmen.

Der positive Kontakt zum eigenen Körper ist auch die Voraussetzung zur Behandlung und Massage von anderen, denn in der ayurvedischen Therapie wird sehr großen Wert auf die reine und ausgeglichene Geisteshaltung des Therapeuten gelegt. Traditionellerweise nimmt der ayurvedische Massagetherapeut vor seinen Behandlungen ein Bad und zieht sich frische Kleider an. Vor der Massage jedes Patienten reinigt er Gesicht, Hände und den Geist durch eine kleine Meditation.

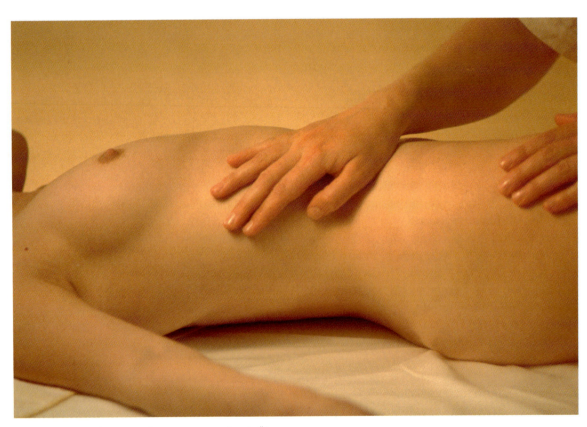

Snehana – Berührung und Entspannung durch Ölmassage

Individuelle Massageöle mit Kräutern und Essenzen

Als Snehana, fettige Substanz, können wir jedes beliebige Pflanzenöl oder Ghee verwenden. Je nach Dosha-Ausprägung werden bestimmte Öle empfohlen, welche Sie sich selbst zu Hause herstellen können.

Das Grundrezept zur Herstellung von ayurvedischen Ölen mit Kräuterzusätzen ist sehr einfach. Sie kochen Wasser, Öl und die entsprechenden Kräuter so lange auf, bis das gesamte Wasser verdunstet ist. Vom Mengenverhältnis kommen auf 1 Tasse Öl immer 4 Tassen Wasser und ¼ Tasse Kräuter. Diese werden im offenen Topf so lange gekocht, bis sich die Flüssigkeit wieder auf eine Tasse reduziert hat. Anschließend das Öl abkühlen lassen und filtrieren, indem Sie die Flüssigkeit durch ein Sieb abgießen. Zur hygienischen Aufbewahrung empfiehlt sich das Abfüllen in verschließbaren Flaschen.

Hier einige einfache Ölrezepturen, welche sich zum Ausgleich der Doshas sehr bewährt haben:

Vata-Öl

4 Tassen Wasser
1 Tasse Sesamöl
¼ Tasse Kräutermischung aus gleichen Teilen Süßholz, Ginseng und Ingwer

Pitta-Öl

4 Tassen Wasser
1 Tasse Sonnenblumenöl
¼ Tasse Kräutermischung aus gleichen Teilen Fenchel, Minze und Süßholz

Kapha-Öl

4 Tassen Wasser
1 Tasse Sesamöl
¼ Tasse Kräutermischung aus gleichen Teilen Ingwer, Thymian und Salbei

Intensiver als die Abkochungen wirken die Körperöle mit ätherischen Ölzusätzen. Sie entsprechen zudem auch den kosmetischen und nicht nur den therapeutischen Ansprüchen. Je nach Bedürfnis und Gelegenheit können Sie Ihre individuelle Ölmischung abstimmen und so eine direkte Harmonisierung und Nährung erfahren.

Optimal ist es, den ganzen Körper zuerst einzuölen und anschließend das Öl in der heißen Wanne oder unter der Dusche abzuspülen. Durch die Ölmassage wird der ganze Organismus angeregt und genährt. Abgelagerte Stoffwechselschlacken lösen sich, und das Lymphsystem wird aktiviert.

Da sich in den Geweben nicht nur Toxine speichern, sondern auch unverarbeitete Gefühle, wirkt eine Ölmassage auf physischer wie psychischer Ebene gleichermaßen befreiend und klärend. Das Snehana ist somit eine wunderbare Behandlungsform, um sich selbst zu verwöhnen und Körper, Geist und Seele wieder in Einklang zu bringen.

Ungefähr 15 Minuten nach der Ölmassage folgt ein Schwitzbad (Svedana) oder eine Waschung mit möglichst warmem Wasser. Mit der heißen Feuchtigkeit öffnen sich nun die Körperkanäle (Shrotas) und die gelösten Stoffwechselablagerungen können abtransportiert werden.

Sie sollten unter dem feuchten Naß tüch-

Teil IV · Baden in einem Meer von warmem Öl

tig zum Schwitzen kommen, denn dies regt Agni, das Verdauungsfeuer, an. Wenn Agni gut brennt, so wird die Entgiftung fortgeführt, Ama (Schlacken) wird verbrannt und kann den Organismus verlassen. Dies geschieht am besten, indem Sie nach dem Ölen und Baden noch ein wenig ausruhen. Wickeln Sie sich einfach in ein dickes Handtuch, und legen Sie sich entspannt für zehn Minuten ins Bett. Dies reguliert den Kreislauf und das Vata-System und gibt dem Körper genügend Zeit, den ausleitenden Entgiftungsprozeß zu verstärken.

Der klassische Ayurveda empfiehlt für alle Ölanwendungen vorrangig Sesamöl, da dies eine stark dämpfende Wirkung auf Vata ausübt, ohne das Kapha zu erhöhen. Sesamöl verleiht dem Organismus Kraft und Stabilität, schützt vor Hauterkrankungen und Pilzbefall, wärmt und kann ebenso als vaginales Reinigungsmittel verwendet werden. Ist die Haut eines Menschen jedoch empfindlich oder allergisch, so ist Sesamöl meiner Erfahrung nach weniger gut verträglich, da es von seinen Eigenschaften zu dick, schwer und wärmend ist. In diesem Fall soll-

te es besser gegen Sonnenblumenöl ausgetauscht werden.

Natürliches Sonnenblumenöl bietet durch seine sanften, kühlenden und ausgleichenden Eigenschaften eine gute Alternative zum Sesamöl. Zudem stellt es für alle von Natur aus warmen und hitzigen Menschen das ideale Therapeutikum dar.

Ausgelassenes Butterfett, das sogenannte Ghee, ist nicht nur ein Grundstein der ayurvedischen Küche, sondern gilt auch in der ayurvedischen Therapie als wertvoller Ölträger innerhalb einer Behandlung. Es ist besonders aufnahmefähig und hat eine regulierende Wirkung auf Vata und Pitta. Ghee besitzt die Fähigkeit, sich der persönlichen Energie eines Menschen anzupassen und diese in seiner natürlichen Ausdrucksform zu stärken.

Insgesamt werden über 100 Rezepturen von sehr wirksamen Arznei-Ölen in den klassischen Schriften beschrieben. Die verschiedenen Ölmischungen mit Kräuterzusätzen und ätherischen Ölen werden abgestimmt auf die Behandlungsformen, die Konstitution und die Bedürfnisse des einzelnen.

Anleitung zur Selbstmassage (Abhyanga)

Die ayurvedische Selbstmassage beginnt mit dem Kopf und endet an den Füßen. Zur Vorbereitung sollten Sie ca. 40 ml Öl erwärmen und dieses in ein wärmehaltendes Gefäß füllen. Nun entspannen Sie sich nochmals kurz und atmen tief ein und aus. Fühlen Sie sich innerlich gelöst und ruhig? Dann können Sie mit der Massage beginnen:

Kopf

Träufeln Sie sich etwas Öl auf den Mittelscheitel, und massieren Sie das Öl wie beim Shamponieren mit kleinen Kreisbewegungen Richtung Ohren in die Kopfhaut. Beugen Sie nun den Kopf etwas nach vorne, und geben Sie etwas Öl an den Haaransatz im Nacken. Das Öl mit leicht kreisenden Bewegungen am Hinterkopf entlang in Richtung der Ohren massieren.

Um die Durchblutung und das Nervensystem anzuregen, können Sie jetzt mit den Fingerkuppen auf den Kopf klopfen und an den Haarwurzeln leicht ziehen. Zum Schluß noch einmal den Kopf sanft ausstreichen und das aufgetragene Öl gleichmäßig über den Kopf verteilen.

Gesicht

Tauchen Sie Ihre Fingerspitzen in das Öl, und massieren Sie Ihre Stirn von der Mitte aus in kreisenden Bewegungen nach außen. Spüren Sie, welcher Druck und welche Geschwindigkeit für Sie am angenehmsten sind.

Streichen Sie anschließend das ganze Gesicht von der Mitte ausgehend nach außen hinauf aus – über die Stirn, unter und über den Augen, von der Nase über die Wangen, die Lippen und das Kinn. Beenden Sie die Gesichtsmassage mit einer sanften Streichbewegung von der linken Unterkieferseite zur rechten Unterkieferseite und umgekehrt. Falls sich nicht mehr genügend Öl an Ihren Fingern befinden sollte, so tauchen Sie diese zwischendurch immer wieder in das warme Öl.

Hals

Vom Unterkiefer sollten Sie die Hände nun zum Halsrücken bringen und diese den Hals hinauf- und hinabstreichen lassen. Fassen Sie von oben den Halsrücken und streichen Sie nach vorne den Hals hinunter. Wiederholen Sie diesen Vorgang etwa drei- bis viermal.

Arme

Nun werden die oberen Extremitäten massiert. Nehmen Sie etwas Öl in die rechte Hand und verteilen Sie dieses mit kreisenden Bewegungen über Schultern, Ellenbogen und Handgelenk. Die Kreise sollten

Ayurvedische Kopf- und Gesichtsmassage

klein und kräftig sein, um die stark ausgeprägte Armmuskulatur zu durchdringen. Streichen Sie nun die Muskeln des Ober- und Unterarms an seinen Konturen von oben nach unten aus, und fahren Sie sanft mit den Fingern am Außenarm wieder nach oben. Wiederholen Sie diesen Vorgang einige Male im harmonischen Rhythmus, und enden Sie mit einer abwärtsgerichteten Bewegung am Handgelenk. Den gleichen Massageablauf mit der linken Hand am rechten Arm ausführen.

Hände

Streichen Sie vom äußeren Handgelenk den Handrücken hinunter, und behandeln Sie jeden einzelnen Finger, indem Sie mit Daumen und Zeigefinger der massierenden Hand nach oben fahren und dann von der Fingerkuppe aus an jedem Finger leicht drehen und ziehen. Streichen Sie anschließend mit dem Daumen der einen Hand die Handfläche der anderen Hand aus. Beginnen Sie am Handballen, und arbeiten Sie sich über die Handflächen bis zu den Fingeransätzen vor. Wiederholen Sie den gleichen Massageablauf an der anderen Hand.

Rumpf

Nun kommt eine großflächige Einölung des Rumpfes. Beginnen Sie hierbei an der Schulter, und massieren Sie mit großen Kreisen über die Brust bis zum Ende der Rippen. Arbeiten Sie immer von der inneren Mittellinie des Brustbeines nach außen, machen Sie aber keine kräftigen Massagebewegungen auf den Brustbeinknochen und Rippen.

Nehmen Sie nun ein wenig neues Öl, und kreisen Sie sanft von Ihrem Bauchnabel aus spiralenförmig über den gesamten Bauchraum. Um die Darmperestaltik zu unterstützen, sollten Sie stets von rechts nach links kreisen und im Unterbauch keinen Druck ausüben. Massieren Sie anschließend die Wirbelsäule und den Rücken vom Steißbein sanft nach oben, soweit Ihre Arme den Rücken hinaufreichen. Bitte geben Sie keinen Druck auf die Wirbelsäule, sondern streichen Sie sie nur liebevoll. Massieren Sie auch den seitlichen Rücken über die Rippenbögen bis zu den Schulterspitzen.

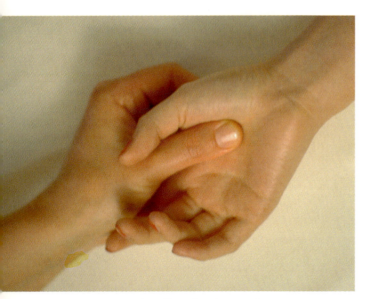

Marma-Behandlung bei der Handmassage

Beine

Als letztes werden die Beine und Füße mit Öl massiert. Beginnen Sie hierzu auf den Gesäßbacken mit großen Kreisbewegungen im Uhrzeigersinn. Fahren Sie nun am rechten Bein hinunter, und massieren Sie es mit beiden Händen, indem Sie mit der einen die Innenseite und mit der anderen die Außenseite des Beines ausstreichen. Bei Wasseransammlungen und Zellulite können Sie auch ein wenig kräftiger streichen und die nach oben führende Bewegung betonen.

Streichen Sie nun noch die Vorderseite des Unterschenkels aus, und kreisen Sie sanft um die Kniescheibe. Dann geht es abwärts zu den Fußknöcheln, um die Sie ebenfalls sanft kreisen. Gehen Sie nun vom Knöchel über die Achillesferse zur Wade, und massieren Sie das Bein fertig nach oben über die Kniekehle zum Oberschenkel.

Wiederholen Sie den gleichen Vorgang mit dem anderen Bein, und wenden Sie sich zum Abschluß den Füßen zu. Streichen Sie sanft Ihre Füße vom Fußspann bis zu den Zehen aus, und massieren Sie sie mit kleinen Kreisbewegungen zwischen den Fußknochen. Massieren Sie mit kleinen Kreisen und leichtem Abziehen an jedem Fußzeh extra, genauso wie Sie es bereits bei den Fingern getan haben. Streichen Sie nun mit dem Restöl die Fußsohlen ein, und massieren Sie diese auch sanft an den Seiten. Wenn Sie möchten, können Sie zum Abschluß mit einer kleinen Fußreflexzonenmassage auch die inneren Organe behandeln.

Beenden Sie Ihre Abhyanga, indem Sie 1 Tropfen Öl in jedes Ohr und Nasenloch geben. Ihr Körper sollte nun von Kopf bis Fuß von einer Ölschicht umnetzt sein. Ist das Öl an einigen Stellen vollständig eingezogen, verwenden Sie das nächste Mal mehr, so daß ein Rest auf der Haut liegen bleiben kann. Erst dann ist die ausreichende Menge Öl auf Ihrer Haut. Durch die Ölmassage können Sie abgelagerte Schlacken freisetzen und die Zirkulation anregen, um die gelösten Giftstoffe auszuschwemmen.

Lassen Sie das Öl nun 15 bis 25 Minuten einwirken, und entspannen Sie sich dabei. Ich selbst praktiziere nun eine kleine Meditationsübung: Visualisieren Sie, wie die heilenden Kräfte der Natur Sie durchdringen und erneuern. Stellen Sie sich bildlich vor,

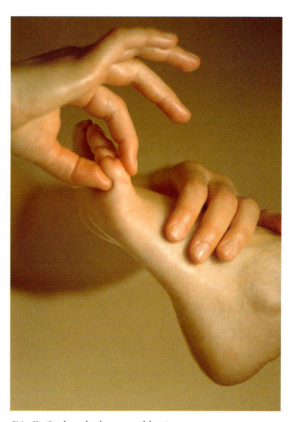

Die Fußzehen lockern und kreisen

Teil IV · Baden in einem Meer von warmem Öl

wie ein Mantel aus strahlend weißem Licht Sie umhüllt und wie jede Zelle Ihres Körpers dieses Licht in sich aufnimmt. Spüren Sie die neue, frische Lebensenergie, die durch jede Faser Ihres Körpers fließt. Bedanken Sie sich bei Gott für seine Liebe und Gnade, mit der er Sie jeden neuen Tag in Freude und Leichtigkeit das Leben genießen läßt. Wenn Sie diese Übung einmal ausprobieren möchten, so bedanken Sie sich auch bei Gott, wenn Sie sich einmal nicht freudvoll und leicht fühlen. Ihr Unterbewußtsein hört die Botschaft trotzdem und erfüllt Ihren Dank.

Nun duschen Sie das Öl mit möglichst heißem Wasser ab. Nach der klassischen Methode benutzt man als Paste, um das Öl zu entfernen, gemahlenes Kichererbsenmehl, Wasser und Milch, die vor dem Duschen auf die Haut aufgetragen werden. Wenn Ihnen das zu umständlich ist, so verwenden Sie eine ph-neutrale und besonders milde Seife mit Ölsubstanzen, um die Wirkung der Abhyanga nicht zu zerstören.

Durch die heiße Dusche werden die Shrotas in Ihrem Körper erweitert. Nun können die durch die Massage gelösten Ablagerungen verarbeitet und ausgeschieden werden. Rubbeln Sie sich nach dem Duschen kräftig ab, um die Durchblutung nochmals anzuregen. Ruhen Sie sich erneut ein wenig im Liegen aus. So kann der Entgiftungsprozeß vollendet werden.

Schönheitsbäder für Körper, Geist und Seele

Duftende Bäder mit Blütenessenzen und Kräutern sind im Ayurveda eine Zeremonie der körperlichen und geistigen Entspannung. Sie reinigen den Körper, wirken anregend und aphrodisierend. Durch das regelmäßige Bad kommt Ihre Lebensenergie wieder zum Fließen, und Sie gewinnen eine tiefe Verbindung zu Ihren eigenen Emotionen. Besonders aufnahmefähig für die pflegenden Wirkstoffe der beschriebenen Schönheitsbäder ist die Haut am frühen Abend zwischen 17.00 und 19.00 Uhr.

Wärmende Bäder mit edlen Essenzen bauen den Organismus auf und wirken heilsam auf Vata ein. Sie können in kurzer Zeit entspannen, loslassen und auftanken. Wird das Bad mit ätherischen Ölen wie Rose, Sandelholz und Lavendel angereichert, so erfährt Ihr Vata einen effektiven Ausgleich. Sie erhalten wohlige Wärme und bekommen eine glatte und geschmeidige Haut.

Das innere Pitta-Feuer gleichen kühlende Waschungen aus. Ein Bad mit Pfefferminze, Jasmin und Salbei harmonisiert sowohl das gesamte Pitta-Prinzip als auch unreine oder entzündliche Hautzonen.

Kapha schwelgt gerne in wohltemperierten Bädern, welche mit kostbaren Parfüms, Ölen und Essenzen angereichert sind. Als Stoffwechselanregung und Vitalitätsspritze gibt es nichts Besseres als ein aktivierendes Kräuterbad mit Rosmarin, Patchoulie und etwas Zitrone.

Alle Bäder sollten ausschließlich mit natürlichen Ölen angereichert und nicht länger als 15 Minuten genossen werden. Optimal ist eine Temperatur zwischen 35 °C und 39 °C; wenn das Wasser über 40 °C heiß ist, wirkt es ermüdend und energieraubend. Eine schöne Atmosphäre mit Kerzen, Blumen, Duftlampe und Deko-Accessoires verstärkt die regenerierende und erfrischende Wirkung Ihres Badezeremoniells.

Eine Haut wie Samt und Seide erhalten Sie mit einer sehr luxuriösen Badesubstanz aus Milch, Honig und etwas Rosenessenz. Nehmen Sie 2 Tassen frische Vollmilch (für Vata Sahne) und mischen Sie diese im Bade-wasser mit 1 Tasse Bergblütenhonig und 4–5 Tropfen Aromaöl aus Rosen. Ihre Haut wird nach diesem Bad zart, geschmeidig und erhält einen strahlenden, jugendlichen Glanz.

Frisch und frei fühlen Sie sich nach einem Essig-Bad. Hierzu werden einfach 30 ml Obstessig oder Apfelessig in das Badewasser gegeben. Reichern Sie dies noch mit etwas Basilikum- oder Minzessenz an, so erhalten Sie eine ganzheitliche Erneuerung und Belebung für Körper, Geist und Seele.

Schönheitsbäder für die Haut

Spezielle ätherische Ölmischungen für die Haut wirken heilend und reinigend. Ihre differenzierte Zusammenstellung verstärkt die Wirkung der einzelnen Substanzen und hat einen stark synergetischen Effekt. Sie unterstützen die regenerierende Wirkung der Ölmassage und schenken dem ganzen Organismus neue Lebenskraft.

Ist der Körper bereits vorher geölt worden, so können die ätherischen Öle in Wasser verdünnt und als abschließendes Bad angewendet werden. In Verbindung mit einem fettenden Trägeröl hingegen können sie auch allein als wohltuendes Bad genossen werden. Als Waschung für Gesicht und Dekolleté reicht ein Drittel (bzw. die Hälfte) der angegebenen Menge, um es als Kompressenwasser und/oder Gesichtsspülung zu verwenden.

Zur Reinigung und Entgiftung der Haut
4 Tropfen Basilikum
3 Tropfen Rosmarin
3 Tropfen Zitrone

mit 1 EL Salz zusammen in das Wasser geben.

Für die fettige Haut
5 Tropfen Basilikum
2 Tropfen Zitrone
2 Tassen Apfelessig

ins dampfende Wasser geben, vor und nach dem Bad die Haut mit einem Garshan- oder Luffa-Handschuh entgegen der Haarwuchsrichtung am ganzen Körper ausstreichen.

Für die trockene Haut
6 Tropfen Bergamotte
6 Tropfen Rosa mosquita
2 EL Avocadoöl
1 EL Sahne

Teil IV · Baden in einem Meer von warmem Öl

Für die normale Haut

5 Tropfen Neroli
3 Tropfen Rose
1 Tasse Milch
1 EL Honig

Gegen Hautunreinheiten

5 Tropfen Teebaumöl
5 Tropfen Lavendel
2 Tropfen Muskatellersalbei
1 Tasse Apfelessig

in das warme Wasser geben. Vorher die Haut mit Reismehl, gemischt mit ¼ TL Kurkuma und Aloe-Vera-Saft, an den unreinen Hautstellen abreiben.

Gegen Sonnenbrand und entzündete Hautstellen

6 Tropfen Pfefferminze
9 Tropfen Lavendel
3 EL Jojobaöl
½ EL Honig

in das warme Wasser geben (nicht zu heiß!), die Haut anschließend mit etwas Jojobaöl oder Nachtkerzenöl an den betroffenen Hautstellen einreiben. Ein lauwarmer Kräutertee mit ½ TL Minze, ½ TL Fenchel, 1 Msp. Koriander und etwas Kandiszucker unterstützt ebenfalls die Wirkung.

Bademischungen für Sinnlichkeit und Erneuerung der Lebenskräfte

Zur sinnlichen Anregung und Träumerei

2 Stück Zimtrinde
1 Handvoll Melisseblätter
1 Handvoll Rosmarin

zu einem starken Aufguß verkochen und in das warme Bad geben.

Aphrodisierende Ölmischung

10 Tropfen Sandelholz
4 Tropfen Ylang-Ylang
3 Tropfen Jasmin
1–2 EL Mandelöl

in das Badewasser geben und mit Kerzenschein und romantischer Musik genießen.

Zur Erweckung neuer Lebenskräfte

10 Tropfen Rosmarin
5 Tropfen Lavendel
5 Tropfen Basilikum
2 Tropfen Nelke
etwas Meersalz oder Sonnenblumenöl

in das lauwarme Wasser geben und für zehn Minuten darin baden. Wenn Sie vorher den ganzen Körper mit einem Seidenhandschuh oder einer Wurzelbürste sanft abreiben (entgegen der Haarwuchsrichtung), ist die belebende Wirkung besonders intensiv.

In bester Form sein – effektive Gewichtsreduktion mit Ayurveda

Ernährung, Gesundheit und Schönheit gehören von jeher eng zusammen. Unsere Ernährungsweise reflektiert den eigenen Kontakt zum Körper, und Ernährungsfehler zeigen sich direkt im Spiegel. Der allgemeine Schönheitsmaßstab unserer Gesellschaft wird in der Regel mit dem Maßband und der Waage gemessen. »Schön sein« bedeutet in unserer Kultur normalerweise, eine schlanke Figur und ein straffes, jugendliches Gewebe zu haben. Dies ist nur mit einer richtigen Ernährung und konsequentem Körpertraining zu erreichen und zu halten. Ayurveda vermittelt uns eine Fülle von ganzheitlichen Lebensempfehlungen, welche inneres Wohlgefühl, Gesundheit und jugendliche Schönheit miteinander vereinen.

Um den vollen Gewinn dieser bereichernden Empfehlungen und Techniken zu erhalten, ist es sinnvoll, die Ursachen für das Gewichtsproblem und die Gewebeveränderung genau zu beleuchten. Häufig verursachen neben einer falschen Ernährung und einer einseitigen Lebensweise psychosomatische Auslöser eine Stoffwechselstörung. Unbewußte Lebensbilder bestimmen das Aussehen und den Ausdruck unseres Körpers. Bleiben diese unverändert, so wird kein Schönheitsprogramm langfristige Wirkung zeigen.

Renate ist ein Kapha-Pitta-Typ und lebt als Mutter von drei Kindern und halbtags Berufstätige sehr aktiv. Sie ist von ihrem Wesen her sehr fröhlich, mütterlich und lebenslustig. Ihr Beruf als Masseurin macht ihr viel Freude, und mit ihrer Familie fühlt sie sich voll ausgelastet.

Renate leidet seit vielen Jahren an Übergewicht. Da sie insgesamt groß und kräftig gebaut ist, fallen die 85 Kilogramm Körpergewicht rein äußerlich gar nicht so unangenehm auf, doch Renate fühlt sich in ihrem Körper unwohl und gehemmt. Trotz großer Anstrengungen mit Diäten, Fasten und Sport ist es ihr nicht gelungen, langfristig abzunehmen. Kaum hat sie sechs Kilogramm heruntergehungert, nimmt sie wieder zu.

Als ich Renate bei einer Ayurveda-Wellness-Kur kennenlernte, war sie humorvoll verzweifelt und hatte den Traum von 15 Kilogramm weniger Gewicht fast aufgegeben.

Als Renate mir ihre täglichen Lebensgewohnheiten schilderte, wurde die Ursache für ihre Problematik sehr schnell offensichtlich.

Renate lebte sehr aktiv: Von morgens 7.00 bis abends 21.00 Uhr war sie für ihre Familie, die Arbeit und anderweitige Verpflichtungen auf den

Teil IV · In bester Form sein – effektive Gewichtsreduktion mit Ayurveda

Beinen. Eigentlich machten ihr alle Dinge Freude, doch sie fühlte sich auch oft überfordert, ausgelaugt und müde.

Obwohl sie viel Kapha in ihrer Grundkonstitution hatte, lebte sie ein aktives Vata-Pitta-Leben. Durch ihr nicht genügend beachtetes Kapha-Element fühlte sie sich aber im ständigen Streß, den der Stoffwechsel automatisch durch eine verringerte Verdauungstätigkeit auszugleichen versuchte. Das innere Bedürfnis nach mehr Ruhe erfüllte sich durch ein träges Agni und verringerte Stoffwechselaktivitäten.

Renate begann nun bewußt, weniger zu tun und in ihrem eigenen Rhythmus zu leben. Sie genoß ruhige und entspannte Abende, pflegte verstärkt Freundschaften und nahm sich generell für jeden Tag nicht mehr so viel vor. Das Ergebnis war, daß sie sich insgesamt ausgeglichener und kraftvoller fühlte. Die abendlichen Heißhungeranfälle nach Schokolade, Chips und Käsebroten ließen nach, und Renate beobachtete, daß ihr Körper trotz guter und regelmäßiger Mahlzeiten an Gewicht verlor. Lymphschwellungen ließen nach, und das ganze Gewebe wurde straffer, da weniger Wasser gespeichert wurde. Da sie nun auch nicht mehr so erschöpft war, gelang es ihr, zweimal in der Woche schwimmen und spazieren zu gehen. So verlagerte sich mit einem entspannteren Lebenswandel Renates kraftvolle Energie auf die eigenen Stoffwechselprozesse, was ihrem Gewichtsproblem und ihrer seelischen Ausgeglichenheit sehr zugute kam.

Mit einem täglichen Bewegungsprogramm haben wir den stärksten Einfluß auf unsere körpereigene Stoffwechselverbrennung und Entschlackung. Mit der im Körper produzierten Hitze öffnen und reinigen sich die Körperkanäle und Ausscheidungswege, so daß eine gute Versorgung mit Nährstoffen erfolgt und die Muskulatur gestärkt wird. Zu den passiven Bewegungsformen kann man Massage und Lymphdrainage zählen; ebenfalls sehr wichtig sind aber auch aktive Bewegungsarten wie Sport, Yoga und Gymnastik. All dies ist neben einer ausgesuchten Ernährungsweise unerläßlich, wenn wir unsere äußeren Formen verändern und Gewicht reduzieren möchten.

Ganzheitliche Ernährung und Gewichtsreduktion mit Ayurveda

Statistiken besagen, daß in Mitteleuropa mindestens 70 Prozent aller Frauen Eßstörungen haben und fast jede zweite Frau unter Gewichtsproblemen leidet. Essen dient uns als Kompensationsmittel, welches weit über die reine Versorgungsaufgabe hinausgeht. Egal, welche Emotionen unser Inneres bewegen, sie spiegeln sich in unseren Ernährungsgewohnheiten und Gelüsten wider. Im Ayurveda sagt man, der Appetit ist der beste Indikator für unsere Gesundheit. Sind wir in unserem körperlichen und seelischen Gleichgewicht, so werden wir automatisch die für uns richtige Nahrung wählen. Werden wir jedoch von störenden Dosha-Kräften regiert, so bestimmen diese die Menge und Auswahl unserer Nahrungsmittel. So werden unsere täglichen Ernährungsgewohnheiten oft nicht von der Vernunft, sondern von unseren Gefühlen und Lebensbedingungen bestimmt.

Die tägliche Nahrung reflektiert unsere Bewußtheit und innere Einstellung zum Leben. Das persönliche Eßverhalten zeigt den Grad an Harmonie, den wir mit uns selbst, der Welt, den universellen Gesetzen und auch der göttlichen Schöpfung erreicht haben. Negative Emotionen verändern unsere Ernährungsweise genauso unmittelbar wie eine falsche Lebenseinstellung und Philosophie. Die täglichen Mahlzeiten verbinden uns mit der kosmischen Energie und sollten ein Vorgang sein, dem Sie sich in Lebensfreude und Lebendigkeit widmen.

Durch die täglichen Ernährungsgewohnheiten schaffen wir uns ein Gefühl von Sicherheit, Stabilität und Geborgenheit. Ändern wir diese Gewohnheiten, so gerät dieses Gefüge erst einmal in Unordnung. Dazu ist man oft nur bereit, wenn sehr gewichtige Gründe, wie schwere Krankheiten oder eine tiefe Sinnsuche, vorliegen.

Viele Menschen sind selbst jedoch auch dann nicht bereit, ihre Ernährung umzustellen, wenn das eigene Leben davon abhängt. Dies zeigt, wie schwierig es ist, die eigenen Verhaltensmuster zu verändern und in welchem Maße diese mit unserem inneren Lebens- und Selbstbild verknüpft sind. Denken wir schlecht von uns und haben wir ein schwaches Selbstwertgefühl oder empfinden Schuld, Angst oder Haß, so ist es langfristig nicht möglich, die Ernährungsweise und das Aussehen zu verändern, ohne diese Gedankenstrukturen aufzugeben.

Häufig ist das Essen ein Mechanismus, durch den Gefühle, sexuelle Spannungen oder schmerzhafte Aspekte des Lebens unterdrückt werden. Manche Menschen wollen sich durch das Essen nur besser fühlen, andere benutzen es, um sich vor ihren Gefühlen und dem Leben allgemein zu verstecken.

Viele Menschen essen aus selbstzerstörerischen Gedanken heraus bewußt zuviel. Nicht wenige haben so viel Angst vor ihrem inneren Leben und dem in ihnen wohnenden Licht, daß sie sich davon abwenden und sich lieber mit einer Tafel Schokolade ablenken.

Teil IV · In bester Form sein – effektive Gewichtsreduktion mit Ayurveda

Das Überessen oder der Verzehr von schlechter, unreiner und zu schwerer Nahrung ist ein Weg, um sich zu betäuben und vor dem wahren Leben zu verstecken. Doch auch eine zu asketische und extreme Ernährungsweise lenkt von der eigenen Gesundheit und Lebenserfüllung ab, da sie zuviel Energie, Aufmerksamkeit und lebensverneinende Gedanken fordert.

Viele übergewichtige Menschen fürchten sich unbewußt, wieder ein normales Gewicht und eine wohlgeformte Figur zu erreichen. Ohne den Schutz und die Geborgenheit der umhüllenden Fettschichten entstehen Ängste vor körperlicher Nähe, Sexualität, Intimität und unerfüllten Sehnsüchten. Andere befürchten, daß sie durch ein attraktives Äußeres den Neid, die Mißgunst und die Ablehnung der Außenwelt auf sich ziehen könnten. Hat jemand ein geringes Selbstwertgefühl, so möchte er eine zu große Aufmerksamkeit, welche andere ihm nach einer positiven Veränderung schenken könnten, vermeiden.

Einem anderen Verhaltensmuster liegt die Programmierung zugrunde, daß man sich mit Essen das Wohlwollen und die Zustimmung anderer (z.B. der Eltern) sichern kann. In diesem Falle verbindet oder verwechselt man Essen mit Liebe, Aufmerksamkeit und Zustimmung.

Um Gefühle von Trauer, Ablehnung, Sorgen, Einsamkeit und Schmerz zu unterdrücken, ist das Überessen ebenfalls sehr verbreitet. Nach dem inneren Verhaltensbild vieler Menschen kann man sich mit Essen betäuben und dem harten Leben ausweichen. Einer bulemischen Eßstörung liegen die gleichen Strukturen wie einer Eßsucht zugrunde, nur daß der zerstörerische Selbsthaß ausgeprägter ist. Durch das Überessen oder die Essensverweigerung können die Betroffenen den Eltern, dem Partner oder dem Leben Widerstand bieten und die eigene Willensstärke und Zerstörungskraft demonstrieren.

Fett kann zu einem unbewußt aufgebauten Panzer zur Vermeidung von menschlicher Nähe und Zuwendung werden. In den überschüssigen Fettpolstern werden nicht nur sehr viele Schlacken und Ama gespeichert, sondern auch die negativen Emotionen von Selbsthaß, Schuld, Depressionen, Einsamkeit, Hilflosigkeit, Ärger, Angst vor anderen, Angst vor sich selbst und Selbstmitleid. Nur wenn wir bereit sind, diese Gefühle loszulassen und zu transformieren, wird es möglich, sich von den Fettschichten und Schlackenstoffen zu befreien, die uns vor dem Schmerz unseres eigenen Weltbildes schützen sollen. So ist eine sinnvolle Diät und Gewichtsreduzierung immer von einem psychischen Auflösungsprozeß begleitet. Wir müssen wieder lernen, daß Essen ein Vorgang voller Freude und Liebe zum eigenen Körper und Leben sein kann.

Im Ayurveda wird gelehrt, daß jeder Stoffwechsel seine individuellen Eigenarten hat. So nehmen manche Menschen z.B. bei Streß zu (der Stoffwechsel ist überlastet), andere hingegen nehmen ab (der Stoffwechsel ist überaktiv). Manche können essen, was sie wollen, ohne zuzunehmen, und andere werden schon »vom Zuschauen« dick. Wie der Körper auf die Nahrung reagiert, ist abhängig von den Funktionen des Agnis und der Dominanz der Doshas. So wird eine Kapha-Konstitution immer etwas kräftiger sein und mehr zur Fülle neigen als eine Vata- oder Pitta-Konstitution.

Eine gesunde und bleibende Gewichtsreduktion ist nicht durch eine Diät zu erreichen, sondern nur durch eine ausgewogene und individuell abgestimmte Ernährungsweise. Der Körper sollte nicht mehr als maximal 500 g Fettgewebe pro Woche abbauen, da er sonst das neue Gewicht nicht dauerhaft halten kann. Körperliche Bewegung und die geistige Auseinandersetzung mit den psychischen Ursachen für die Gewichtsprobleme sind eine sinnvolle und notwendige Begleitung.

Kommt es während einer Kur zur Gewichtsreduzierung zu einer sogenannten Kur-Krise, so ist es nicht sinnvoll, die Kur abzubrechen. Denn die Krise zeigt an, daß bereits ein tiefgreifender Reinigungsprozeß auf physischer wie psychischer Ebene im Gange ist, und dieser sollte nicht gestoppt werden. Empfehlenswert ist statt dessen eine kurze, aber kontrollierte Rückkehr in alte Ernährungsgewohnheiten, um die Intensität des Reinigungsprozesses etwas zu drosseln und die Möglichkeit zu schaffen, die Kur fortzusetzen.

Die wichtigsten allgemeinen Ernährungsempfehlungen zum Gewichtsausgleich

* Setzen Sie sich ein Idealgewicht im Geiste fest, und machen Sie sich ein Bild von Ihrem Körper mit diesem Gewicht.
* Essen Sie drei regelmäßige Mahlzeiten am Tag, und vermeiden Sie Zwischenmahlzeiten.
* Essen Sie täglich frischen Salat und frisches Gemüse, und bevorzugen Sie alle bitteren und scharfen Speisen.

* Trennen Sie innerhalb einer Mahlzeit eiweiß- und kohlehydrathaltige Nahrungsmittel (Trennkost).
* Nehmen Sie ein leichtes Frühstück ein, und trinken Sie viel warmes Wasser oder Kräutertee am Vormittag.
* Vermeiden Sie Zucker, Käse, Fleisch, Wurst und fritierte Speisen.
* Essen Sie nur wenig Salz (maximal $1/3$ TL am Tag).
* Treiben Sie regelmäßig Sport, aber nicht direkt nach den Mahlzeiten.
* Essen Sie mittags immer eine große Schüssel Salat und Rohkost.
* Essen Sie abends nicht nach 19.00 Uhr.

Begleitende Empfehlungen für einen aktiven Stoffwechsel

Um wirkungsvoll abzunehmen, bedarf es eines aktiven Stoffwechsels, der mit allen Nährstoffen versorgt ist. Einseitige Diäten und Mangelernährung reduzieren die Verdauungs- und Stoffwechseltätigkeit, worauf der Körper langfristig mit Verschlackung, Wasseransammlungen, Gewichtszunahme sowie innerer und äußerer Trägheit reagiert.

Eine ausgewogene, enzymreiche und agnianregende Kost ist die Voraussetzung für funktionstüchtige Ausscheidungsorgane und gesundes Abnehmen. In jeder Diät sollte ein leber- und nierenunterstützendes Programm integriert sein. Ein notwendiges Begleitprogramm sind zusätzliche Schwitzbehandlungen, Massagen und regelmäßige körperliche Bewegung. Bei aufgeschwemmtem Gewebe und Zellulite bieten die Übungen des Callanetics ein ideales Trainings- und Straffungsprogramm für Haut und Gewebe.

Teil IV · In bester Form sein – effektive Gewichtsreduktion mit Ayurveda

Begleitende Empfehlungen für einen aktiven Leberstoffwechsel

✳ Täglich 1 Glas frisch gepreßten Karottensaft mit etwas Sellerie, Rote Bete oder Apfel und 2–3 Tropfen Weizenkeimöl einnehmen.

✳ Täglich mindestens 2 Tassen Ingwerwasser trinken.

✳ Alle bitteren Gemüse wie Spinat, Mangold, Artischocken, Chicorée und Endivien bevorzugen.

✳ Täglich eine Portion geraspelte Rohkost oder grünen Salat essen.

✳ Als Nahrungsmittelergänzungen sind Borretschöl, Nachtkerzenöl, Spirulina, Gerstengras, Ginseng und Liv 52 zu empfehlenswert.

✳ Als Kräuter sind Bockshornklee, Süßholz, Teufelskralle, Mariendistel und La Pacho-Tee zu empfehlen.

✳ Als Gewürze sind Ingwer, Pfeffer, Chili, Knoblauch, Kreuzkümmel, Kurkuma und Senfkörner geeignet.

Begleitende Empfehlungen für einen ausscheidungsaktiven Nierenstoffwechsel

✳ Täglich frisches Quellwasser im halbstündigen Rhythmus trinken.

✳ Täglich 15 Pinienkerne und 1 EL Kürbiskerne essen.

✳ Schwarzen und Grünen Tee vermeiden.

✳ Kräutertee aus Brennessel, Zinnkraut, Löwenzahn, Lindenblüten und Bärentrauben ein- bis zweimal pro Woche trinken.

✳ Wöchentlich ein Sitzbad mit Spitzwegerich.

Kräutertees zum Abnehmen

Schlankheitstee

30 g Faulbaumrinde
15 g Frauenmantelwurzel
20 g Kamille
10 g Rosmarin
30 g Salbei
30 g Schlehendorn

mischen und 2 TL Kräuter mit ¼ Liter Wasser überbrühen. 10–15 Minuten ziehen lassen.

Bei schwer reduzierbarem Übergewicht

20 g Bachbunge
30 g Gundelrebe
20 g Löwenzahn
30 g Scharfgabe
5 g Schöllkraut

mischen und 2 TL Kräuter mit ½ Liter Wasser überbrühen. 7–10 Minuten ziehen lassen und über den Tag verteilt trinken.

Bei Übergewicht, besonders am Oberkörper

30 g Blasentang
30 g Faulbaumrinde
20 g Sennesblätter

mischen und 2 TL Kräuter mit ½ Liter Wasser überbrühen. 7–10 Minuten ziehen lassen und über den Tag verteilt trinken.

Bei Übergewicht, besonders an den Oberschenkeln

30 g Blasentang
40 g Faulbaumrinde
10 g Liebstöckel
30 g Schafgarbe

20 g Wacholderbeeren
10 g Weintraubenblätter

mischen und 2 TL Kräuter mit $^1/_2$ Liter Wasser überbrühen. 7–10 Minuten ziehen lassen und über den Tag verteilt trinken.

Das effektive Ayurveda-Schönheits- und Schlankheitsprogramm

Schönheit und Gesundheit sind im Ayurveda keine statischen Idealzustände, sondern dynamische Prozesse. Nur eine liebevolle und schrittweise Umstellung alter Ernährungs- und Lebensgewohnheiten schenken langanhaltenden und sichtbaren Erfolg.

Das folgende Programm ist individuell auf jeden Konstitutionstyp abstimmbar und läßt eine persönliche Zeitgestaltung offen. Beginnen Sie immer erst mit dem nächsten Schritt, wenn Ihnen die vorherigen bereits zur alltäglichen Gewohnheit geworden sind und keine Mühe oder Anstrengung mehr verursachen.

Schritt 1

Machen Sie sich ein positives Zukunftsbild von Ihrer Traumfigur.

* Wieviel wiegen Sie jetzt?
* Wieviel möchten Sie wiegen?
* In welchem Zeitraum möchten Sie Ihr Gewicht reduzieren? Auf wieviel Kilogramm?

Beobachten Sie für 3 Tage Ihre tägliche Ernährung, und schreiben Sie ganz genau auf, wann Sie was essen.

* Welche Fehler und schlechten Gewohnheiten haben sich in Ihre Ernährung eingeschlichen?
* In welcher Zeit ist es für Sie am schwierigsten, gesund und bewußt zu essen (z.B. während des Arbeitens, abends usw.)?

Ändern Sie drei grundsätzliche Gewohnheiten in Ihrer Ernährungsweise, oder lassen Sie bestimmte (störende) Nahrungsmittel weg:

* Essen Sie nur dreimal am Tag. Als Zwischenmahlzeit sind Obst, Säfte und Rohkost erlaubt. Bei Heißhunger 3–4 Spirulina-Tabletten mit einem Glas Wasser einnehmen.
* Vermeiden Sie Käse und alle Fette außer Ghee und Olivenöl.
* Essen Sie nur einmal am Tag Brot.
* Beginnen Sie mit einem täglichen Be-

Teil IV · In bester Form sein – effektive Gewichtsreduktion mit Ayurveda

wegungsprogramm von ca. 20 Minuten
(z.B. Yoga-Asanas).

Schritt 2

Trinken Sie weiterhin regelmäßig genügend
warme Flüssigkeit über den Tag verteilt. Beginnen Sie direkt nach dem Aufstehen mit 2
Gläsern Wasser, und bevorzugen Sie für den
Tag Ingwerwasser, entschlackende Kräutertees und Quellwasser.

Nehmen Sie Ihr Frühstück nicht vor 9.00 Uhr
ein, und essen Sie am Morgen entweder etwas Obst oder gekochten Getreidebrei. Vermeiden Sie Brot, Käse, Fett und Milchprodukte.

Essen Sie ab 19.00 Uhr nichts mehr, und
nehmen Sie als Abendessen eine leichte
Mahlzeit mit etwas Salat und Suppe ein.
Auch Gemüse und kaphaausgleichende Getreide wie Hirse, Gerste, Buchweizen und
Dinkel sind empfehlenswert. Vermeiden Sie
alle Eiweiße (Fisch, Fleisch, Käse) und zuviel Fett am Abend.

Schritt 3

Essen Sie in der richtigen Kombination, und
trennen Sie bei jeder Mahlzeit Eiweiß und
Kohlehydrate voneinander. Das heißt, wenn
Sie bei einer Mahlzeit Eiweiß essen, sollten
Sie erst mit der nächsten Kohlehydrate zu
sich nehmen und umgekehrt. Um den Stoffwechsel zu entlasten, sollten folgende Kombinationen eingehalten werden:

* Obst alleine essen.
* Eiweißreiche Nahrungsmittel wie Milch-
produkte, Hülsenfrüchte, Nüsse, Fisch,
Fleisch und Eier mit Salat, Gemüse und
Reis kombinieren.
* Kohlehydratreiche Nahrungsmittel wie
Getreide, Teigwaren, Brot und Kartoffeln
mit Salat, Gemüse, Fett und Süßmitteln
kombinieren.
* Milch nur wenig und allein trinken.

Gönnen Sie sich alle 2 Wochen ein Essen,
wie Sie es auch immer wünschen (alle
Ernährungsregeln vergessen!), und genießen
Sie es allein oder in netter Gesellschaft.

Legen Sie im Wechsel zu der vorigen Regel
alle 2 Wochen einen Reinigungstag ein:

* morgens Obst (Trauben, Äpfel, Aprikosen, Kirschen) essen,
* mittags Salat und Rohkost mit etwas Zi-
tronensaft/Olivenöldressing oder eine
Suppe,
* abends eine Suppe mit Gemüse und Reis.

Trinken Sie ca. 3 Liter warmes Wasser, und
kommen Sie einmal am Tag ins Schwitzen
(Sport oder Sauna).

Schritt 4

Vermeiden Sie alle glutenhaltigen und
milcheiweißhaltigen Nahrungsmittel für die
nächsten 4 Wochen.

Verstärken Sie ihr regelmäßiges Gymnastik-
und Sportprogramm, und gehen Sie einmal
täglich an die frische Luft.

Visualisieren Sie immer wieder Ihre innere und äußere Leichtigkeit. Spüren Sie die Kraft und Lust, dem Leben neu zu begegnen.

Schritt 5

Nun ist die Zeit gekommen, einen neuen Ernährungs- und Lebensstil in das eigene Leben zu integrieren. Geben Sie folgenden Empfehlungen auch zukünftig einen festen Platz in Ihren täglichen Gewohnheiten:

* Ein leichtes Frühstück einnehmen,
* regelmäßige Mahlzeiten mit viel Gemüse und Salat essen,
* einen Reinigungstag jeden Monat mit 3 Litern Flüssigkeit und leichter Nahrung wie Salat, Früchte, gekochtem Gemüse und Reis-Dal-Suppe einlegen.
* Ein regelmäßiges Bewegungs- und Ausgleichsprogramm mit Yoga, Gymnastik, Schwimmen oder ähnlichem pflegen.
* Befolgen Sie die für Sie wichtigen Empfehlungen für einen aktiven Stoffwechsel.

Spannkraft und Lebensfreude mit Bewegung

Bewegung ist das Vata-Prinzip im Körper, das uns mit Leichtigkeit, Feinheit und Gewichtsabbau versorgt. Mit einem ausgewogenen Bewegungsprogramm aus Yoga, sanftem Sport oder Laufen harmonisieren wir den Energiefluß im Körper, leiten psychischen Streß aus, (der sonst zu unkontrolliertem Essen führt,) und stimulieren Stoffwechsel und Hormone in ihrem aktiven Ausgleich. Es gibt kein langfristiges Gesundheits- oder Schlankheitsprogramm ohne ein integriertes Bewegungsprogramm als Ergänzung. Fettzellen werden verbrannt, Muskelzellen bauen sich auf, der Körper gewinnt Spannkraft, Dynamik und Bewußtheit.

Je stärker die sitzende Lebensweise ausgeprägt ist, um so schwieriger wird es sein, das Gewicht zu verändern. Da allerdings eine vermehrte Körpermasse immer mit zuviel Kapha verbunden ist, fällt es vielen Frauen sehr schwer, den eigenen körperlichen Aktivitätsradius zu erhöhen. Zu stark

überwiegt noch das Gefühl von Schwere und Phlegma, um sich zu einem regelmäßigen Sportprogramm durchzuringen.

Zur Kapha-Reduktion ist es sehr wichtig, einen ruhigen und beschaulichen Bewegungsstil zu fördern. Schnelles Laufen in der schönen Natur, Wildkräuterwanderungen, Schwimmen und Radfahren – das alles sind Sportarten, die dem bequemen Kapha-Element entgegenkommen und einen guten Einstieg in eine körperlich aktive Lebensweise bieten. Hat sich zuviel Kapha angesammelt, sollten Sie stets darauf achten, alle neuen Gewohnheiten nur langsam in den Alltag zu integrieren. So werden sie sich stetig aufbauen und einen festen Platz in Ihrem Leben erhalten.

Oft genügt es, wenn Sie Ihr Bewegungsprogramm erst einmal für eine halbe Stunde in der Woche praktizieren, dann auf zweimal pro Woche steigern und stetig weiter erhöhen. Gewöhnen Sie sich an, kurze Wege

Teil IV · In bester Form sein – effektive Gewichtsreduktion mit Ayurveda

zu Fuß zu gehen oder mit dem Rad zu fahren. Verschmähen Sie nach einem langen Bürotag ruhig den Aufzug, und benutzen Sie das Treppenhaus. Die beste Zeit für Ihr Bewegungsprogramm ist der späte Nachmittag und der frühe Abend zwischen 17.00 und 19.00 Uhr oder die Morgenstunden.

Yoga-Schönheitszyklus für eine gute Form und aufrechte Haltung

Die Yoga-Übungsreihe beinhaltet zehn einfache Yoga-Stellungen, die Ihren Körper geschmeidig machen, innerlich aufrichten und vitalisieren. Sie gewinnen mit jedem Üben an Lebensdynamik und neuer Spannkraft. Achten Sie bei allen Standübungen immer auf Ihre Fußstellung, denn mit einer richtigen Fußarbeit stellen Sie einen neuen Kontakt zur Erde her. Und sind Sie richtig geerdet, so können Sie Altes loslassen und Balast abwerfen.

Ihre Füße sollten immer möglichst parallel zueinander stehen und das Gewicht Ihres Körpers gleichmäßig verteilt tragen. Belasten Sie in allen Standübungen Fußballen, Innen- und Außenkanten, Fersen und Zehen gleichmäßig, und stehen Sie fest mit beiden Füßen auf der Erde.

Die aufrechte Haltung Ihres Beckens spielt ebenfalls für die effektive Wirkung der Übungen eine große Rolle. Stellen Sie sich Ihr Becken als eine mit Wasser gefüllte Schale vor. Wenn Sie diese Schale in irgendeine Richtung kippen, fließt das Wasser heraus. Befindet sich das Becken im Schiefstand, haben Sie ein Hohlkreuz oder einen Flachrücken, so kann sich der Oberkörper nicht frei aufrichten. Sie stehen in diesem Falle mit hängenden Schultern und gewölbtem Bauch, was sich auf Ihre äußere Erscheinung nicht gerade günstig auswirkt.

Ein ganz besonderes Augenmerk sollten Sie während des Übens auf den Fluß Ihres Atems und Ihre inneren Gedanken richten. Ihre bewußte Achtsamkeit auf die feinen Energien machen Ihre Yogaübungen zu Gesten der Seele, die Ihre weibliche Schönheit von innen heraus stärken und erneuern.

Ganzheitlicher Schönheitszyklus

1. Krokodilübung im Sitzen (*Makarasana*)
2. Katze (*Majerasana*)
3. Armekreisen (*Purna Bhujasana*)
4. Ellenbogen-Knie-Stellung (*Kaphoni Januasana*)
5. Baum (*Vrikshasana*)
6. Schulterübung in der Waagerechten (*Vaksa Stalasana*)
7. Windbefreiende Stellung (*Pavanmuktasana*)
8. Indische Brücke (*Setubandhasana*)
9. Krokodilübung im Liegen (*Makarasana*)
10. Entspannung (*Savasana*)

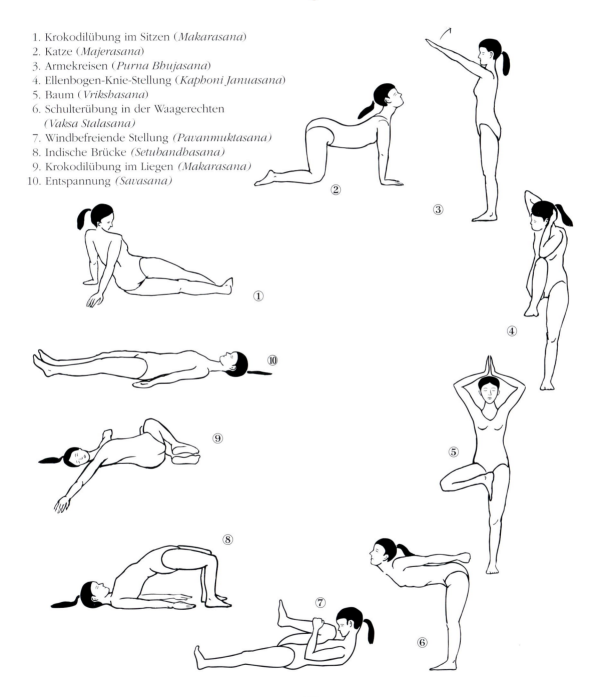

Teil IV · In bester Form sein – effektive Gewichtsreduktion mit Ayurveda

Anleitung zu den einzelnen Asanas

1. Makarasana, Krokodil- übung im Sitzen

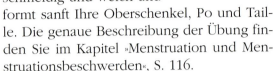

Diese Übung macht Sie geschmeidig und weich und formt sanft Ihre Oberschenkel, Po und Taille. Die genaue Beschreibung der Übung finden Sie im Kapitel »Menstruation und Menstruationsbeschwerden«, S. 116.

2. Majerasana, die Katze

Diese Asana öffnet die unteren Energiezentren und bringt die weibliche Energie aus dem Becken heraus zum Fließen. Die nebenstehende Abbildung und die Beschreibung im Kapitel »In der Schwangerschaft mit der Schöpfung verschmelzen«, S. 130, zeigen, wie es geht.

Unterstützen Sie die seelische Wirkung der Übung, indem Sie beim Einatmen denken: »Ich bin die Quelle aller Schönheit« und beim Ausatmen: »Ich bin einmalig und begehrenswert.«

3. Purna Bhujasana, Armekreisen

Das Armekreisen schenkt Ihnen Kraft und Dynamik, befreit den Schultergürtel von Spannungen und öffnet Ihren freien Atemfluß. Stellen Sie sich aufrecht und gerade auf den Boden. Achten Sie darauf, daß die Füße hüftbreit auseinander und parallel zueinder stehen. Ihr Gewicht ist gleichmäßig auf den ganzen Füßen (Zehen, Ballen und Fersen) verteilt.

Einatmend die Arme gestreckt vor dem Körper nach oben führen, bis die Fingerspitzen zur Decke zeigen. Ausatmend die Arme in einem großen Bogen seitlich nach unten nehmen.

Wiederholen Sie die Übung, und lassen Sie dabei ihre Atmung und Bewegung harmonisch miteinander verschmelzen. Denken Sie beim Einatmen: »Ich lasse die Strahlen der Sonne in mich hineinströmen.« Denken Sie beim Ausatmen: »Die wärmende Kraft des Lichts erneuert mich aus jeder Pore heraus.«

Führen Sie die Bewegung auch anders herum aus: Beim Einatmen die Arme an den Seiten des Körpers nach oben führen und beim Ausatmen an der Körpervorderseite nach unten führen. Die inneren Leitsätze wiederholen.

4. Kaphoni Januasana, Ellenbogen-Knie-Stellung

Die Übung stärkt Ihre innere Zentrierung und macht die Bewegungen weich und anmutig. Eine beschwingte Leichtigkeit fließt durch die Hüfte, das Becken und den Schulterbereich.

Stellen Sie sich aufrecht und gerade hin – die Füße etwas mehr als hüftbreit auseinander –, und verschränken Sie die Hände hinter dem Kopf. Nun beim Ausatmen Knie und Ellenbogen kreuzweise zusammenbringen. Je weiter Sie das Knie nach oben heben, um so mehr öffnen Sie ihre Hüfte. Einatmen, in die Ausgangsposition zurückkommen und beim Ausatmen wieder wechseln. Heben Sie während dieser Übung Ihre Füße ganz bewußt vom Boden ab, und atmen Sie ruhig und langsam ein und aus. Denken Sie beim Einatmen: »Ich entdecke das Zentrum meiner inneren Stabilität.« Denken Sie beim Ausatmen: »Meine Energie fließt weich und in Harmonie durch mich hindurch.«

5. Vrikshasana, die Baum-Stellung

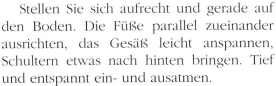

Die Übung fördert Ihre Konzentrationsfähigkeit und innere Ruhe. Wie ein Baum in seiner vollen Blüte sind Sie kraftvoll, lieblich und voller Lebensenergie.

Stellen Sie sich aufrecht und gerade auf den Boden. Die Füße parallel zueinander ausrichten, das Gesäß leicht anspannen, Schultern etwas nach hinten bringen. Tief und entspannt ein- und ausatmen.

Nun das Gewicht auf den linken Fuß verlagern, den rechten Fuß heben und gegen die Innenseite des linken Oberschenkels stellen, so daß die Ferse die Leistengegend berührt. Das linke Bein stabil halten und das Gewicht auf dem ganzen linken Fuß verteilen. Die Hände gefaltet vor die Brust nehmen, die Augen auf einen Punkt an der Wand konzentrieren, dann die Hände nach oben führen und auf den Scheitelpunkt des Kopfes setzen. Versuchen Sie, die Stellung zu halten, atmen Sie gleichmäßig, und entspannen Sie sich innerlich. Sagen Sie sich beim Einatmen: »Ich bin im Zentrum meiner weiblichen Kraft.« Denken Sie beim Ausatmen: »Ich bin sicher und lasse geschehen.«

Dann die Stellung lösen, indem Sie zuerst die Arme beim Einatmen nach oben strecken, beim Ausatmen seitlich nach unten nehmen. Den rechten Fuß auf den Boden zurückstellen, tief atmen und kurz entspannen.

Nun die Übung auf dem rechten Bein ausführen.

6. Vaksa Stalasana, Schulterübung in der Waagerechten

Diese Übung öffnet Ihren Brustkorb, entspannt die ganze Schulterpartie und löst den Nacken. Stellen Sie sich aufrecht und gerade hin, die Füße hüftbreit auseinander und parallel zueinander stellen. Gewicht auf die ganzen Füße verteilen, Beine und Gesäß leicht anspannen, Finger auf dem Rücken ineinander verschränken, die Arme entspannen, tief ein- und ausatmen.

Ausatmend den gestreckten Oberkörper senken und waagerecht zum Boden halten. Einatmend den Kopf heben, zur Decke schauen, die Schulterblätter mit den Rückenmuskeln zusammenziehen und die Arme nach hinten schieben, so daß die Schultern sich von den Ohren entfernen.

Denken Sie beim Einatmen: »Ich öffne meinen Brustkorb.« Ausatmend die Schultern und den Kopf nach unten entspannen. Denken Sie beim Ausatmen: »Ich lasse meine Herzensenergie fließen.« Beim Einatmen wieder den Kopf heben, Schulterblätter zusammenziehen und Arme nach hinten schieben. Ausatmen und loslassen. Im eigenen Rhythmus die Übung körperlich und gedanklich wiederholen.

7. Pavanmuktasana, windbefreiende Stellung

Die Übung macht Ihre Leisten weich und mobilisiert Ihre weibliche Erfolgsenergie. In dieser aufsteigenden Kraft können Sie mit Liebe und Klarheit alles erreichen, was Sie sich wünschen. Die Beschreibung der Übung finden Sie im Kapitel »Menstruation und Menstruationsbeschwerden«, S. 117.

8. Sethubandhasana, die indische Brücke

Die indische Brücke beinhaltet ein intensives Beckenbodentrainig, welches Ihre Unterleibsorgane stärkt, die Bauchdecke strafft und die sinnliche Wahrnehmung erhöht. Im Kapitel »In der Schwangerschaft mit der Schöpfung verschmelzen«, S. 130, ist die Ausführung der Übung detailliert beschrieben.

9. Makarasana, Krokodilübung im Liegen

Diese Übung schenkt Ihnen Spannkraft und Vitalität aus der Stille heraus und harmonisiert den gesamten Energiefluß im Körper. Die Beschreibung der Krokodilübung finden Sie im Übungszyklus für Schwangere auf S. 131.

Denken Sie beim Einatmen: »Gottes Liebe fließt durch mich ...« und beim Ausatmen: » ... und strahlt von mir zu anderen aus.«

10. Savasana, Entspannung

Legen Sie sich ganz ganz ruhig und entspannt auf den Boden. Wenn Sie möchten, so können Sie sich mit einer Decke zudecken und auch entspannende Musik hören (sehr geeignet für diese Entspannungsübung ist das Lied von Joe Cocker »You are so beautiful«). Achten Sie darauf, daß Ihr Körper gerade und symmetrisch liegt. Spannen Sie mit dem Einatmen noch einmal alle Muskeln kurz an, und lassen Sie beim Ausatmen alles los. Spüren Sie die Ruhe und die Schwere, die mit jedem Atemzug durch Sie fließen. Ihr Körper fühlt sich angenehm warm und schwer an. Ihre Augen sind ganz sanft geschlossen, und Sie spüren die Schwere Ihrer Augenlider.

Stellen Sie sich vor, Sie liegen am Strand am Meer. Die Sonne scheint auf Sie herab. Sie spüren die warmen Strahlen auf Ihrer Haut und im ganzen Körper.

Ihre Aufmerksamkeit ist nun auf die Füße gerichtet.

* Die sanften Wellen des Meeres beginnen, Ihre Füße zu umspülen. Sie sagen sich: »Meine Füße sind wunderschön.«
* Die Wellen umspülen sanft Ihre Waden. Sie sagen sich: »Meine Waden sind wunderschön.«
* Die Wellen umspülen sanft Ihre Knie. Sie sagen sich: »Meine Knie sind wunderschön.«
* Die Wellen umspülen sanft Ihre Oberschenkel. Sie sagen sich: »Meine Oberschenkel sind wunderschön.«
* Fahren Sie in dergleichen Weise fort mit Ihrem Po, Ihrem Bauch, Ihren Händen, Ihren Armen, Ihren Brüsten, Ihrem Rücken, Ihrem Hals, Ihrem Gesicht und Ihren Haaren.
* Zum Schluß sagen Sie sich: »Ich liebe meinen Körper von Kopf bis Fuß, so wie er ist. Ich fühle mich leicht und frei und genieße meine Schönheit.«

Atmen Sie entspannt weiter, und beobachten Sie dabei genau, wie Sie sich fühlen. Genießen Sie noch einmal Ihre strahlende Schönheit und das tiefe Gefühl der Liebe zum eigenen Körper.

Dann atmen Sie tiefer ein und aus und kehren langsam wieder mit der Aufmerksamkeit zurück. Recken und strecken Sie

Ihren Körper, öffnen Sie die Augen und setzen Sie sich langsam wieder aufrecht hin.

Mit diesem ausgewogenen Schönheitszyklus wie auch mit den anderen in diesem Buch vorgestellten Methoden und Empfehlungen des Ayurveda für Frauen haben Sie nun wirkungsvolle Möglichkeiten an der Hand, um dauerhaft Gesundheit, Entspannung und Wohlbefinden zu erlangen und zu erhalten.

Anhang

Glossar der ayurvedischen Fachbegriffe

Abhyanga – (*wörtlich:* Bewegung um etwas) ayurvedische Ölung des Körpers

Agni – Verdauungsfeuer, Stoffwechsel

Ajwain – indisches Gewürz, Selleriesamen

Ama – (*wörtlich:* ungekocht) unverdaute Stoffwechselschlacke

Annavijanna – die ayurvedische Ernährungslehre

Apana – Subdosha von Vata, die nach unten gerichtete Bewegungszirkulation

Basti – Einläufe mit Öl oder Kräuterabkochungen

Chai – indischer Tee mit Gewürzen und Milch

Churna – Pulver

Dhatu – Gewebe-Element des Körpers

Dosha – (*wörtlich:* was aus dem Gleichgewicht geraten kann) Bioenergie, Körpersaft

Guna – Eigenschaft, Aspekt

Kapha – (*wörtlich:* Schleim) eines der drei Doshas; Bioenergie der Stabilität und Abwehrkraft, die sich aus Wasser und Erde im Körper manifestiert

Lassi – indisches Getränk aus Joghurt, Milch, Wasser und Gewürzen

Mala – Körperausscheidung, Abfall

Marma – anatomische Reflexpunkte des Körpers, energetische Vitalzonen

Masala – Gewürzmischung

Ojas – feinste Essenz der Dhatus, strahlende Lebenskraft

Pitta – (*wörtlich:* Galle) eines der drei Doshas; Bioenergie der Umsetzung und Verdauung, die sich aus Feuer und Wasser im Körper manifestiert

Prakriti – Grundkonstitution, ursprüngliches Verhältnis der Doshas während der Kindheit

Rasa-Dhatu – Plasmagewebe, auch für die Bezeichnung der Haut verwendet

Rasayana – Verjüngungstherapien

Saundarya – Schönheitslehre im Ayurveda

Snehana – (*wörtlich:* Liebestherapie) äußere Öltherapien des Körpers

Anhang

Shrota – Zirkulationskanäle

Svasta – (*wörtlich:* im Selbst verweilen) Gesundheit

Svedana – Schwitzbehandlung

Ubatana – fein gemahlene Mehle für Breiumschläge und Gesichtsmasken

Vajikarana – Aphrodisiakum, Therapie zur Steigerung der sexuellen Energie

Vata – (*wörtlich:* Wind) eines der drei Doshas; Bioenergie der Bewegung und Zirkulation, die sich aus Luft und Äther im Körper manifestiert

Vikriti – momentaner Dosha-Zustand, Krankheitszustand

Literaturempfehlungen

In Anbetracht der Fülle der ayurvedischen Literatur kann ich hier nur eine kleine Auswahl zu verschiedenen Themenkreisen anführen.

Ayurveda-Heilkunde allgemein

Frawley, David: *Das große Ayurveda-Heilungsbuch. Prinzipien und Praxis.* München, 1999.

Frawley, David: *Vom Geist des Ayurveda. Therapien für den Geist.* Aitrang, 1999.

Hanusch, Karl-Heinz / Klug, Sonja: *Ayurveda. Indische Heilweisen für Europäer.* Düsseldorf, 1996.

Lad, Vasant: *Selbstheilung mit Ayurveda. Das Standardwerk der indischen Heilkunde.* München, 1999.

Morrison, Judith: *Ayurveda. Ein Weg zu Gesundheit und Lebensfreude.* Stuttgart, 1995.

Ranade, Subhash: *Ayurveda. Wesen und Methodik.* Heidelberg, 1994.

Rhyner, Hans-Heinrich: *Das Praxis-Handbuch Ayurveda. Gesund leben, sanft heilen.* Freiburg i. Br., 1997.

Rosenberg, Kerstin: *Ayurveda kurz & praktisch.* Freiburg i. Br., 1998.

Thakkur, Chandrasekhar: *Das ist Ayurveda.* Freiburg i. Br., 1994.

Veit, Elisabeth: *Das Ayurveda Heilkundebuch. Selbstbehandlung nach der indischen Naturmedizin.* München, 1998.

Verma, Vinod: *Ayurveda. Der sanfte Weg zur inneren Harmonie.* Braunschweig, 1994.

Ayurveda für Frauen, Gesundheit und Schönheit

Butler, Veronika: *Ayurveda für Frauen. Gesundheit, Glück und langes Leben durch indische Medizin.* München, 1994.

Chopra, Deepak: *Ayurveda. Der Weg zum gesunden Leben.* Düsseldorf, 1998.

Raichur, Pratima: *Wahre Schönheit. Ayurveda-Geheimnisse für innere Harmonie und strahlendes Aussehen.* München, 1997.

Sachs, Melanie: *Ayurveda – natürlich schön und gesund.* Aitrang, 1995.

Schrott, Ernst: *Ayurveda – Jugend und Gesundheit ein Leben lang. Die sanfte Heilweise für Wohlbefinden und inneres Gleichgewicht.* München, 1997.

Verma, Vinod: *Gesund und vital durch Ayurveda. Grundlagen, Methoden und Rezepte der altbewährten Heilkunst.* München, 1995.

Verma, Vinod: *Kamasutra für Frauen. Körperbewußtsein, Sinnlichkeit und Erfüllung.* Düsseldorf, 1998.

Ayurveda-Kochkunst und -Ernährung

Morningstar, Amadea / Desai, Urmila: *Die Ayurveda-Küche.* München, 1992.

Pirc, Karin / Kempe, Wilhelm: *Kochen nach Ayurveda.* Niedernhausen, 1996.

Rosenberg, Kerstin: *Das Ayurveda-Ernährungsbuch. Essen nach Gottes Plan.* München, 1995.

Schrott, Ernst: *Die köstliche Küche des Ayurveda.* München, 1996.

Skibbe, Petra und Joachim: *Ayurveda – Die Kunst des Kochens.* Darmstadt, 1999.

Veit, Elisabeth: *Das Ayurveda Kochbuch.* München, 1997.

Anhang

Adressen

Ayurveda-Ausbildungen, -Seminare und -Kuren

Mahindra-Institut
Gemeinnützige Gesellschaft für ganzheitliche Gesundheit und Bildung mbH
Kerstin und Mark Rosenberg
Forsthausstraße 6
63633 Birstein
DEUTSCHLAND
Tel.: 0 60 54/91 31-0
Fax: 0 60 54/91 31-36
E-Mail: info@mahindra-institut.de
Internet: www.mahindra-institut.de

Das Mahindra-Institut bietet unter der Leitung von Kerstin und Mark Rosenberg ein in Europa einmaliges Programm an Ayurveda-Seminaren, praxisbezogenen Ausbildungslehrgängen und Ayurveda-Kuren an.

Berufsbegleitende Fachausbildungen
* zum ganzheitlichen Ayurveda-Ernährungs- und Gesundheitsberater
* zur Ayurveda-Kosmetikerin
* zum Ayurveda-Massage-Therapeuten
* zum medizinischen Ayurveda-Spezialisten
* zum Yogaübungsleiter und Yogalehrer

Ayurveda- und Yoga-Seminare mit international bekannten Gastdozenten aus Indien, den USA und Europa. Ayurveda-Wellness-Kuren und Panchakarma-Intensiv-Kuren in Deutschland, Italien und Indien.

Ayurveda-Fachausbildungen und -Seminare für Ärzte und Heilpraktiker:
European Academy of Ayurveda
E-Mail: info@ayurveda-academy.de
Internet: www.ayurveda-academy.de

Mahindra-Institut Schweiz
Ayurveda-Ausbildungen, -Seminare, -Produkte
Daniela Wilczek
Wiesenstrasse 2
8002 Zürich
SCHWEIZ

Naturrreisen
Ayurveda-Kuren und -Reisen
Anni Gsell
Käferholzstraße 256 B
8056 Zürich
SCHWEIZ

Ayurveda-Kliniken und -Praxen

Ayurveda-Praxis
E.P. Jeevan und Heike Seegebarth
Karolinenstraße 27
90420 Nürnberg
Tel./Fax: 09 11/22 26 99
E-Mail: ayurveda-care@fen.baynet.de
DEUTSCHLAND

Ayurvedische Gesundheitspflege
in der Oase Ayurved
Königinstr. 35a
80359 München
Tel./Fax: 0 89/28 60 04
DEUTSCHLAND

Habichtswaldklinik
Wigandstraße 1
34131 Kassel-Wilhelmshöhe
DEUTSCHLAND

Naturheilpraxis
Dr. Karl-Heinz Behnke
Schleusenweg 4
29227 Celle
Tel.: 0 51 41/98 04 98
Fax: 0 51 41/98 04 99
DEUTSCHLAND

Neue Wicker Kliniken
Ludwigstraße 41
61231 Bad Nauheim
DEUTSCHLAND

Praxis für Ayurveda und Naturheilverfahren
Ralph Steuernagel
Hasengasse 17
60311 Frankfurt
Tel./Fax: 0 69/21 99 75 55
E-Mail: Ralph.Steuernagel@t-online.de
DEUTSCHLAND

Weitere Adressen von erfahrenen Ayurveda-
Therapeuten, -Kosmetikerinnen und -Ernäh-
rungsberatern in ganz Deutschland erhalten
Sie beim:
VDAT
Verband Deutscher Ayurveda-Therapeuten
Forsthausstraße 6
63633 Birstein
DEUTSCHLAND

Ayurvedische Produkte und Kräuter

SEVA-Akademie
Gesellschaft für natürliche Heilverfahren
Leutstettener Str. 67a
81477 München
DEUTSCHLAND

Ayurveda Fach Versand
Waldschulstraße 30
63633 Birstein
DEUTSCHLAND

Sat Nam Versand
Röhnstraße 117–119
60385 Frankfurt
DEUTSCHLAND

Die Kräuterdrogerie
Birgit Heyn
Kochgasse 34
1084 Wien
ÖSTERREICH

Secret Emotion
Ayurvedische Kosmetik und
Aromaöle
Bergiusstr. 3
22765 Hamburg
DEUTSCHLAND

Anhang

Über die Autorin

Kerstin Rosenberg ist eine international bekannte Spezialistin und Seminarleiterin für ayurvedische Ernährung und Schönheitspflege. Seit über 10 Jahren leitet sie Ayurveda-Ausbildungen und Seminare in ganz Deutschland, Italien und der Schweiz.

Als Mutter von drei Kindern, ganzheitliche Ayurveda-Ernährungs- und Gesundheitsberaterin sowie Ayurveda-Köchin hat Kerstin Rosenberg auf allen Ebenen viel Erfahrung mit Ayurveda für Frauen sammeln können.

Sie ist Mitbegründerin und Geschäftsführerin des Mahindra-Instituts, der größten Ayurveda-Ausbildungsschule Europas, und vermittelt hier mit viel Fachkompetenz, Liebe und Einfühlungsvermögen den großen Wissensschatz der ayurvedischen Behandlungstechniken und Heilkunde.